AF239570

Differenzierungsangebote

Das Wort „Mehr" und die Farbe Grün weisen auf Vertiefungen und Ergänzungen hin. Das können ganze Seiten sein oder nur Abschnitte oder einzelne Versuche.

Aufgaben mit grünen Nummern sind etwas schwieriger oder regen Vertiefungen an.

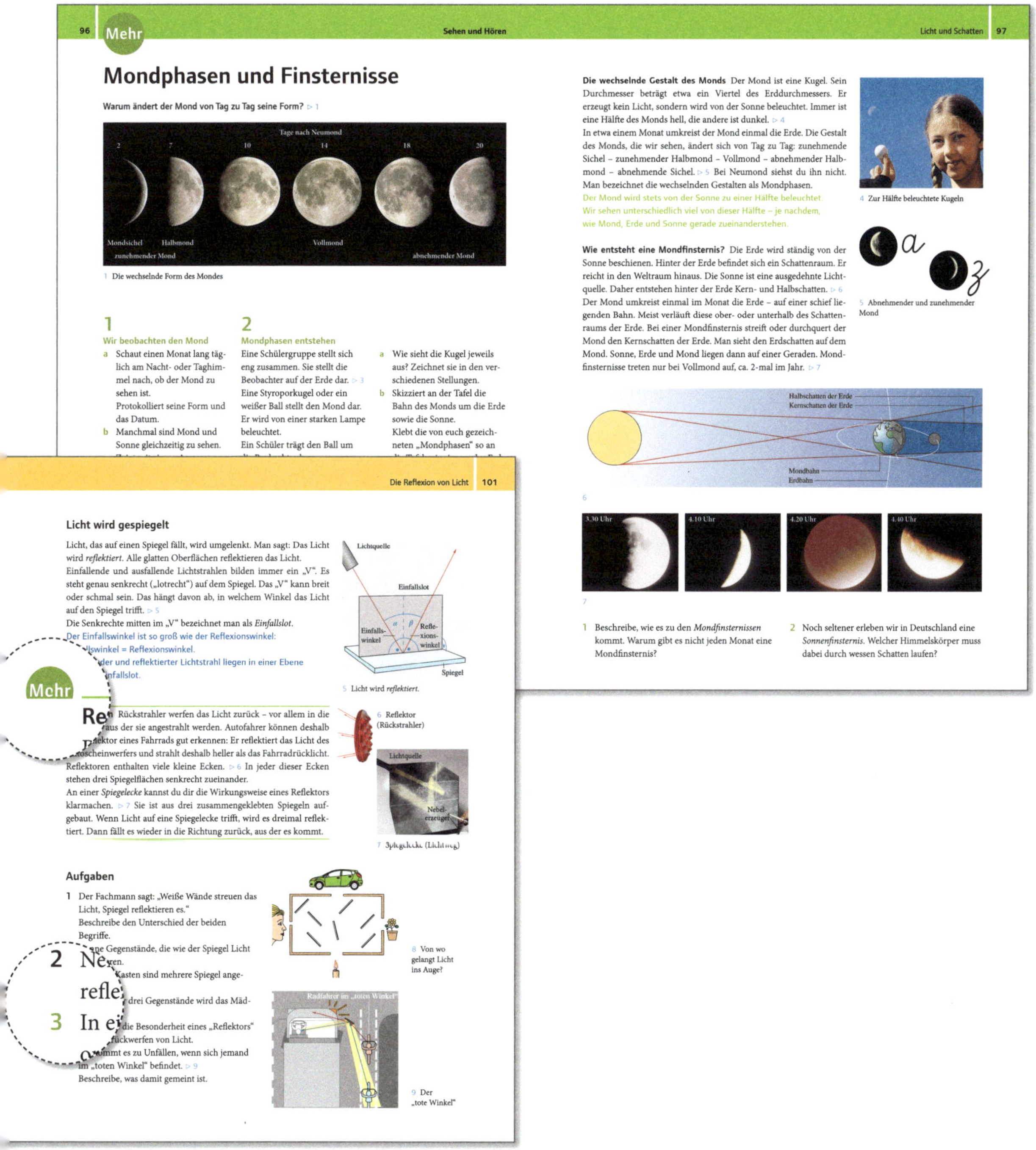

---

96 | Mehr | Sehen und Hören | Licht und Schatten | 97

Mondphasen und Finsternisse

Warum ändert der Mond von Tag zu Tag seine Form? ▷ 1

Tage nach Neumond

| 2 | 7 | 10 | 14 | 18 | 20 |

Mondsichel — zunehmender Mond / Halbmond / Vollmond / abnehmender Mond

1 Die wechselnde Form des Mondes

1
Wir beobachten den Mond

a Schaut einen Monat lang täglich am Nacht- oder Taghimmel nach, ob der Mond zu sehen ist.
Protokolliert seine Form und das Datum.

b Manchmal sind Mond und Sonne gleichzeitig zu sehen.

2
Mondphasen entstehen

Eine Schülergruppe stellt sich eng zusammen. Sie stellt die Beobachter auf der Erde dar. ▷ 3
Eine Styroporkugel oder ein weißer Ball stellt den Mond dar. Er wird von einer starken Lampe beleuchtet.
Ein Schüler trägt den Ball um

a Wie sieht die Kugel jeweils aus? Zeichnet sie in den verschiedenen Stellungen.

b Skizziert an der Tafel die Bahn des Monds um die Erde sowie die Sonne.
Klebt die von euch gezeichneten „Mondphasen" so an

Die wechselnde Gestalt des Monds Der Mond ist eine Kugel. Sein Durchmesser beträgt etwa ein Viertel des Erddurchmessers. Er erzeugt kein Licht, sondern wird von der Sonne beleuchtet. Immer ist eine Hälfte des Monds hell, die andere dunkel. ▷ 4
In etwa einem Monat umkreist der Mond einmal die Erde. Die Gestalt des Monds, die wir sehen, ändert sich von Tag zu Tag: zunehmende Sichel – zunehmender Halbmond – Vollmond – abnehmender Halbmond – abnehmende Sichel. ▷ 5 Bei Neumond siehst du ihn nicht. Man bezeichnet die wechselnden Gestalten als Mondphasen.
Der Mond wird stets von der Sonne zu einer Hälfte beleuchtet. Wir sehen unterschiedlich viel von dieser Hälfte – je nachdem, wie Mond, Erde und Sonne gerade zueinanderstehen.

4 Zur Hälfte beleuchtete Kugeln

Wie entsteht eine Mondfinsternis? Die Erde wird ständig von der Sonne beschienen. Hinter der Erde befindet sich ein Schattenraum. Er reicht in den Weltraum hinaus. Die Sonne ist eine ausgedehnte Lichtquelle. Daher entstehen hinter der Erde Kern- und Halbschatten. ▷ 6
Der Mond umkreist einmal im Monat die Erde – auf einer schief liegenden Bahn. Meist verläuft diese ober- oder unterhalb des Schattenraums der Erde. Bei einer Mondfinsternis streift oder durchquert der Mond den Kernschatten der Erde. Man sieht den Erdschatten auf dem Mond. Sonne, Erde und Mond liegen dann auf einer Geraden. Mondfinsternisse treten nur bei Vollmond auf, ca. 2-mal im Jahr. ▷ 7

5 Abnehmender und zunehmender Mond

Halbschatten der Erde / Kernschatten der Erde / Mondbahn / Erdbahn

6

| 3.30 Uhr | 4.10 Uhr | 4.20 Uhr | 4.40 Uhr |

7

1 Beschreibe, wie es zu den *Mondfinsternissen* kommt. Warum gibt es nicht jeden Monat eine Mondfinsternis?

2 Noch seltener erleben wir in Deutschland eine *Sonnenfinsternis*. Welcher Himmelskörper muss dabei durch wessen Schatten laufen?

Die Reflexion von Licht | 101

Licht wird gespiegelt

Licht, das auf einen Spiegel fällt, wird umgelenkt. Man sagt: Das Licht wird *reflektiert*. Alle glatten Oberflächen reflektieren das Licht. Einfallende und ausfallende Lichtstrahlen bilden immer ein „V". Es steht genau senkrecht („lotrecht") auf dem Spiegel. Das „V" kann breit oder schmal sein. Das hängt davon ab, in welchem Winkel das Licht auf den Spiegel trifft. ▷ 5
Die Senkrechte mitten im „V" bezeichnet man als *Einfallslot*.
Der Einfallswinkel ist so groß wie der Reflexionswinkel:
...lswinkel = Reflexionswinkel.
...der und reflektierter Lichtstrahl liegen in einer Ebene ...nfallslot.

Lichtquelle / Einfallslot / Einfallswinkel / Reflexionswinkel / Spiegel

5 Licht wird *reflektiert*.

Re... Rückstrahler werfen das Licht zurück – vor allem in die ...raus der sie angestrahlt werden. Autofahrer können deshalb ...flektor eines Fahrrads gut erkennen. Er reflektiert das Licht des ...scheinwerfers und strahlt deshalb heller als das Fahrradrücklicht. Reflektoren enthalten viele kleine Ecken. ▷ 6 In jeder dieser Ecken stehen drei Spiegelflächen senkrecht zueinander.
An einer *Spiegelecke* kannst du dir die Wirkungsweise eines Reflektors klarmachen. ▷ 7 Sie ist aus drei zusammengeklebten Spiegeln aufgebaut. Wenn Licht auf eine Spiegelecke trifft, wird es dreimal reflektiert. Dann fällt es wieder in die Richtung zurück, aus der es kommt.

6 Reflektor (Rückstrahler)

Lichtquelle / Nebelerzeuger

7 Spiegelecke (Lichtweg)

Aufgaben

1 Der Fachmann sagt: „Weiße Wände streuen das Licht, Spiegel reflektieren es."
Beschreibe den Unterschied der beiden Begriffe.

...ne Gegenstände, die wie der Spiegel Licht ...eren.

2 Ne...
refle...
...Kasten sind mehrere Spiegel angebracht...

...drei Gegenstände wird das Mäd-

3 In ei...
...die Besonderheit eines „Reflektors" ...ückwerfen von Licht.
...kommt es zu Unfällen, wenn sich jemand im „toten Winkel" befindet. ▷ 9
Beschreibe, was damit gemeint ist.

8 Von wo gelangt Licht ins Auge?

Radfahrer im „toten Winkel"

9 Der „tote Winkel"

Natur und Technik

Physik|Chemie

Grundausgabe

mit Differenzierungsangebot
Ausgabe N

5|6

Cornelsen

Natur und Technik

Physik | Chemie

Grundausgabe

Erarbeitet von:
Siegfried Bresler, Bielefeld; Bernd Heepmann, Herford; Dr. Heinz Obst, Delitzsch;
Marlies Ramien, Oldenburg; Wilhelm Schröder, Herford

Beratung:
Elke Dröge, Dortmund; Dr. Andreas Götze, Paderborn; Rolf Hoffmann, Bonn;
Cornelia Pätzelt, Halle; Roswitha Weber, Lüdenscheid, Bernd Trockel, Dorsten

Redaktion:
Helmut Dreißig, Thomas Gattermann, Christian Wudel

Grafik:
Ulrike Braun, Berlin; Gabriele Heinisch, Berlin;
Yvonne Koglin, Berlin; Jörg Mair, München; Matthias Pflügner, Berlin

Gesamtgestaltung und technische Umsetzung:
Buchgestaltung +, Berlin

www.cornelsen.de

Dieses Werk enthält Vorschläge und Anleitungen für Untersuchungen und Experimente.
Vor jedem Experiment sind mögliche Gefahrenquellen zu besprechen.
Beim Experimentieren sind die Richtlinien zur Sicherheit im Unterricht einzuhalten.

1. Auflage, 3. Druck 2022

Alle Drucke dieser Auflage sind inhaltlich unverändert und können im Unterricht nebeneinander verwendet werden.

Druck: Grafisches Centrum Cuno GmbH & Co. KG, Calbe

ISBN 978-3-06-010447-5

Inhaltsverzeichnis

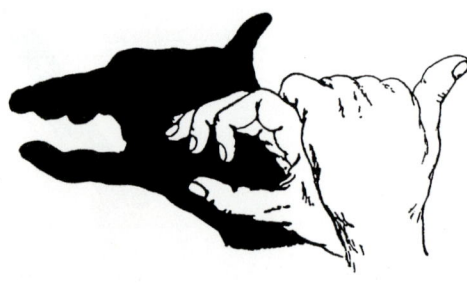

Sicher experimentieren

1

Im naturwissenschaftlichen Unterricht werdet ihr Experimente durchführen. ▷ 1
Dabei müsst ihr bestimmte Regeln unbedingt beachten, damit es nicht zu Unfällen komm! Nur dann ist das Experimentieren ungefährlich.

Vor dem Experimentieren
Räumt zunächst den Tisch leer.
Lest aufmerksam die Versuchsanleitung. ▷ 2
Lasst den Versuchsaufbau von eurem Lehrer bzw. eurer Lehrerin kontrollieren!

Beim Umgang mit offenen Flammen und heißen Körpern
Immer eine Schutzbrille aufsetzen und – wenn nötig – die Haare zusammenbinden!
Legt heiße Gegenstände (z. B. Tauchsieder und Metallteile) nur auf der dafür vorgesehenen feuerfesten und hitzebeständigen Unterlage ab. ▷ 3
Auf der Nachbarseite erfahrt ihr, dass man in Physik und Chemie statt des Wortes „Gegenstand" den Begriff „Körper" verwendet.

So nicht!

2

So nicht!

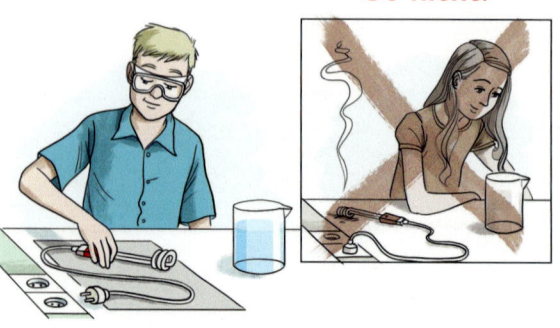

3

Beim Umgang mit elektrischem Strom

Führt Experimente nur mit Batterien oder Netzgeräten durch! ▷ 4 Ihr dürft nie die Experimentierkabel direkt in die Steckdose stecken – sonst besteht Lebensgefahr! Stellt am Trafo keine höheren „Voltzahlen" ein als angegeben!

So nicht!

4

Beim Umgang mit unbekannten Stoffen

Haltet bei Geruchsproben nie die Nase direkt über den Stoff, dessen Geruch ihr feststellen wollt! Fächelt euch aufsteigende Dämpfe zu! ▷ 5
In dem Kasten unten könnt ihr nachlesen, was man in Physik und Chemie unter dem Begriff „Stoff" versteht.

So nicht!

5

Verhalten bei Unfällen

Falls trotz aller Vorsicht doch einmal etwas schiefgeht, sagt sofort dem Lehrer oder der Lehrerin Bescheid. Im Raum für naturwissenschaftlichen Unterricht gibt es *Sicherheitseinrichtungen*, z.B. den Not-AUS-Schalter, den Feuerlöscher und die Löschdecke (s. S. 11).

Alltagssprache – Fachsprache

In den Naturwissenschaften haben Wörter oft eine etwas andere Bedeutung als in der Alltagssprache. Dazu gehören auch die Begriffe „Körper" und „Stoff".

Körper
Alltagssprache: Menschen und Tiere haben einen Körper.
Beispiel: Alle Schwimmer haben einen schlanken Körper.
Fachsprache: Alles, was Platz braucht, nennt man *Körper*. Dazu gehören Bücher, Autos, Häuser, Heizkörper, Bleistifte und auch Lebewesen (Menschen, Tiere, Pflanzen).
Beispiel: Alle Körper werfen bei Sonnenschein einen Schatten.

Stoff
Alltagssprache: Aus Stoff werden Hemden, Hosen und Tischdecken genäht.
Fachsprache: Körper bestehen aus unterschiedlichen Materialien; das Material nennt man *Stoff*.
Beispiele: Ein Buch besteht aus dem Stoff *Papier*. Eine Flasche besteht aus dem Stoff *Glas*.
Man unterscheidet zwischen
– festen Stoffen: Eisen, Papier, Glas, Holz …
– flüssigen Stoffen (Flüssigkeiten): Wasser, Öl …
– gasförmigen Stoffen (Gasen): Luft, Erdgas …

Körper: Becher
Stoff: Keramik

Körper: Becher
Stoff: Kunststoff

6   7

Wärmequellen im Unterricht

Der Gasbrenner

Es gibt unterschiedliche Typen von Gasbrennern. ▷ 1 Vielleicht wird an eurer Schule ein anderer Brennertyp als dieser benutzt. Dann müsst ihr euch den Gasbrenner genau erklären lassen.

Bedienungsanleitung

Schritt 1 Die Gasschraube (1) und die Luftzufuhr (2) müssen geschlossen sein. Überprüft es!

Schritt 2 Öffnet den Gashahn am Tisch und anschließend die Gasschraube am Brenner. Jetzt strömt Gas aus. Entzündet es sofort mit einem Gasanzünder von der Seite.

Schritt 3 Mit der Gasschraube am Brenner stellt ihr die Höhe der rötlich gelben Flamme auf ca. 10 cm ein. Diese *leuchtende Flamme* ist ungefähr 1000 °C heiß. Sie rußt stark.

Schritt 4 Öffnet jetzt vorsichtig die Luftzufuhr, bis die Flamme eine bläuliche Farbe hat. Diese *nicht leuchtende Flamme* ist viel heißer als die leuchtende Flamme (1200–1500 °C). Am heißesten ist sie etwas unterhalb der Spitze. Sie rußt nicht mehr.

Schritt 5 Schließt nach dem Versuch das Ventil der Gasleitung. Dreht auch die Gasschraube und die Luftzufuhr am Brenner zu.

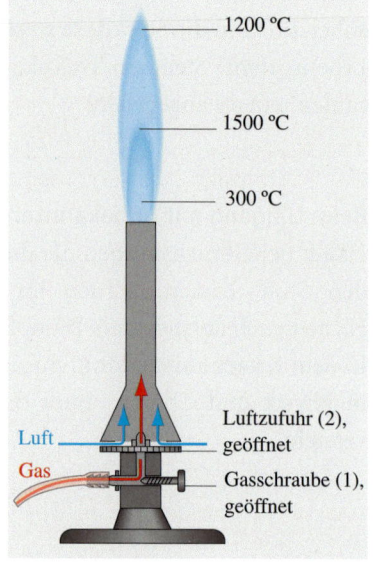

1 Gasbrenner

1200 °C
1500 °C
300 °C
Luft
Gas
Luftzufuhr (2), geöffnet
Gasschraube (1), geöffnet

Sicherheitsmaßnahmen

→ Informiere dich für den Notfall, wo Feuerlöscher und Löschdecke sind. Du solltest auch wissen, wo sich der nächste „Not-AUS-Knopf" befindet.

→ Trage immer eine Schutzbrille!

→ Binde lange Haare zusammen.

→ Lass offene Flammen nie unbeaufsichtigt.

→ Schließe den Gashahn, wenn die Flamme des Brenners erlischt.

→ Schließe zuerst die Luftzufuhr, bevor du den Brenner wieder anzündest!

→ Bei Gasgeruch: Schließe sofort den Gashahn und informiere die Lehrerin oder den Lehrer. Öffne die Fenster!

Der Tauchsieder

Tauchsieder sind nur zum Erwärmen von Wasser geeignet. ▷ 2
Im Tauchsieder wird ein Draht elektrisch erhitzt. Die Wärme muss sofort an das Wasser abgegeben werden, sonst glüht der Draht durch.

Bedienungsanleitung

Schritt 1   Steckt die Heizspirale des Tauchsieders ins Wasser. Sie muss immer ganz vom Wasser bedeckt sein.

Schritt 2   Steckt jetzt den Stecker des Tausieders in die Steckdose.

Schritt 3   Wenn das Wasser heiß ist, zieht ihr den Stecker aus der Steckdose (aber nicht am Kabel!). Dann erst nehmt ihr den Tauchsieder aus dem Wasser.

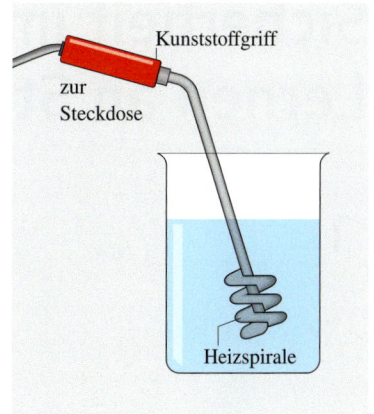

2 Tauchsieder

Sicherheitsmaßnahmen

→ Heiße Tauchsieder darfst du nur auf einer feuerfesten Unterlage ablegen (oder auf einem Glas mit kaltem Wasser).
→ Der Stecker darf nicht nass sein. Mit nassen Händen darfst du ihn nicht in die Steckdose stecken oder aus ihr herausziehen.

Aufgaben

1 Die Flamme eines Brenners darf man nicht wie eine Kerzenflamme ausblasen. Erkläre!
2 Beim Experimentieren mit offenen Flammen musst du eine Schutzbrille tragen. Außerdem müssen lange Haare zusammengebunden werden. Begründe diese Regeln.
3 Prüfung für den Brennerführerschein ▷ 3
   Wenn du die folgenden Fragen beantworten kannst, bestehst du die Prüfung bestimmt.
a Was musst du vor dem Anzünden des Brenners tun?
b Mit welcher Schraube regelt man die Gaszufuhr, mit welcher die Luft?
c Welche Flamme ist heißer, die gelbrote oder die blaue? An welcher Stelle ist die blaue Flamme am heißesten?

d Wo sitzt der nächste Not-AUS-Knopf? Wo sind Löschdecke und Feuerlöscher?
e Was musst du tun, wenn die Flamme plötzlich erlischt?

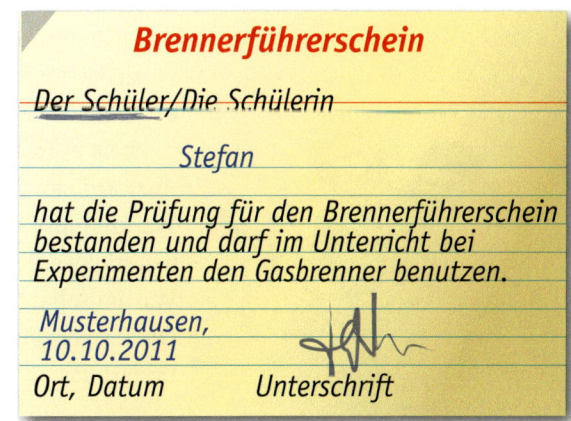

Brennerführerschein

Der Schüler/Die Schülerin

Stefan

hat die Prüfung für den Brennerführerschein bestanden und darf im Unterricht bei Experimenten den Gasbrenner benutzen.

Musterhausen, 10.10.2011

Ort, Datum   **Unterschrift**

3 Brennerführerschein

Sicherheit im Unterricht – Lernen an Stationen

1

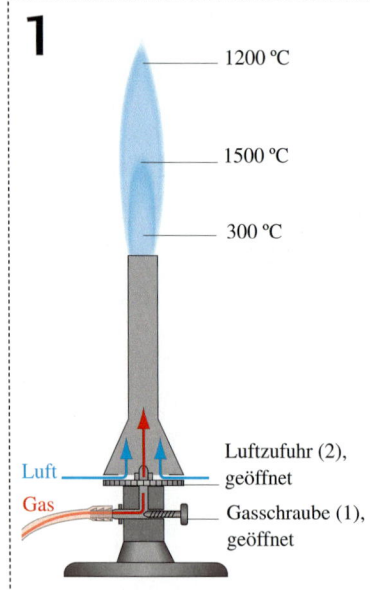

1200 °C

1500 °C

300 °C

Luft

Gas

Luftzufuhr (2), geöffnet

Gasschraube (1), geöffnet

Arbeit mit dem Gasbrenner

Material: Gasbrenner, Schutzbrille, Zündhölzer

Versuchsdurchführung:

a Lest euch die Bedienungsanleitung im Buch genau durch.

b Entzündet das Gas am Gasbrenner nach der Bedienungs-anleitung.

c Stellt die leuchtende Flamme ein.

d Stellt die rauschende, nicht leuchtende Flamme ein.

e Beendet die Arbeit mit dem Brenner in der richtigen Reihenfolge.

Auswertung: Wie heiß ist die nicht leuchtende Flamme?

Wann stellt ihr beim Arbeiten mit dem Gasbrenner die leuchtende Flamme ein?

Welche Sicherheitsvorkehrungen müsst ihr bei der Arbeit mit dem Gasbrenner noch treffen?

2

Erhitzen von Stoffen im Reagenzglas

Material: Gasbrenner, Schutzbrille, Reagenzgläser, Reagenzglas-klammer und -ständer, Zündhölzer, Siedesteinchen; Wasser, Zucker

Versuchsdurchführung:

a Entzündet den Gasbrenner nach der Bedienungsanleitung.

b Füllt ein Reagenzglas zu einem Drittel mit Wasser. Gebt 2–3 Siedesteinchen hinzu. Befestigt die Reagenzglasklammer weit oben.

c Steht während des Versuchs. Haltet das Reagenzglas schräg in die nicht leuchtende Flamme und bewegt es immer leicht. Richtet die Öffnung des Reagenzglases nicht auf Personen!

d Stellt das Reagenzglas in den Ständer, wenn das Wasser zu sieden beginnt.

e Erhitzt in einem zweiten Reagenzglas Zucker statt Wasser. Stellt es in den Ständer, sobald der Zucker karamellisiert.

Auswertung:

Warum muss die Reagenzglasklammer weit oben am Reagenzglas befestigt werden?

Warum soll das Reagenzglas beim Erhitzen leicht bewegt werden?

Die Reagenzglasöffnung darf auf keine Person gerichtet werden. Erklärt das.

3

Piktogramme für Gefahrstoffe

Material: Schulbuch, Nachschlagewerk, Chemikalienflaschen mit Piktogrammen, Merkblätter mit den neuen Piktogrammen

Information: Weltweit sind gefährliche Chemikalien vergleichbar gekennzeichnet. Sie werden mit entsprechenden Piktogrammen, Gefahren- und Sicherheitshinweisen versehen.

Du siehst hier 7 Piktogramme. Das mit dem Totenkopf z.B. sagt aus: Schon kleine Mengen führen beim Einatmen oder Verschlucken zu schweren gesundheitlichen Schäden oder zum Tod.

Aufträge:

a Schlagt nach, was ein Piktogramm ist.

b Warum werden gefährliche Stoffe überall auf der Welt gleich gekennzeichnet?

c Findet die Bedeutungen für die anderen Piktogramme heraus.

d Schlagt für ein Piktogramm eurer Wahl die Gefahren- und Sicherheitshinweise nach und notiert sie.

e Auf dem Tisch stehen Stoffe (Chemikalien). Sucht den Stoff aus, der das Piktogramm „Ätzwirkung" auf seinem Etikett hat.

f Ordne die folgenden Aussagen den Piktogrammen zu:
- Reizwirkung für Haut, Atmungsorgane und Augen
- Hautgewebe und Geräte werden nach Kontakt zerstört
- Andere brennbare Stoffe werden entzündet. Bereits ausgebrochene Brände werden gefördert.
- Gesundheitsschäden durch Einatmen, Verschlucken oder Aufnahme über die Haut
- Elektrischer Strom kann gefährlich sein.

4

Hinweis auf Fluchtwege

Not-AUS-Schalter

Feuerlöscher

Sicherheitseinrichtungen des naturwissenschaftlichen Raums

Material: Raumplan, Infoblatt „Sicherheitsausstattung eines Chemieraums"

Aufträge:

a Beschreibt zu jedem der Bilder eine mögliche Situation.

b Zeichnet in einem Raumplan ein, wo die Sicherheitseinrichtungen sind.

c Lest den Fluchtplan und schreibt den genannten Fluchtweg auf.

Löschdecke

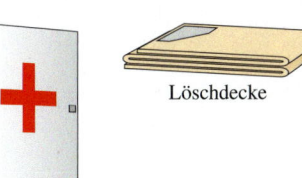

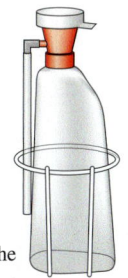

Notfall-Telefon

Erste-Hilfe-Kasten

Augenwaschflasche

Geräte im Haushalt

Kannst du dir ein Leben ohne elektrischen Strom vorstellen?
Du solltest es einmal probieren. Elektrogeräte machen unseren
Alltag bequem. Überall findest du Geräte, die mit elektrischer
Energie angetrieben werden.

Hast du schon einmal überlegt, wie dein Haartrockner mal warme
und mal kalte Luft blasen kann? Bist du sicher, dass das Licht im
Kühlschrank aus ist, wenn er geschlossen ist?

Du wirst untersuchen, wie Haushaltsgeräte funktionieren.
Dabei lernst du, Schaltpläne zu lesen und kniffflige Schaltungen
aufzubauen. Du erfährst auch, warum der elektrische Strom
gefährlich sein kann.

Außerdem wirst du ein Experte zum Thema Magnetismus.
Zieht der Magnet das Stück Eisen an? Oder zieht das Eisenstück
den Magneten an? Diese und andere Fragen werden untersucht.
Du wirst deinen eigenen Kompass bauen und lernen, mit ihm
die richtige Richtung zu finden.

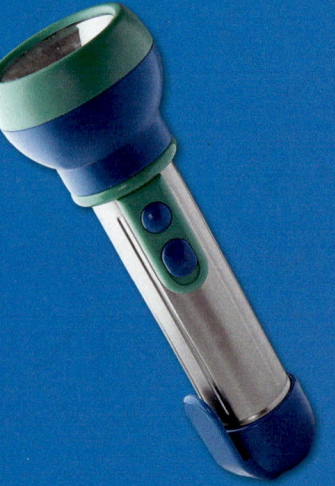

1 Wie bekommt man
die Lampe zum Leuchten?

2 Wie hilft ein Kompass beim Wandern?

3 Wieso kommt hier warme Luft heraus?

Versuchsprotokoll

Name: Anne Müller

Datum/Uhrzeit: 25. 5. 2012, 8.00

Versuch:
Wie funktioniert die Kühlschrank

Versuchsskizze:

4 Experimente werden protokolliert

7 Wie repariere ich meine Fahrradbeleuchtung?

8 Warum geht das Licht aus, wenn die Tür geschlossen wird?

5 Kunststücke mit Magneten?

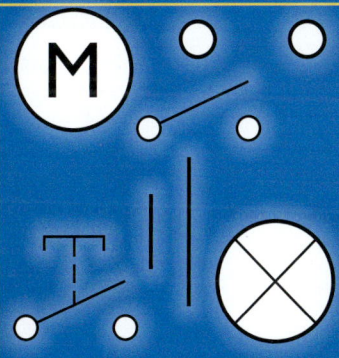

9 Geheimzeichen?

6 Ein Magnet, der mit Strom funktioniert

Ohne elektrische Geräte leben?

Viele Geräte werden heute mit elektrischem Strom betrieben.
Noch vor 80 Jahren hatten nur wenige Haushalte einen elektrischen
Anschluss. Hausarbeit wurde mit den Händen und einfachen Geräten
erledigt. ▷ 1–5 Wie das war, könnt ihr in den Versuchen erfahren.

1

2

3

4

5

1

Früher und heute

Für die verschiedenen Aufgaben benutzen wir heute meist andere Geräte als früher.

a Tragt die Geräte in eine Tabelle ein.
Gebt an, welche Aufgaben sie für uns verrichten.

b Lasst euch von euren Großeltern oder älteren Menschen erzählen, wie ein Waschtag vor 50 Jahren ablief.
Berichtet darüber in der Klasse.
Wie sieht heute ein „Waschtag" bei dir zu Hause aus?

Gerät früher	Gerät heute	Aufgabe des Geräts
Teppichklopfer	Staubsauger	reinigt den Teppich
?	?	?

2
Kaffeemahlen – früher und heute

Besorgt euch von den Groß-eltern einige Handkaffeemühlen und bringt elektrische Kaffee-mühlen mit in die Schule. Bildet mehrere Gruppen: Die einen mahlen eine Handvoll Kaffeebohnen zwischen zwei Steinen zu Pulver, die anderen mit einer Handmühle. ▷ 6–7 Vergleicht die Qualität des Kaf-feemehls und die benötigte Zeit. Vergleicht die Ergebnisse auch mit denen der elektrischen Kaffeemühlen.

6 Kaffeemahlen mit Mahlsteinen

7 Kaffeemahlen mit der Kaffeemühle

3
Hausarbeit früher

Überlegt euch weitere Versuche, um zu erfahren, wie früher ohne elektrischen Strom gearbeitet wurde:
Schlagt Sahne mit einem einfachen Schneebesen. ▷ 8
Bringt 1 Liter Wasser zum Kochen.
Wascht T-Shirts mit der Hand. Wie wird zerknitterte, trockene Wäsche wieder glatt?

4
Ein Tag ohne elektrischen Strom

a Stell dir vor, du wachst morgen früh auf und es gibt keinen elektrischen Strom mehr. Funktioniert dein Wecker noch? Wirst du zur Schule kommen?

b Schreibe eine Geschichte über deinen Tag ohne elektrischen Strom. ▷ 9

9 „Ohne Strom"

5
Ohne Strom läuft nichts

Haushaltsgeräte werden mit elektrischem Strom betrieben. Überlegt, was die Geräte aus dem elektrischen Strom machen: „Eine Glühlampe erzeugt Licht." „Ein Haartrockner bewegt die Luft."
Formuliert weitere Sätze für Geräte, die ihr benutzt.

8 Sahneschlagen mit der Hand

Elektrische Geräte in Betrieb

Nicht alle Geräte haben einen Stecker.
Zwei Kontakte haben sie aber alle.
Weißt du, wo sie bei den abgebildeten Geräten sind?
▷ 1–4

1

2

3

4

Vorsicht, Lebensgefahr!

▷ Führe keine Versuche mit der Steckdose als Energie- oder Stromquelle durch!
▷ Bastle nie an Elektrogeräten herum!
Die folgenden Experimente mit Batterien oder Netzgeräten sind jedoch ungefährlich.

1

Wie werden elektrische Geräte angeschlossen?
Versucht eine Lampe mit einer Flachbatterie zum Leuchten zu bringen. ▷ 5
In welcher Anordnung bringt die Batterie die Lampe zum Leuchten? Erkläre!

2

Ein einfacher elektrischer Stromkreis
Ein Stromkreis besteht aus einer Energie- oder Stromquelle (Batterie, Netzgerät), aus Kabeln und elektrischen Geräten.
a Baut einen Stromkreis mit einer Lampe und einem Schalter auf. ▷ 6
b Ersetzt den Schalter durch einen Taster.

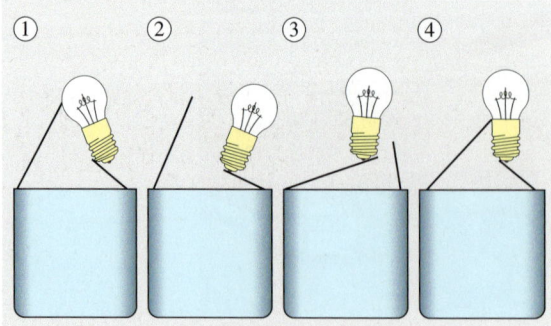

① ② ③ ④

5 Lampe und Flachbatterie

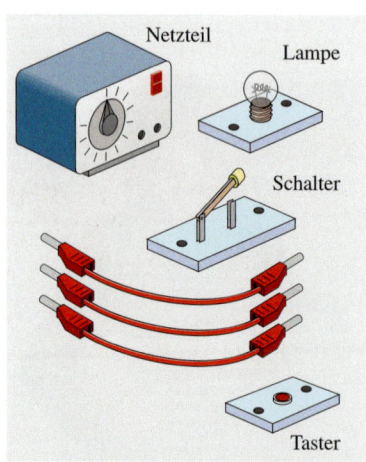

6 Stromkreis mit Schalter/Taster

Experimente mit selbst gebauten Geräten:

3

Leuchtet die Lampe auch ohne deine Hilfe?

Eine Glühlampe soll leuchten, ohne dass du sie an die Batterie hältst. Erfindet und testet eine Lampenhalterung.
Ihr könnt folgende Hilfsmittel verwenden:
Draht, Knetgummi, Büroklammern, Wäscheklammern, Aluminiumfolie.

5

Taschenlampe mit Taster

Manche Taschenlampen haben einen Taster zum Einschalten. Solange der Taster gedrückt ist, leuchtet die Lampe. Einen EIN-Taster könnt ihr euch bauen. ▷ 8
Der Taster schließt auf Fingerdruck den Stromkreis und öffnet ihn beim Loslassen. Mit dem Taster und einer Lampe könnt ihr Morsezeichen senden.

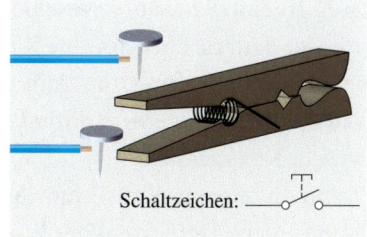

8 Einen Taster selbst bauen

4

Stromkreis mit Schalter

Eine Lampe soll ein- und ausgeschaltet werden. Erfinde aus einer Büroklammer, zwei Reißnägeln und einem Korkstück einen geeigneten Schalter. ▷ 7

a Baut den Stromkreis mit einer Batterie und dem Schalter auf. Prüft, ob er funktioniert.
Zeichnet die Schaltung auf.

b Erfindet andere Geräte, mit denen ihr einen Stromkreis unterbrechen könnt.

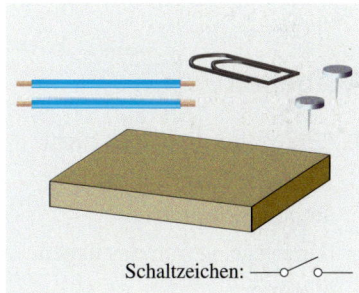

7 Einen Schalter selbst bauen

6

Ein Taster macht das Licht aus

Wenn man die Kühlschranktür schließt, ist dann das Licht im Kühlschrank wirklich aus?

a Baut eine Stromkreis mit einem AUS-Taster ▷ 9 und einer Lampe auf.
Wenn ihr den Taster drückt, ist der Stromkreis unterbrochen und die Lampe aus.

b Überprüft, wo am Kühlschrank dieser Taster angebracht ist. Drückt ihn und beobachtet, was passiert.

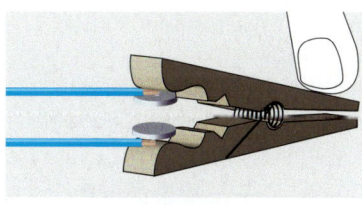

9 AUS-Taster – selbst gebaut

7

Bauanleitung: Ein einfacher Toaster

a Baut das Modell eines Toasters nach. ▷ 10 Als Glühdraht nehmt ihr 50 cm Konstantandraht (0,4 cm dick). Der Draht wird einmal um jeden Nagel gewickelt.
Schließt die Drahtenden mit Krokodilklemmen und Kabel an ein Netzgerät an. Regelt es langsam hoch, bis der Draht zu glühen beginnt.
Legt einen Toast auf und wartet 2 Minuten.

b Nennt Unterschiede zu einem Toaster im Haushalt.

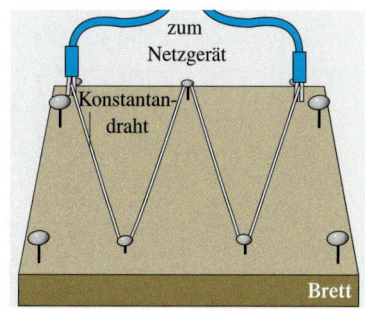

10 Ein selbst gebauter Toaster

Der elektrische Stromkreis

Stromkreise Elektrische Stromkreise dienen dazu, elektrische Energie in Licht, Wärme, Schall oder Bewegung umzuwandeln.

Damit eine Glühlampe ▷ 1 leuchtet, muss sie an eine Energiequelle (z. B. an eine Batterie) angeschlossen sein. Wenn du mit dem Finger von der Batterie über das eine Kabel, die Lampe und das andere Kabel entlangfährst, kommst du zum Ausgangspunkt Batterie zurück. ▷ 2 Wir sprechen von einem *Stromkreis* – auch wenn die Schaltung nicht wie ein Kreis aussieht.

Wenn in diesem Kreis eine der Verbindungen fehlt, leuchtet die Lampe nicht. Der Stromkreis ist unterbrochen. ▷ 3

Die Lampe leuchtet nur, wenn jeder ihrer beiden Kontakte über einen Leitungsdraht mit einem Pol der Energiequelle verbunden ist. Es muss ein geschlossener Stromkreis vorliegen.

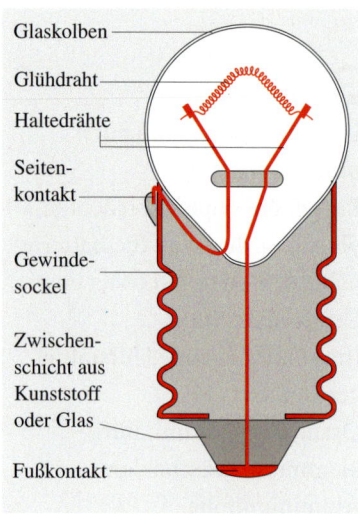

Glaskolben
Glühdraht
Haltedrähte
Seiten-kontakt
Gewinde-sockel
Zwischen-schicht aus Kunststoff oder Glas
Fußkontakt

1 Aufbau einer Glühlampe

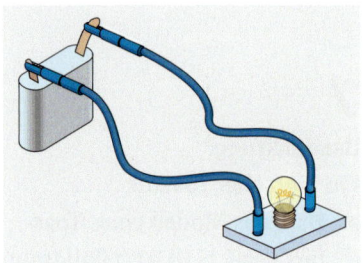

2 Der Stromkreis ist *geschlossen*.

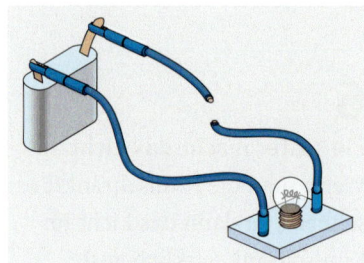

3 Der Stromkreis ist *unterbrochen*.

 Mehr

Was passiert im Stromkreis? Die Vorgänge im Stromkreis können wir nicht sehen. Um sie zu verstehen, vergleichen wir den elektrischen Stromkreis mit einem Kreislauf, den man sehen kann: ▷ 4

Elektrischer Stromkreis	Warmwasserheizung
Elektrizität fließt im Kreis von der Batterie durch einen Draht zur Lampe und dann durch einen zweiten Draht wieder zur Batterie zurück. Die Elektrizität wird durch die Batterie in Bewegung versetzt und kann so die Lampe antreiben.	Wasser fließt im Kreis – vom Heizkessel und der Pumpe durch ein Rohr zum Heizkörper und durch ein zweites Rohr zurück zum Kessel. Das Wasser in den Rohren wird von der Pumpe bewegt. So kann es Wärme transportieren.

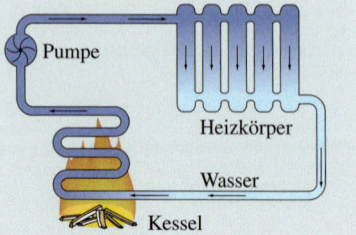

Pumpe
Heizkörper
Wasser
Kessel

4 Elektrischer Stromkreis im Modell

Aufgaben

1 Ein Motor dreht sich nicht, obwohl er an eine Batterie angeschlossen ist. Überlege, woran das liegen könnte.

2 Was entspricht im Stromkreis der Pumpe, was dem Heizkörper und was den Rohren?
▷ 4

Schaltpläne und Schaltzeichen

Um einen Stromkreis sauber zu zeichnen, verwendet man *Schaltzeichen (Symbole)*. Man erhält dann einen *Schaltplan.* ▷ 5–8

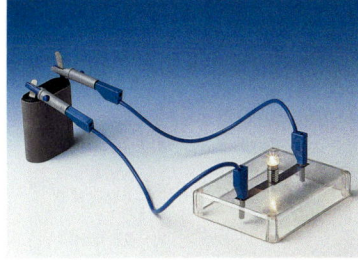

5 Foto eines Stromkreises

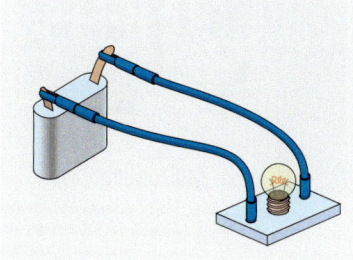

6 Stromkreis gezeichnet

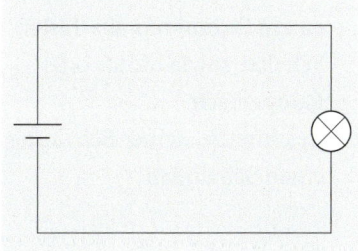

7 Schaltplan

Bauteil in der Wirklichkeit	Gezeichnetes Bauteil	Schaltzeichen des Bauteils
Batterie		
Lampe		
Schalter		
Taster		
Umschalter		
AUS-Taster		
Elektromotor		

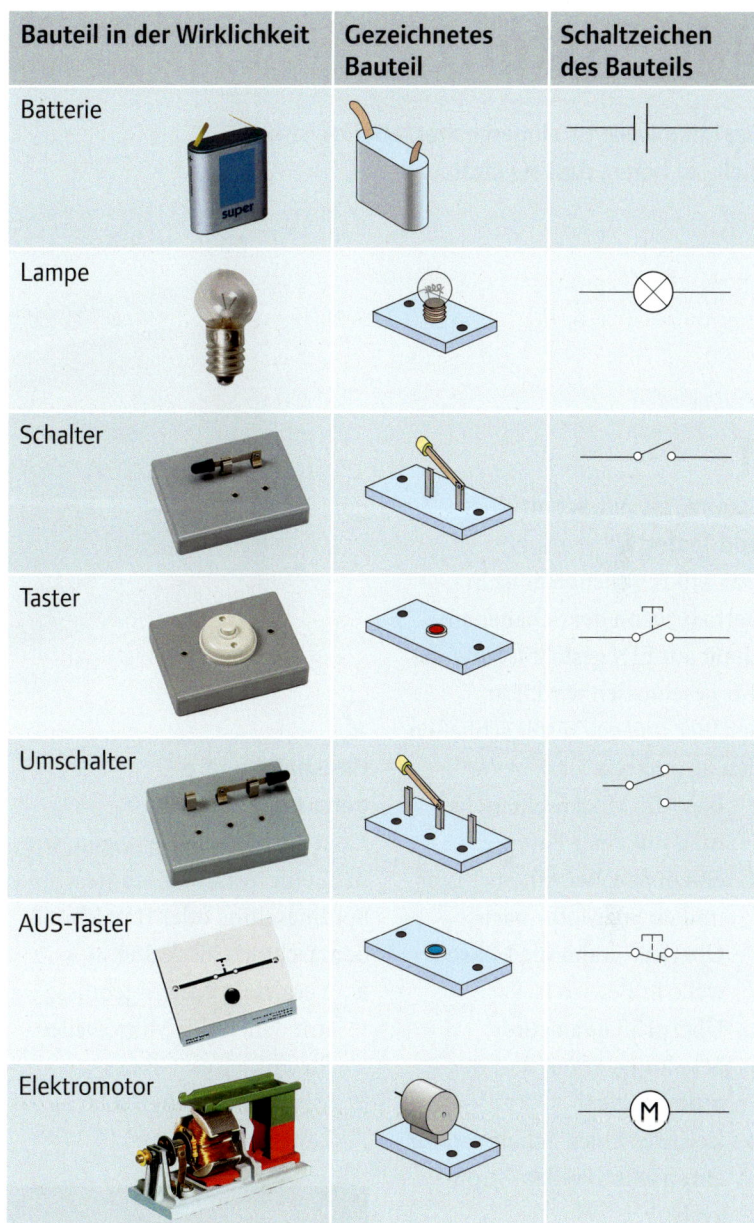

8 Bauteile und ihre Schaltzeichen

Aufgaben

1 Zeichne für die Schaltung mit Glühlampe und Schalter einen Schaltplan.

2 Überprüfe diese Schaltpläne. ▷ 9–11 Würden die Schaltungen funktionieren? Baue dann die Schaltungen auf, die du für richtig hältst. Probiere sie aus.

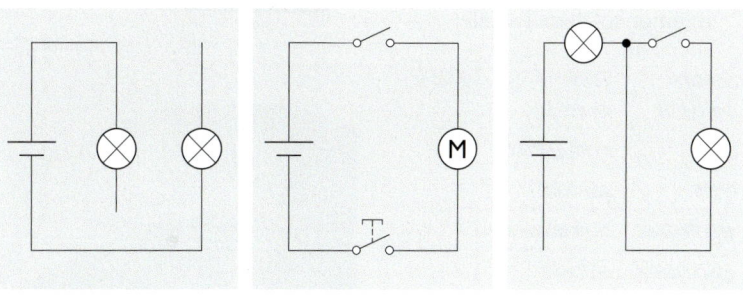

9   10   11

Geräte mit mehreren Schaltern und Tastern

Die Mikrowelle ist eingeschaltet, aber es ist noch
nicht zu hören, dass sie läuft … ▷ 1

1 Mikrowelle

1
Stromkreis mit Schalter und Taster

Das Mikrowellengerät ist in
Betrieb, wenn der Schalter am
Gerät auf EIN gestellt ist *und* die
Tür geschlossen wird. Ein
Schalter *und* ein Taster schließen
den Stromkreis.

a Baut die Mikrowellenschal-
tung mit einer Batterie,
einem Schalter, einem Taster
und einem Motor nach.
Überlegt, wann die Mikro-
welle in Betrieb ist.
Überprüft es an eurer
Schaltung. Wann darf der
Motor laufen?

b Zeichnet einen Schaltplan für
euren Mikrowellen-Strom-
kreis.

c Überprüft die Schaltung und
protokolliert die Ergebnisse
in einer solchen Tabelle: ▷ 2

Schalter am Gerät	Taster an der Tür	Motor
offen	nicht gedrückt	aus
offen	gedrückt	?
geschlossen	nicht gedrückt	?
geschlossen	gedrückt	?

2 Mustertabelle

2
Haushaltsgeräte – genauer untersucht

Lasst euch zu Hause zeigen, wie
man eine Waschmaschine,
Spülmaschine oder Brotschneidemaschine einschaltet. ▷ 3

a Vergleicht eure Ergebnisse
mit denen des Mikrowellen-
Stromkreises: Gibt es
Gemeinsamkeiten oder
Unterschiede?

b Baut ein Gerät als Modell mit
einem Stromkreis aus Taster,
Schalter sowie Motor oder
Lampe nach.

c Zeichnet zu deiner Schaltung
einen Schaltplan.

3 Schalter der Waschmaschine

3

Die Hausklingel – nachgebaut

In Mehrfamilienhäusern hat jede Wohnung zwei Klingelknöpfe:
▷ 4 Die Klingel läutet, wenn an der Haustür *oder* an der Wohnungstür gedrückt wird.

a Baut die Schaltung mit zwei Tastern, einer Batterie und einem Summer nach. ▷ 5

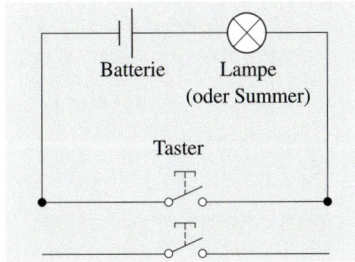

5

4

Überlegt: Wann muss es läuten? Überprüft es an eurer Schaltung.
Tipp: Jeder jeder Taster bildet mit dem Summer und der Batterie einen eigenen Stromkreis.

b Zeichnet einen Schaltplan der Klingelschaltung.

c Protokolliert die Ergebnisse in einer Tabelle. ▷ 6

Taster an der Haustür	Taster an der Wohnungstür	Klingel/Lampe
nicht gedrückt	nicht gedrückt	aus
gedrückt	nicht gedrückt	?
nicht gedrückt	gedrückt	?
gedrückt	gedrückt	?

6 Mustertabelle

4

Ein Stromkreis im Auto

Die Innenbeleuchtung von Autos wird meistens durch Taster am Rahmen der Vordertüren ein- und ausgeschaltet. Wenn die Türen geschlossen werden, geht das Licht im Auto aus.
Am Auto sind an den beiden Vordertüren AUS-Taster angebracht. ▷ 7 Das Licht im Innenraum ist erst dann aus, wenn beide Türen geschlossen sind.

a Baut eine Schaltung mit zwei AUS-Tastern, einer Batterie und einer Lampe auf. Die Lampe ist aus, wenn Taster 1 *und* gleichzeitig Taster 2 gedrückt werden.

b Zeichnet einen Schaltplan für euren Stromkreis.

c Vergleicht die Schaltung mit der Kühlschrankschaltung.

d Überprüft die Schaltung und protokolliert die Ergebnisse in einer Tabelle.

7 Schalter am Rahmen der Autotür

Schaltungsarten

Sicherheitsschaltung und Klingelschaltung Für viele Zwecke gehören Schalter oder Taster zum System „Stromkreis".

Eine *Sicherheitsschaltung* hilft, Unfälle an gefährlichen Maschinen zu vermeiden. Ein Rasenmäher z. B. arbeitet nur, wenn *zwei Taster gleichzeitig* gedrückt werden.

Die Taster sind *in Reihe* geschaltet. Man nennt diese Schaltung *UND-Schaltung*, weil der Stromkreis nur dann geschlossen ist, wenn Taster 1 *und* Taster 2 gedrückt werden. ▷ 1

Auch die Klingelschaltung für die Klingel an der Haustür und an der Wohnungstür ist eine Schaltung mit zwei Tastern. Die Klingel läutet schon, wenn einer der beiden Taster gedrückt wird.

Die Taster sind *parallel* geschaltet. Man bezeichnet diese Schaltung als *ODER-Schaltung*, weil der Stromkreis schon dann geschlossen ist, wenn Taster 1 *oder* Taster 2 gedrückt ist. ▷ 2

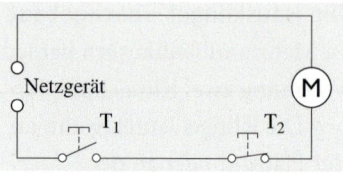

1 UND-Schaltung

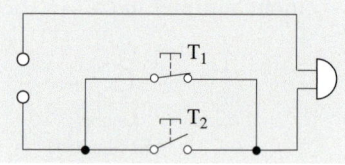

2 ODER-Schaltung

 Mehr

Reihen- und Parallelschaltung Nicht nur Schalter oder Taster können in Reihe oder parallel geschaltet werden. Viele Geräte, die mit Batterien funktionieren, benötigen mehr als eine Batterie. Meistens werden die Batterien dann in einer Reihe oder *hintereinander* angeordnet. ▷ 3 Man spricht hier von einer *Reihenschaltung*.

Wenn mehrere Geräte an eine Energiequelle angeschlossen werden und unabhängig funktionieren sollen, werden sie *parallel angeschlossen*. So erhält jedes Gerät einen eigenen Stromkreis.

Eine solche *Parallelschaltung* hast du z. B. am Fahrrad: Da sind Scheinwerfer und Rücklicht gemeinsam an dem Dynamo angeschlossen. ▷ 4–5

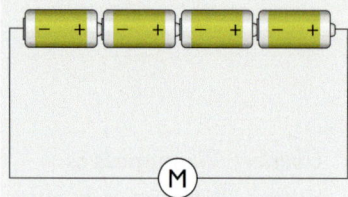

3 Batterien – in Reihe geschaltet

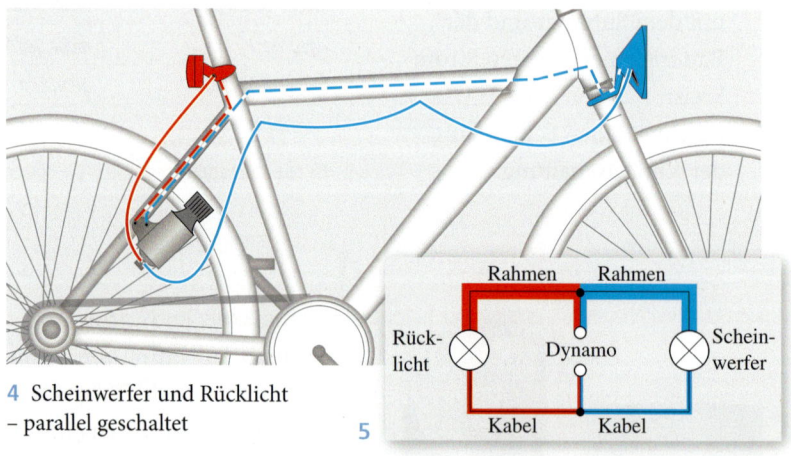

4 Scheinwerfer und Rücklicht – parallel geschaltet

5

Aufgaben

1 Die Klingelanlage im Haus (Vorseite) soll erweitert werden. Man soll auch noch an der Gartenpforte klingeln können. Zeichne einen Schaltplan und baue die neue Klingelanlage auf.

2 Eine gefährliche Blechschneidemaschine ist besonders gesichert. Ihr Motor läuft nur, wenn der Hauptschalter auf EIN steht und der Arbeiter mit der linken und rechten Hand jeweils einen Taster drückt. Zeichne einen Schaltplan und baue die Schaltung auf.

3 Zeichne eine Schaltskizze für eine Reihenschaltung mit zwei Lämpchen.

4 Ein Motor und eine Lampe sind parallel geschaltet. Zeichne den Schaltplan dazu.

Pfiffige Schalter – selbst gebaut

Schalter und Taster gibt es in vielen Ausführungen.
Manchmal sind sie gar nicht als solche zu erkennen.
Hier wurden einige Modelle gezeichnet. ▷ 6–12 Wie funktionieren sie?
Habt ihr Lust, eines der Modelle zu bauen? Ihr könntet es dann vorführen …
Vielleicht erfindet ihr sogar einen ganz anderen Schalter?

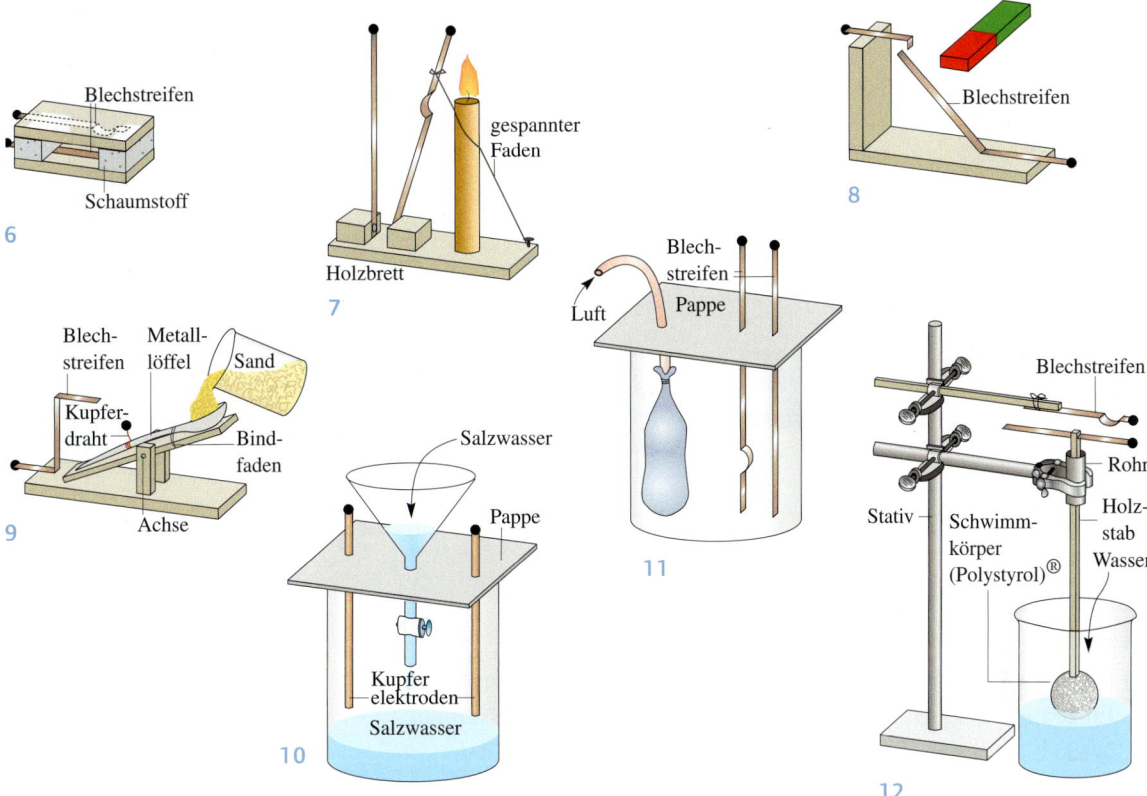

Aufgaben

1 Zeichne mindestens zwei der oben dargestellten Schalter ab. Verbinde in deinen Zeichnungen die Kontaktstellen des Schalters mit der Batterie und der Lampe, sodass ein Stromkreis entsteht. Beschreibe, wann der Stromkreis geschlossen und wann er offen ist.

2 Beschreibe auch bei den anderen Schaltern, wie sie funktionieren.
Beispiel für Schalter 1: „Wenn man auf das obere Brett tritt, wird der Schaumstoff zusammengedrückt. Daraufhin …"

3 Welchen der Schalter ▷ 6–12 würdest du in folgenden Beispielen einsetzen? Begründe jeweils deine Wahl.

a Sandra möchte möglichst frühzeitig wissen, wann jemand zu ihr ins Zimmer kommen will. Sie baut sich eine „Frühwarnanlage": Eine Klingel läutet, wenn sich jemand vom Flur her ihrem Zimmer nähert.

b Bei Meiers fließt Wasser in den Keller, wenn es stark regnet. Frank schlägt ihnen deshalb vor, eine „Regenwarnanlage" zu bauen.

c In der Zeitung steht etwas von einem Brand in einem Wohnhaus: Während die Familie im Wohnzimmer vor dem Fernseher saß, brach oben im Dachboden des Hauses ein Feuer aus. Hier wäre doch ein selbst gebauter „Feuermelder" auf dem Dachboden angebracht …

Elektrizität „geht nicht überall hindurch"

> Wir haben nicht mehr genug Leitungsdraht. Ist es egal, was man stattdessen nimmt?

1

1

Welche Stoffe sind elektrische Leiter?

a Baut einen *Leitungstester*. Ihr braucht zwei Drähte. Wickelt jeweils ein Ende um einen Reißnagel. Stecht dann die Reißnägel in ein Korkstück. ▷ 2

b Baut euer Testgerät anschließend in einen Stromkreis ein. Die „Leitungslücke" überbrückt ihr mit verschiedenen Körpern. Drückt sie fest auf die beiden Reißnägel. Notiert die Ergebnisse in einer Tabelle. ▷ 3

c Erkennt ihr Gemeinsamkeiten aller Stoffe, die leiten?

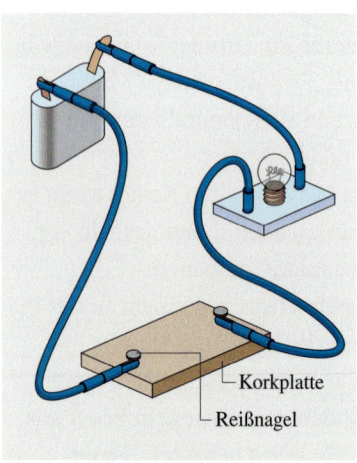

Korkplatte
Reißnagel

2 Ein „Leitungstester"

3

Körper	Stoff	Lampe leuchtet → elektrischer Leiter	Lampe leuchtet nicht → Nichtleiter
Schlüssel	Eisen	X	
Korken	(Stahl)	?	?
Knopf	Kork	?	?
Kugel	Kunststoff	?	?
Bleistiftmine	Glas	?	?
...	Grafit	?	?

2

Bauanleitung: Ein Leitungstester für Flüssigkeiten

Mit einer Leuchtdiode erhaltet ihr ein geeignetes Prüfgerät. ▷ 4

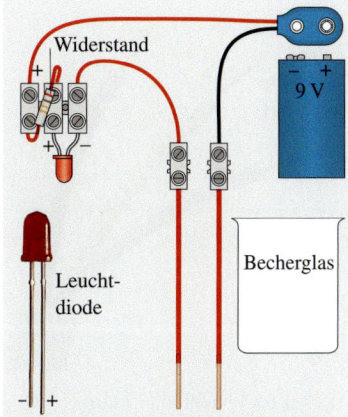

Tipp: Auf die richtige Polung achten! Das Minusbeinchen ist etwas kürzer.

4 Leitungstester für Flüssigkeiten

Ihr braucht:
5 Abschnitte von Lüsterklemmen, Leuchtdiode, Widerstand (330 Ohm), 3 flexible und 2 starre Kupferkabel (alle an ihren Enden abisoliert), Batterie (4,5 Volt oder 9 Volt).

So wird's gemacht:
a Baut das Gerät zusammen.
   Achtung: Verbindet das (kürzere) Minusbeinchen der Leuchtdiode mit dem Minuspol der Batterie!
b Prüft das Gerät: Wenn sich die blanken Kupferdrähte berühren, muss es leuchten.
   Tipps zur Fehlersuche:
   – Ist die Leuchtdiode richtig gepolt?
   – Sind alle Kabel abisoliert?
   – Sind sämtliche Anschlüsse fest?
c Untersucht, ob Salzwasser, Apfelsaft, Speiseöl oder Seifenwasser leiten.
   Notiert die Ergebnisse in der Tabelle.

4

Wo ist der zweite Anschluss des Fahrradscheinwerfers?

Versucht mit einer Flachbatterie den Fahrradscheinwerfer zum Leuchten zu bringen. ▷ 7

a Der Scheinwerfer hat nur einen Anschluss für ein Kabel. Findet ihr verschiedene Möglichkeiten, den Scheinwerfer zu betreiben?
b Führt den Versuch auch mit dem Rücklicht durch.
c Beschreibt jeweils die geschlossenen Stromkreise.

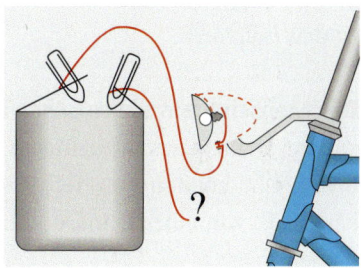

7

3

Wo befindet sich der zweite Pol des Dynamos?

Vom Fahrraddynamo geht nur *ein* Draht zum Scheinwerfer. ▷ 5
Schließt eine Experimentierlampe an einen Dynamo an. ▷ 6

a Findet verschiedene Möglichkeiten, wie ihr die Lampe zum Leuchten bringt.
b Erklärt, wie der Stromkreis geschlossen wird.

5

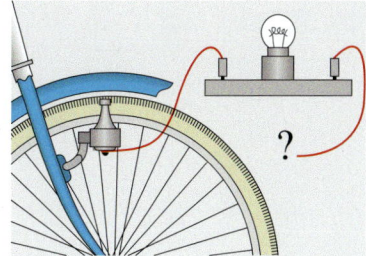

6

Nicht alles leitet

Elektrische Leiter Immer wenn du deinen Prüfstromkreis mit einem Körper aus Metall schließt, leuchtet die Lampe auf. Bei einer Bleistiftmine aus Grafit leuchtet sie etwas schwächer. Grafit leitet nämlich schlechter als Metalle.

Gute elektrische Leiter sind alle Metalle.
Silber und Kupfer gehören zu den besten elektrischen Leitern.

Nichtleiter Bei Körpern aus Kunststoff, Glas, Holz, Gummi oder Kork bleibt die Lampe dunkel. Diese Stoffe leiten nicht. Man nennt sie *Nichtleiter* oder *Isolatoren*.

Gummi und Kunststoffe als Nichtleiter sind für elektrische Leitungen genauso wichtig wie die Metalle als Leiter. Kupferkabel werden mit Kunststoff überzogen; damit sind sie *isoliert*.

Ohne Isolierung wäre es lebensgefährlich, ein Kabel anzufassen, das an eine Steckdose angeschlossen ist. ▷ 1 Elektrogeräte haben meist ein Kunststoffgehäuse.

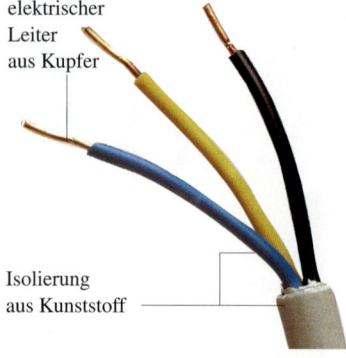

elektrischer Leiter aus Kupfer

Isolierung aus Kunststoff

1 Leiter und Nichtleiter beim Kabel

Flüssigkeiten – Leiter und Nichtleiter Auch unter den Flüssigkeiten gibt es *elektrische Leiter*. Beispiele sind Apfelsaft und Essig (beides sind Säuren) sowie Salzwasser.

Öl und reines (destilliertes) Wasser leiten dagegen nicht. Sie gehören zu den *Isolatoren*.

Der Mensch – ein elektrischer Leiter Weil der menschliche Körper zu zwei Dritteln aus salzhaltigem Wasser besteht, ist er ein elektrischer Leiter. Wir können also Teil eines Stromkreises werden. Der Strom kann z. B. von einer Hand durch deinen Körper in die andere Hand fließen. ▷ 2

Bei Unfällen mit dem Stromnetz besteht Lebensgefahr. Die Muskeln verkrampfen sich, das Herz kommt aus dem Takt und Verbrennungen sind möglich.

Der menschliche Körper ist ein elektrischer Leiter. Zu einem Elektrounfall kommt es, wenn der Mensch Teil eines Stromkreises wird.

Verhalten bei Stromunfällen

– Unterbrich zuerst den Stromkreis: Betätige dazu den Not-AUS-Schalter oder schalte die Sicherung aus.
– Auf keinen Fall den Verunglückten vorher anfassen, sonst fließt der Strom auch durch den Helfer!
– Notarzt bzw. Rettungswagen rufen.
– Bei Atemstillstand sind Wiederbelebungsmaßnahmen erforderlich (Atemspende, Herzdruckmassage).

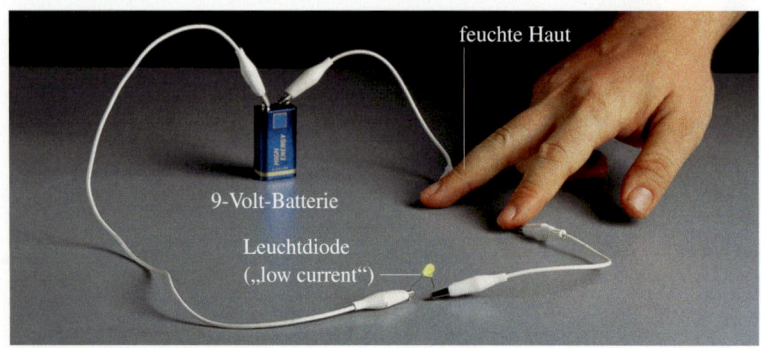

feuchte Haut

9-Volt-Batterie

Leuchtdiode („low current")

2 Die Hand als Teil eines elektrischen Stromkreises

Der Fahrradstromkreis Beim Fahrrad sind Dynamo und Scheinwerfer nur durch *einen* Draht verbunden. Der Fahrradrahmen bildet die zweite Verbindung und schließt den Stromkreis. Auch die Befestigungsschelle des Dynamos und das Gehäuse des Scheinwerfers gehören zum Stromkreis. Beide sind fest an den Fahrradrahmen geschraubt. ▷ 3

Stromkreise müssen nicht über Drähte geschlossen sein.
Auch der Fahrradrahmen und andere Metallteile können Teil eines elektrischen Stromkreises sein.

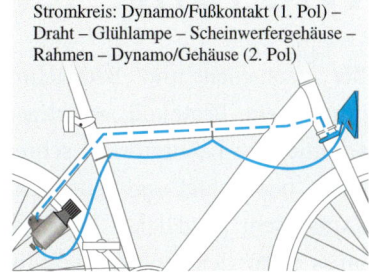

Stromkreis: Dynamo/Fußkontakt (1. Pol) – Draht – Glühlampe – Scheinwerfergehäuse – Rahmen – Dynamo/Gehäuse (2. Pol)

3 Nicht nur Kabel bilden den Stromkreis.

Aufgaben

1 Beschreibe den Stromkreis des Rücklichts. ▷ 3

2 Zeichne einen Stromkreis mit Lampe und Batterie, der mit vielen Metallteilen (z. B. Schere, Büroklammer, Nägel) geschlossen wird. Probiere aus, ob er funktioniert.

3 Welche der Werkzeuge könnte ein Elektriker gebrauchen? ▷ 4 Begründe deine Auswahl.

4

4 Befrage einen Elektriker, wie er sich verhält, wenn an Steckdosen oder Geräten Reparaturen durchzuführen sind.

5 Fertige ein Plakat über die Gefahren des elektrischen Stroms.

Haartrockner im Bad brachte den Tod

Frankfurt. In seiner Frankfurter Wohnung wurde ein 39 Jahre alter Mann tot in der gefüllten Badewanne aufgefunden. Ein Haartrockner lag eingeschaltet neben ihm im Wasser.

Der Elektrotechnik-Verband VDE bezeichnet die Gewohnheit, sich in der Badewanne die Haare zu trocknen, als lebensgefährliche Dummheit. Sobald der Haartrockner in die Wanne rutscht, fließt elektrischer Strom durch den Körper.

Gefahr besteht dort, wo sich Wasser und Strom begegnen. Auch angeschlossene Elektrogeräte darf man nicht mit Wasser reinigen!

6 Lies die Zeitungsmeldung oben. Was führte zum Tod des Mannes? Begründe deine Aussage.

7 Mit Elektrizität aus der Steckdose muss man vorsichtig umgehen. ▷ 5–9
Schreibe zu den Bildern Verhaltensregeln auf. Erläutere die Gefahren.

5   6   7   8   9

Wie führe ich Protokoll?

Bei Versuchen und Beobachtungen solltest du immer ein Protokoll anfertigen. Auch Wissenschaftler in Laboratorien schreiben auf, was sie getan, beobachtet und gemessen haben. Wenn das Experiment in gleicher Weise durchgeführt wird, muss es zu gleichen Beobachtungen oder gleichen Messwerten führen.

Solche Protokolle sind die Grundlage, um mit anderen über die Experimente zu sprechen und Ergebnisse zu vergleichen. So kann man Regeln und Gesetze der Natur erkennen.

Für die Protokolle solltest du immer eine gleiche Form wählen und sie in deinem Heft oder deiner Mappe sammeln.

Schritt 1 Ein Experiment soll eine Frage an die Natur beantworten. Oder du willst überprüfen, ob eine Vermutung oder eine Regel immer gilt. Schreibe diese Frage oder das Thema des Versuchs auf.

Schritt 2 Skizziere den Versuchsaufbau und beschreibe, wie du vorgehst.

Schritt 3 Bei vielen Versuchen musst du genau hinschauen. Beschreibe, was passiert. Bei anderen Experimenten wird z. B. mit einem Thermometer gemessen. Die Messwerte trägst du dann in eine Tabelle ein.

Schritt 4 Formuliere das Ergebnis – z. B. die Antwort auf die Frage von Schritt 1.

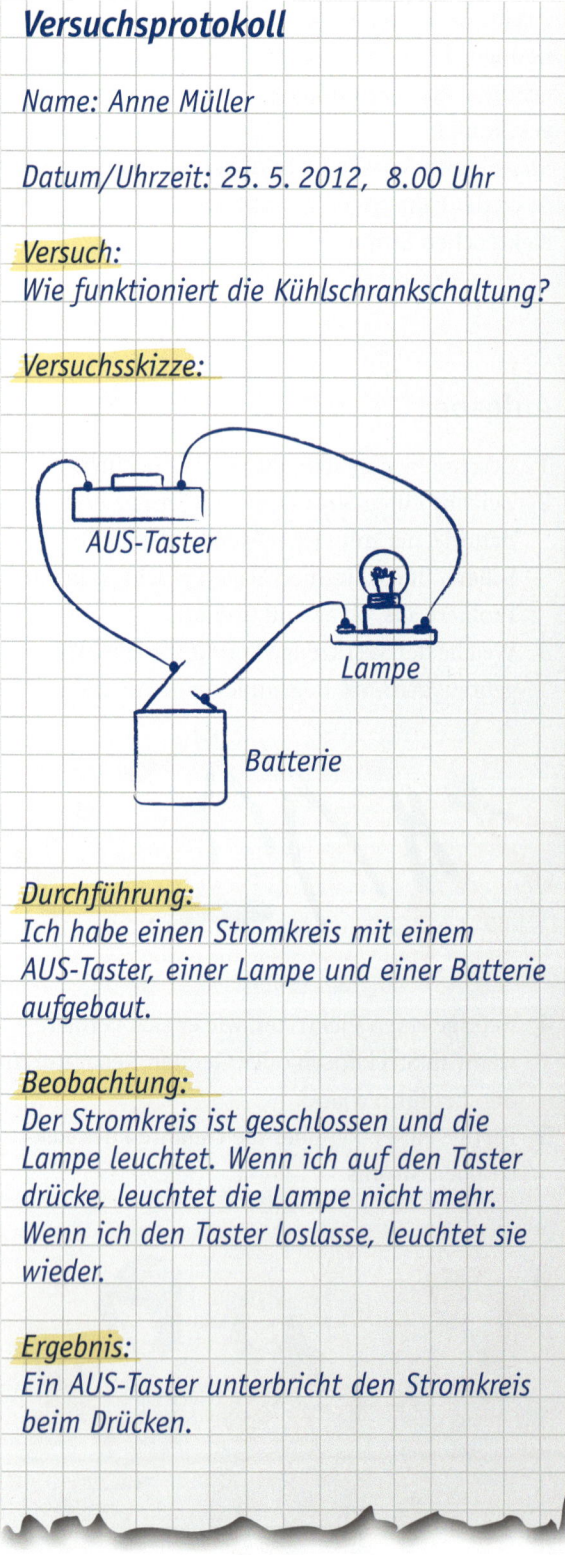

Versuchsprotokoll

Name: Anne Müller

Datum/Uhrzeit: 25. 5. 2012, 8.00 Uhr

Versuch:
Wie funktioniert die Kühlschrankschaltung?

Versuchsskizze:

AUS-Taster

Lampe

Batterie

Durchführung:
Ich habe einen Stromkreis mit einem AUS-Taster, einer Lampe und einer Batterie aufgebaut.

Beobachtung:
Der Stromkreis ist geschlossen und die Lampe leuchtet. Wenn ich auf den Taster drücke, leuchtet die Lampe nicht mehr. Wenn ich den Taster loslasse, leuchtet sie wieder.

Ergebnis:
Ein AUS-Taster unterbricht den Stromkreis beim Drücken.

1 Beispielprotokoll

Versuchsprotokoll

Name: Frank Saß ← Name

Datum/Uhrzeit: 6. 7. 2012, 8.45 Uhr ← Datum/Uhrzeit

Versuch:
Welche Stoffe leiten elektrischen Strom? ← Thema oder Frage des Versuchs

Versuchsskizze:
← Skizziere die Versuchsgeräte und den Versuchsaufbau.

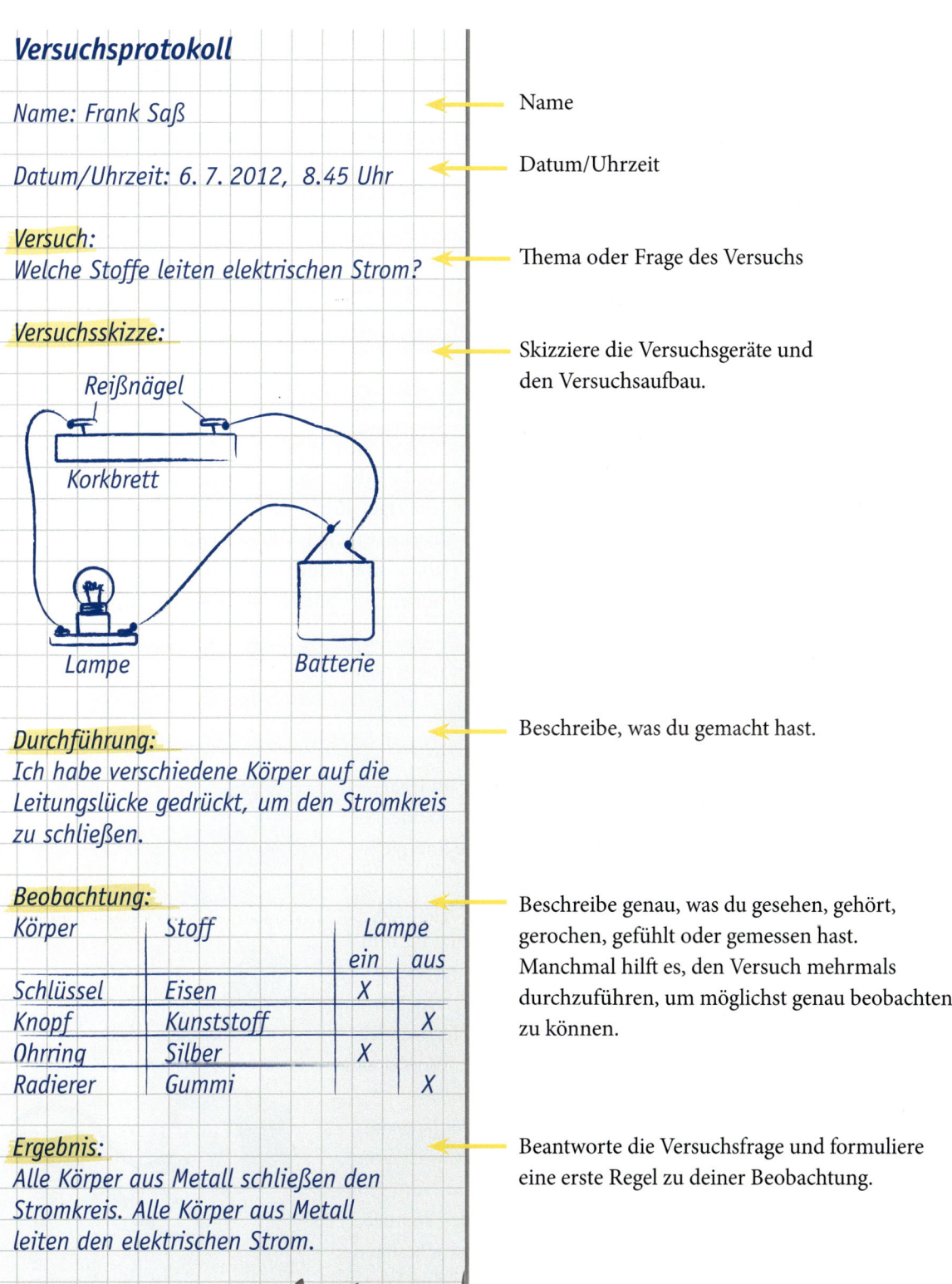

Durchführung: ← Beschreibe, was du gemacht hast.
Ich habe verschiedene Körper auf die Leitungslücke gedrückt, um den Stromkreis zu schließen.

Beobachtung: ← Beschreibe genau, was du gesehen, gehört, gerochen, gefühlt oder gemessen hast. Manchmal hilft es, den Versuch mehrmals durchzuführen, um möglichst genau beobachten zu können.

Körper	Stoff	Lampe	
		ein	aus
Schlüssel	Eisen	X	
Knopf	Kunststoff		X
Ohrring	Silber	X	
Radierer	Gummi		X

Ergebnis: ← Beantworte die Versuchsfrage und formuliere eine erste Regel zu deiner Beobachtung.
Alle Körper aus Metall schließen den Stromkreis. Alle Körper aus Metall leiten den elektrischen Strom.

Wir bauen einen Haartrockner nach

So funktioniert Lisas Haartrockner:
– Wenn sie den linken Schalter am Griff betätigt, bläst der Haartrockner kalte Luft.
– Wenn sie zusätzlich den rechten Schalter drückt, strömt warme Luft aus dem Gerät.
– Der Haartrockner schaltet automatisch ab, wenn sie ihn zu lange laufen lässt. Das ist eine Sicherung, damit das Gerät nicht zu heiß wird.

1 Haartrockner, Schalter

Achtung!

Weil das Basteln an Elektrogeräten lebensgefährlich ist, darf der Haartrockner nicht geöffnet werden. Ihr könnt aber seine verschiedenen Funktionen untersuchen und nachbauen.

1

Der Haartrockner bläst kalte Luft

Die erste Funktion könnt ihr leicht nachbauen. Dazu braucht ihr einen Schalter, eine Batterie und einen Motor mit Propeller.
▷ 2 Prüft eure Ventilatorschaltung und zeichnet den Schaltplan.

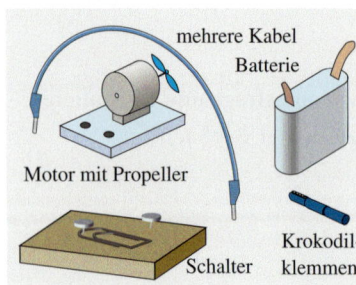

2 Versuchsmaterial

2

Der Haartrockner erzeugt Wärme

Von vorne seht ihr im Haartrockner eine Drahtwendel. Sie wandelt elektrische Energie in Wärme um.

a Wickelt 50 cm Heizdraht (Konstantandraht, 0,2 mm dick) eng um eine Stricknadel. Zieht die Nadel heraus – fertig ist die Heizwendel.
▷ 3 Schließt die Wendel an ein Netzgerät an. ▷ 4 Dreht den Regler langsam höher und fühlt, wie warm sie wird. *Vorsicht:* Verbrennt euch nicht an der Wendel!

b Auch Glühlampen besitzen eine Drahtwendel und erzeugen viel Wärme. Schaut sie euch mit der Lupe genau an.

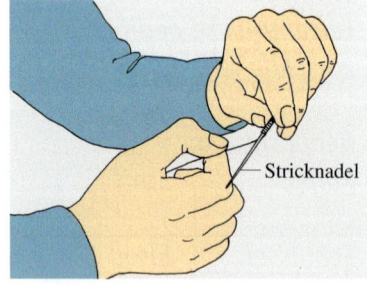

3 Herstellen einer Wendel

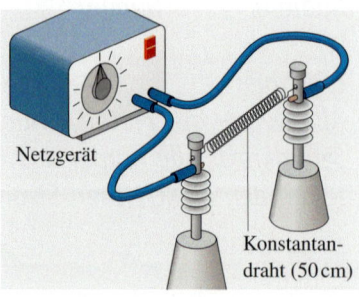

4 Heizspirale

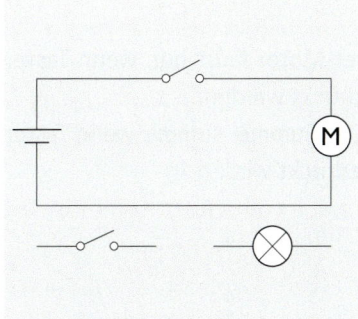

5 Haartrocknerschaltung

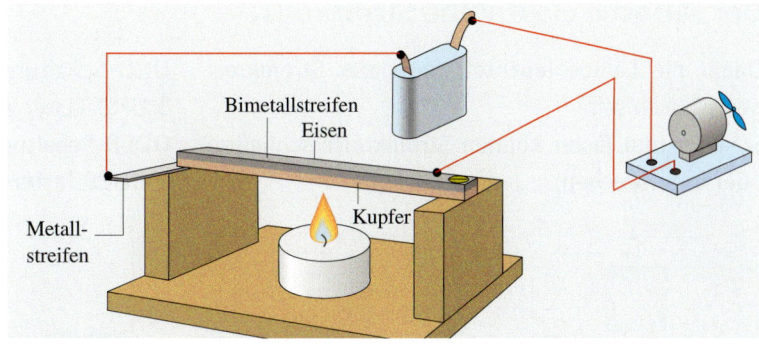

7 Hitzeschutzschaltung

3

Jetzt bläst er kalt oder warm

a Benutze als „Heizspirale" diesmal eine Glühlampe. Wie müsst ihr die Ventilatorschaltung durch die Lampe und einen Schalter ergänzen, damit das Gerät nach Bedarf zusätzlich warme Luft (Lampe leuchtet) abgibt? ▷ 5

b Wie die Schaltung funktioniert, beschreibt man am besten in einer Tabelle. ▷ 6 Übertragt die Tabelle in euer Heft und ergänzt sie. Prüft die Schaltung mithilfe der Tabelle.

4

Der Hitzeschutz

Wenn es im Gehäuse zu heiß wird, schaltet der Haartrockner von selbst ab. Das Abschalten übernimmt ein Bimetallstreifen. ▷ 7 Beim Erhitzen biegt sich der Streifen nach oben und unterbricht den Stromkreis. Beim Abkühlen wird er wieder gerade und schließt den Stromkreis. Man spricht von einem *Bimetallschalter*.

Baut den Bimetallschalter so in eure „Haartrocknerschaltung" ein, dass er bei Überhitzung alles ausschaltet.

5

So könnt ihr weiterforschen

a Der Motor soll mal schnell, mal langsam laufen, mal mehr und mal weniger Luft blasen. ▷ 8

b Könnt ihr die Geschwindigkeit mit einem Umschalter auswählen? Wie müssen die Batterien, ein Motor und der Umschalter verbunden werden, damit der Motor mal langsam, mal schnell läuft?

c Besitzt euer Haartrockner zu Hause einen Schalter oder Taster? Könnt ihr Warm- und Kaltluft mit Taster oder Schalter wählen? Entwickelt eine Modellschaltung für euren Haartrockner.

d Beschreibt euren Haartrockner auf einem Plakat. Zeichnet die Modellschaltung dazu und präsentiert eure Arbeit vor der Klasse.

Was wird gemacht?		Was passiert?	
Schalter Gebläse	Schalter Heizung	Gebläse (Motor)	Heizung (Lampe)
aus	aus	aus	aus
aus	ein	aus	?
ein	aus	?	?
ein	ein	?	?

6 Funktionstabelle Haartrockner

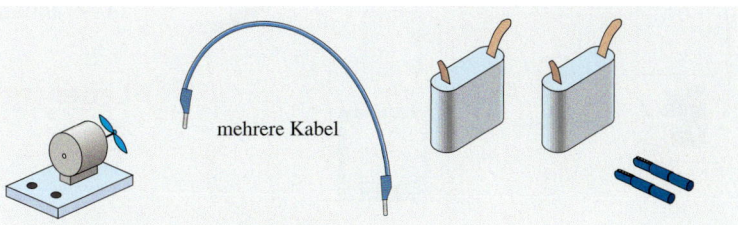

8 Wie läuft der Motor besonders schnell?

Der einfache elektrische Stromkreis

Damit die Lampe leuchtet, muss der Stromkreis geschlossen sein.
Schalter und Taster können Stromkreise schließen oder unterbrechen. ▷ 1–2

UND-Schaltung: Der Motor läuft nur, wenn Taster 1 UND Taster 2 gedrückt werden. ▷ 3
ODER-Schaltung: Der Summer summt, wenn Taster 1 ODER Taster 2 gedrückt wird. ▷ 4

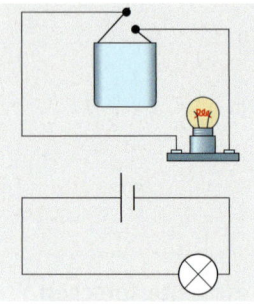

1 Geschlossener Stromkreis

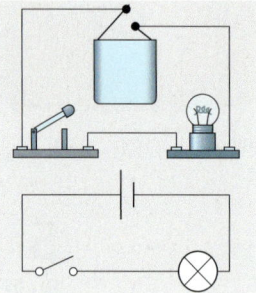

2 Unterbrochener Stromkreis

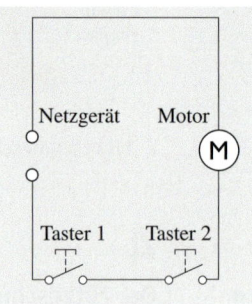

3 UND-Schaltung

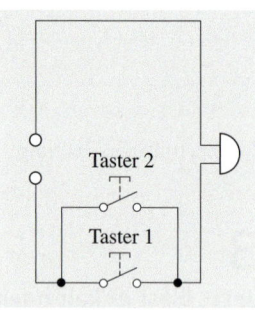

4 ODER-Schaltung

 Mehr

Zweierlei Schaltungsarten

Wenn Geräte in einer Reihe hintereinandergeschaltet werden, spricht man von einer *Reihenschaltung*. ▷ 5
Geräte können auch so angeschlossen werden, dass sie unabhängig voneinander funktionieren. Dann handelt es sich um eine *Parallelschaltung*. ▷ 6

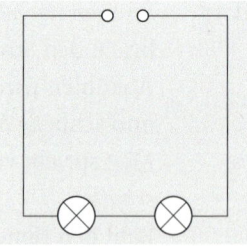

5 Reihenschaltung

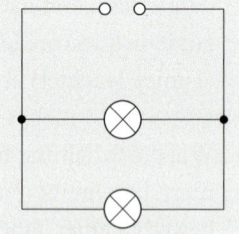

6 Parallelschaltung

Leiter und Nichtleiter

Alle Körper aus Metall sind elektrische Leiter. Auch salzige oder saure Flüssigkeiten leiten den elektrischen Strom. ▷ 7
Alle Körper aus Kunststoff, Gummi, Glas oder Holz leiten den elektrischen Strom nicht. Sie sind Nichtleiter oder Isolatoren.

Auch der Mensch ist ein Leiter. Es besteht Lebensgefahr, wenn der menschliche Körper Teil eines Stromkreises mit der Steckdose wird. ▷ 8

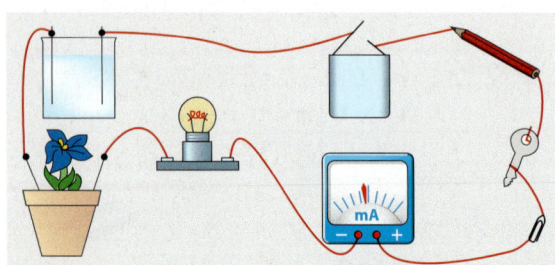

7

Warnung
vor jeder Berührung der Drähte und Isolatoren
und der Annäherung
an herabhängende Drähte

Lebensgefahr!

8

Elektrische Geräte

Elektrogeräte ▷ 9 wandeln elektrische Energie in Wärme, Licht, Bewegung oder Töne um.

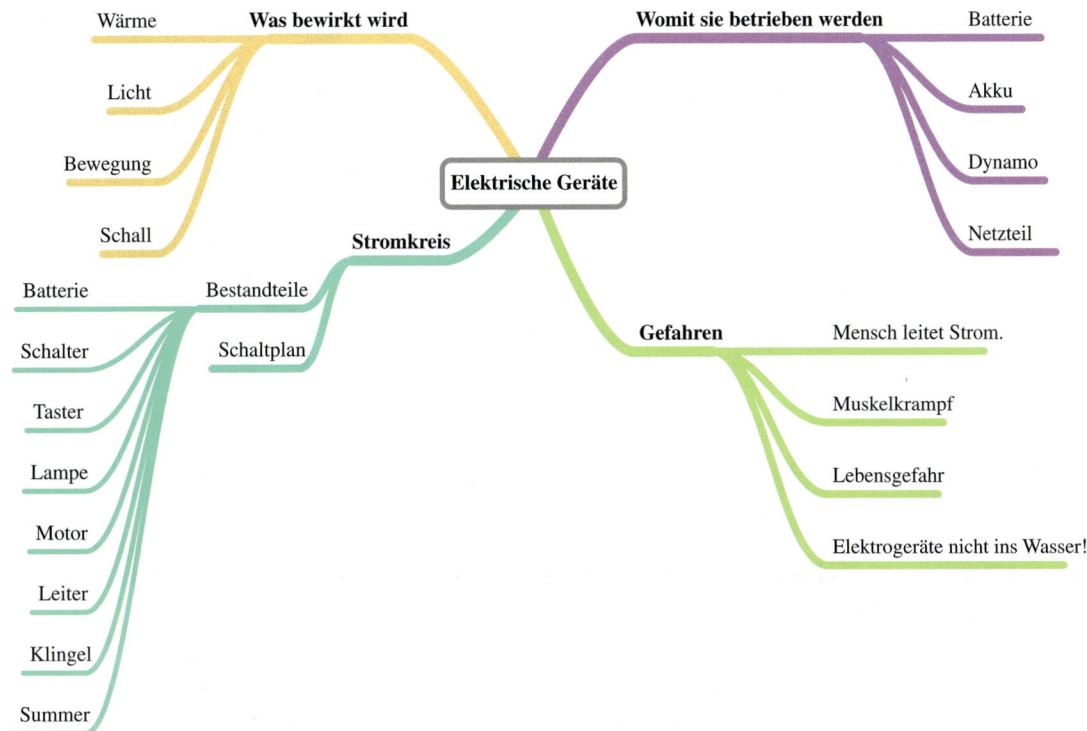

Alles klar?

1 Woraus besteht ein elektrischer Stromkreis?

2 Die Lampe leuchtet nicht. ▷ 10 Welche Gründe könnte das haben?

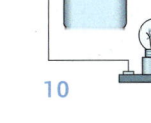

10

3 Wozu dienen Schalter und Taster im Stromkreis?

4 Erkläre, warum die UND-Schaltung auch „Sicherheitsschaltung" heißt.

5 Wo werden ODER-Schaltungen eingesetzt?

6 Nenne Stoffe, die den elektrischen Strom leiten, und solche, die ihn nicht leiten.

7 Warum ist elektrischer Strom für den Menschen gefährlich?

8 Der Mixer ist voller Teigspritzer und muss abgewaschen werden. Gib Tipps, wie man beim Säubern vorgehen muss.

9 Was geschieht in einer Reihenschaltung mit zwei Lampen, wenn eine der Lampen ausfällt?

10 Zeichne eine Parallelschaltung mit einem Motor und einer Lampe.

11 Das Fahrradrücklicht leuchtet nicht. Wo könnte der Fehler liegen? Wie gehst du vor?

12 Du hast ein abgerissenes Papierstück gefunden. ▷ 11 Welcher Versuch wurde hier gemacht? Und mit welchem Ergebnis?

13 Der Motor der Spülmaschine läuft nur, wenn der Schalter am Gerät auf EIN steht und die Tür geschlossen ist. Wie sieht der Schaltplan dazu aus?

11

Stoff	Leuchtdiode	
	ein	aus
Apfelsaft	X	
Olivenöl		X
destilliertes Wasser		X
Shampoo		X
Essig	X	
Ergebni		

Magnete im Alltag

Steckbriefe von Magneten

Im Haushalt gibt es viele Magnete. ▷ 1–5
Kennst du noch mehr?

1

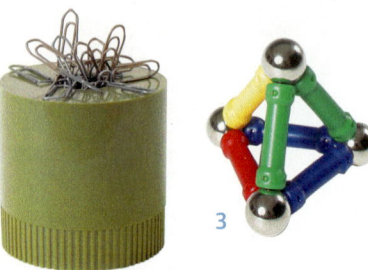

2

3

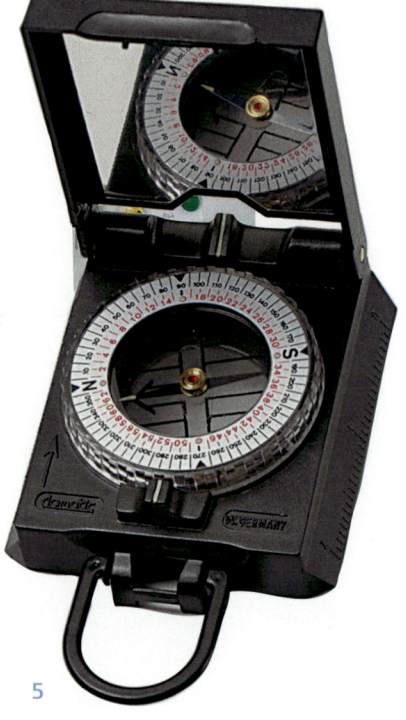

4

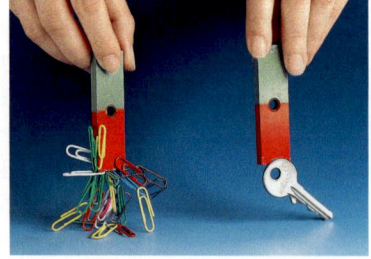

5

Für einen „Steckbrief" untersuchen wir die Eigenschaften eines Stabmagneten. Die Versuchsreihe
könnt ihr auch als Stationenarbeit durchführen.

1

**Welche Körper zieht ein
Magnet an und welche nicht?**
Untersucht möglichst viele
unterschiedliche Körper mit
dem Stabmagneten.

a Welche Körper werden
angezogen, welche nicht?
▷ 6–7 Überlegt, aus welchem
Stoff die Körper bestehen.
Tragt eure Beobachtungen in
eine Tabelle ein. ▷ 8

b Welche Stoffe zieht ein
Magnet an?
Fasst das Versuchsergebnis in
einer Regel zusammen.
Schreibt sie unter die Tabelle.

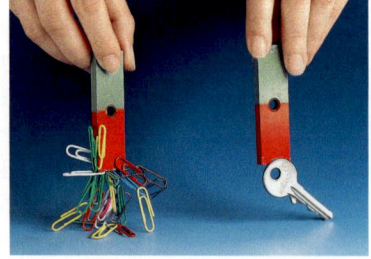

6 Magnete ziehen manche Dinge an …

7 … und manche nicht.

Vom Magneten werden angezogen		Vom Magneten werden nicht angezogen	
Körper	Stoff	Körper	Stoff
Schere	?	Ohrring	Silber
Nagel	?	Bleistift	Holz
Büroklammer	?	Büroklammer	?
Schmuckkette	Nickel (silbrig, glänzend)	…	?

8 Mustertabelle

2

Zieht ein Magnet überall gleich stark an?

a Bindet einen Eisennagel an einen Faden und versucht die Mitte des Magneten zu treffen. ▷ 9 Was stellt ihr fest? Habt ihr eine Erklärung?

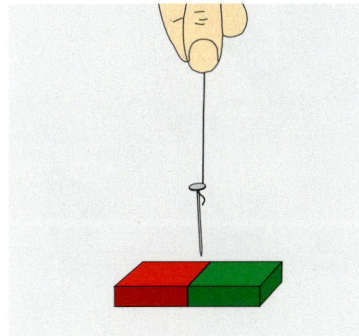

9

b Die Stellen, an denen die Anziehungskraft am stärksten ist, heißen *Magnetpole* oder kurz *Pole*. Notiert die Anzahl und Lage der Magnetpole.

3

Wird der Magnet von Eisen angezogen?

„Der Magnet zieht Eisen an – aber umgekehrt zieht auch das Eisen den Magneten an."
Ob diese Aussage stimmt?
Plant einen Versuch, mit dem ihr das untersuchen könnt.
Führt ihn dann durch.

4

Wie verhalten sich zwei Magnete, wenn sie zusammenkommen?

Experimentiert mit zwei Stabmagneten auf kleinen Rollen.

a Nähert die Magnetwagen mit der gleichen Farbseite. ▷ 10

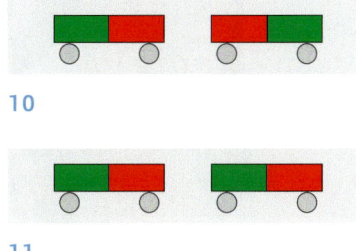

10

11

b Führt sie dann mit den verschiedenen Farben zusammen. ▷ 11
c Schreibt eure Beobachtung in einer Tabelle auf. ▷ 12
d Die Magnetpole sind nicht gleich. Man unterscheidet Nordpol und Südpol. Bei Experimentiermagneten ist der Südpol grün und der Nordpol rot lackiert. Formuliert eine Regel, wie Nord- und Südpol sich zueinander verhalten.

Was ich tue	Was ich beobachte
Die rote Magnetseite nähere ich der roten Magnetseite.	?
Die rote Magnetseite nähere ich der grünen.	?
Die ... Magnetseite ...	...

12 Mustertabelle

5

Wovon ist ein Magnet umgeben?

Legt einen Stabmagneten auf den Tisch und bedeckt ihn mit einem Blatt Papier.

a Bestreut das Papier mit Eisenstaub. ▷ 13

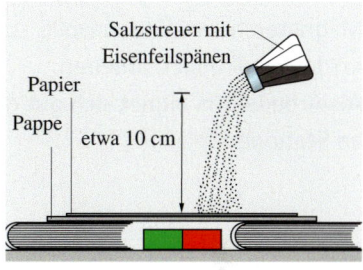

13

b Zeichnet das entstehende Bild ab.
c Wiederholt den Versuch mit zwei Stabmagneten. ▷ 14

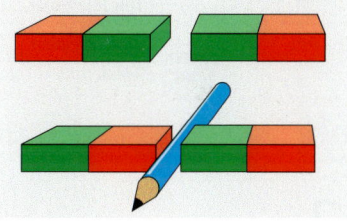

14

Magnete genauer untersucht – Lernen an Stationen

Ihr kennt schon einige Besonderheiten von Magneten. Nun könnt ihr eure Kenntnisse noch ergänzen.

Wenn ihr weitere Eigenschaften von Magneten herausfinden wollt, solltet ihr in kleinen Gruppen arbeiten.

Als Arbeitsform eignet sich gut das Lernen an Stationen. ▷ 1

1

1

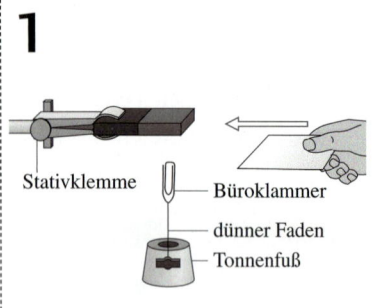

Stativklemme — Büroklammer
— dünner Faden
— Tonnenfuß

Geht die magnetische Anziehungskraft durch Körper hindurch?
Material: Dauermagnet, Büroklammer, Nähgarn, Karton, Alublech, Holzplatte, Eisenblech, Kupferblech, Glasplatte
Versuchsdurchführung: Schiebt nacheinander die Platten aus verschiedenen Stoffen zwischen Magnet und Büroklammer. Kann der Magnet die Büroklammer immer hochhalten?

2

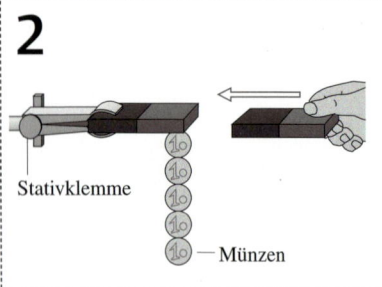

Stativklemme
— Münzen

Wie wirkt ein anderer Magnet auf die Anziehungskraft?
Material: 2 Dauermagnete, mehrere 1-Cent-Münzen
Versuchsdurchführung: Hängt so viele Münzen an einen Pol untereinander, wie der Magnet gerade noch halten kann.
Nähert euch mit einem zweiten Magneten – mal mit dem gleichen Magnetpol und mal mit dem anderen.

3

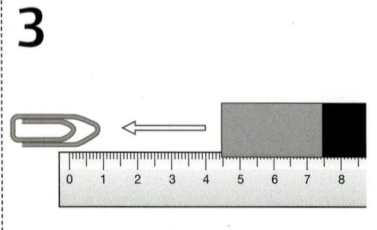

Wie weit reicht die magnetische Anziehungskraft?
Material: Lineal, Büroklammer, Dauermagnet
Versuchsdurchführung: Legt eine Büroklammer oder einen kleinen Nagel aus Eisen an den Nullpunkt deines Lineals. Schiebt den Magneten langsam auf den Körper zu. Ab welchem Abstand wird der Körper angezogen? Notiert den Abstand.

4

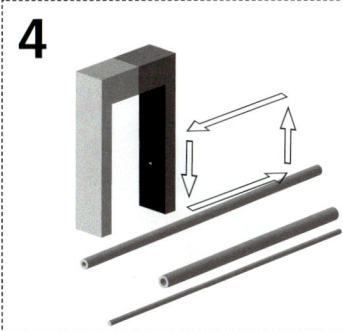

Magnete – selbst gemacht

Material: Dauermagnet, Eisennagel, Kupferstab, Glasstab, Holzspieß, Büroklammer

Versuchsdurchführung: Bestimmte Stoffe lassen sich magnetisieren. Dazu müsst ihr mit einem Dauermagneten die Körper mehrmals in gleicher Richtung bestreichen.

Welche Stoffe lassen sich zu Magneten machen? Wie könnt ihr nachweisen, dass ihr einen Magneten hergestellt habt?

5

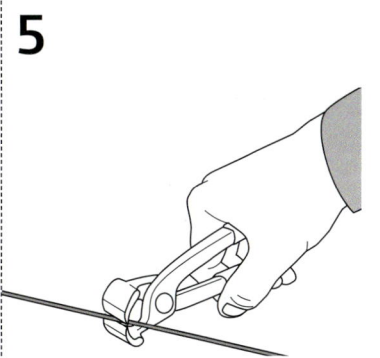

Magnete teilen

Material: Dauermagnet, Eisendraht (20 cm), Kompass, Kneifzange

Versuchsdurchführung: Magnetisiert den Eisendraht: Streicht dazu mit dem Magneten mehrmals in einer Richtung darüber. Stellt dann mit dem Kompass fest, an welchen Enden Nord- und Südpol liegen.

Teilt nun den Draht in der Mitte. Sind die beiden Drahtstücke immer noch magnetisch?

Kann man das Teilen noch einmal durchführen?

6

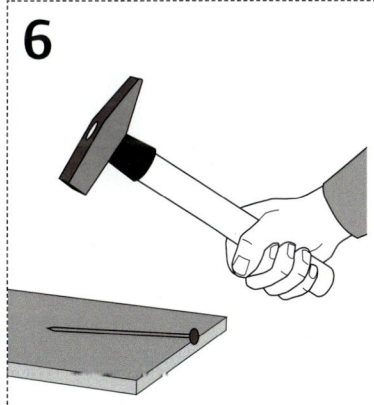

Magnete zerstören

Material: Dauermagnet, Eisennagel, Hammer, Büroklammern

Versuchsdurchführung: Magnetisiert den Nagel: Streicht dazu mit dem Magneten mehrfach in einer Richtung auf ihm entlang.

Prüft dann die Magnetwirkung des Nagels: Wie viele Büroklammern hält er?

Legt den Nagel auf den Boden und schlagt mit dem Hammer auf ihn. Prüft dann wieder seine magnetische Wirkung.

7

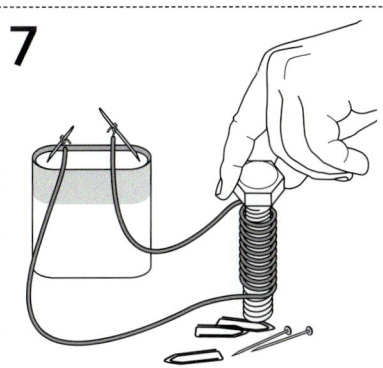

Ein besonderer Magnet

Material: 1 m lackierter Kupferdraht, 1 Eisenschraube, Batterie

Versuchsdurchführung: Wickelt den Kupferdraht auf die Eisenschraube.

Befreit die Drahtenden vom Lack.

Schließt sie kurz an die Batterie an.

Prüft, ob ihr einen Magneten hergestellt habt.

Eigenschaften von Magneten

Magnetische Stoffe Zwischen einem Magneten und Körpern aus oder Stahl stellt man anziehende Kräfte fest. Auch zwischen Magneten und Körpern aus Nickel oder Cobalt sind schwache anziehende Kräfte vorhanden.

Mit einem Magneten kann man feststellen, ob ein Körper aus Eisen besteht oder ob er Eisen enthält. ▷ 1

Körper aus Eisen (Nickel, Cobalt) und ein Magnet ziehen sich gegenseitig an.

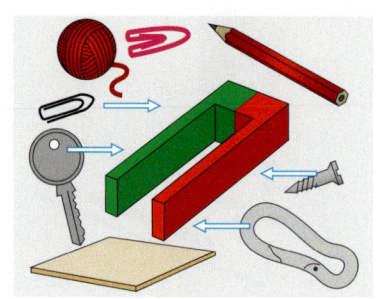

1

Magnetpole Jeder Magnet hat an seinen Enden die größte Anziehungskraft. Diese Stellen nennt man die *Pole* des Magneten. ▷ 2 Magnete besitzen einen Nord- und einen Südpol. Als Nordpol bezeichnet man den Pol, der nach Norden zeigt, wenn er sich frei bewegen kann. ▷ 3

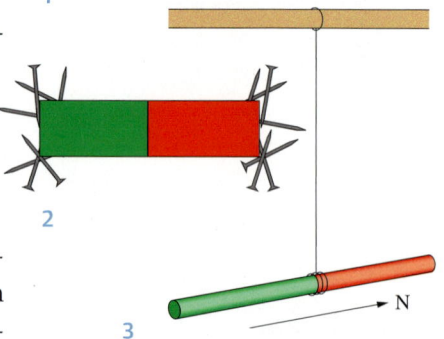

2

Anziehen und Abstoßen Wenn ein Magnet in die Nähe eines zweiten Magneten kommt, kann man Folgendes beobachten: Sie ziehen sich gegenseitig an, wenn sie mit unterschiedlichen Polen zusammentreffen. Treffen sie mit gleichen Polen aufeinander, stoßen sie sich gegenseitig ab.

Pole mit gleichem Namen (z. B. Nordpol und Nordpol) stoßen einander ab. Pole mit ungleichem Namen (Nordpol und Südpol) ziehen einander an.

3

Die Reichweite magnetischer Wirkung Ein Magnet kann über eine Entfernung hinweg magnetische Körper anziehen. Seine Anziehungskraft reicht noch weit in den Raum um ihn. ▷ 4

Die Wirkung eines Magneten durchdringt andere Körper, wenn diese nicht selber vom Magneten angezogen werden. Körper, die aus magnetischen Stoffen bestehen, schirmen die Wirkung des Magneten ab. Der Bereich, in dem ein Magnet wirksam ist, nennt man sein *magnetisches Feld*. Mit Eisenstaub kann man die Form des magnetischen Feldes sichtbar machen. ▷ 5

Die Linien zeigen, wie sich eine Magnetnadel in dem Magnetfeld ausrichten würde. Sie werden *Feldlinien* genannt.

4

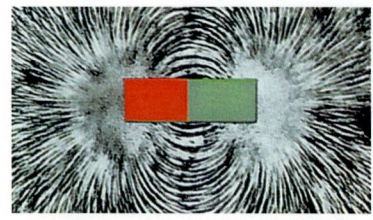

5

Magnete herstellen – Magnete zerstören Wenn man ein Stück Eisen gleichmäßig in einer Richtung mit einem Magneten bestreicht ▷ 6, wird das Eisen *magnetisiert*. Aus dem Eisen wird ein Magnet. Die magnetische Wirkung lässt sich durch kräftige Schläge oder durch Hitze schwächen und ganz zerstören. ▷ 7

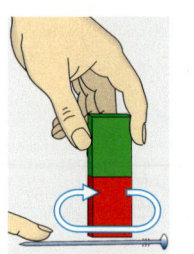

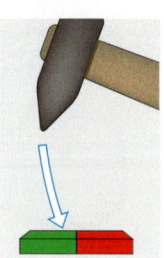

6   7

Magnete sind teilbar Beim Teilen eines Magneten erhältst du zwei neue vollständige Magnete mit jeweils zwei Polen. Wenn du einen dieser geteilten Magnete weiter teilst, entstehen wieder zwei neue Magnete. ▷ 8

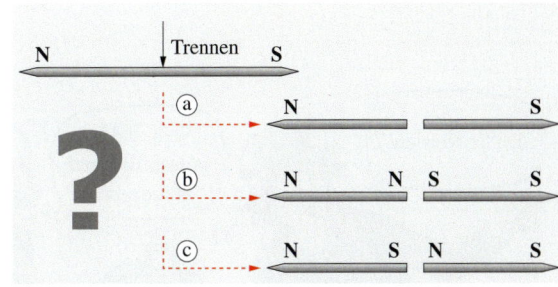

8

Mehr

Der Elektromagnet Eine Eisenschraube wird mit isoliertem Kupferdraht umwickelt. Verbindet man die Enden des Drahtes mit einer Batterie, verhält sich die Schraube plötzlich wie ein Stabmagnet. ▷ 9 Nord- und Südpol befinden sich an den Enden der Schraube. Vertauscht man die Anschlüsse an der Batterie, so wechseln auch die Magnetpole.

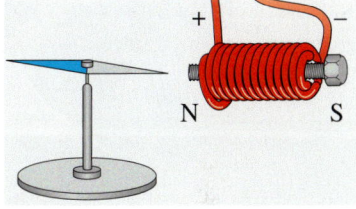

9

„Minimagnete" – ein Modell Für Magnete haben die Naturwissenschaftler ein Modell erfunden: Sie stellen sich vor, dass jeder Magnet aus ganz vielen winzig kleinen „magnetischen Bereichen" besteht. Jeder dieser Minimagnete hat einen Nord- und einen Südpol. ▷ 10

Nach dieser Modellvorstellung ist klar: Beim Teilen eines Magneten erhält man immer zwei neue Magnete.

Auch unmagnetisches Eisen besteht aus vielen solchen kleinsten Magneten. Diese sind aber normalerweise ganz ungeordnet und schwächen sich in ihrer Wirkung gegenseitig ab. Nach außen bemerkt man daher keine magnetische Wirkung. ▷ 10

Streichst du mit einem Dauermagneten über Eisen, so werden seine Minimagnete geordnet und es entsteht ein Magnet mit zwei Polen. Diese Ordnung kannst du mit Schlägen oder Hitze zerstören. ▷ 11

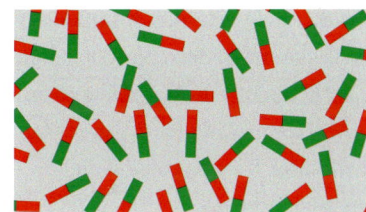

10 Unmagnetisiertes Eisen

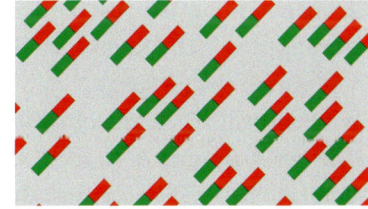

11 Modellvorstellung eines Magneten

Aufgaben

1 Nenne Stoffe, die von einem Magneten angezogen werden.

2 Ziehen sich zwei Magnete an? Erkläre genau.

3 Beschreibe, was du dir unter einem Magnetfeld vorstellst. Wie kannst du es sichtbar machen?

4 Wo hat ein Hufeisenmagnet seine Pole? Plane einen Versuch, mit dem du das herausfinden kannst.

5 Welche Eigenschaften von Magneten kann man mit dem Modell der Minimagnete erklären? Welche nicht?

Der Kompass zeigt die Richtung

1

Funktionsweise des Kompasses Früher glaubte man, dass der Kompass sich nach dem Nordstern ausrichtet. Heute weiß man:
Die Erde ist ein Magnet mit einem Nord- und einem Südpol. Auch eine Kompassnadel ist ein Magnet. Die ungleichnamigen Pole von Erde und Kompassnadel ziehen einander an. Dadurch wird die Nadel ausgerichtet.

Benutzung des Kompasses Ein moderner Kompass besteht aus einer drehbaren Kompassnadel und einer Windrose mit den Himmelsrichtungen. ▷ 2 Die Kompassnadel ist ein kleiner Magnet und hat am Nordpol eine blaue Spitze.
So findest du die Himmelsrichtungen: Der Nordpol der Kompassnadel weist stets nach Norden. Unter ihm muss das N (Norden) der Windrose liegen. Dazu kannst du die Windrose drehen. Die anderen Himmelsrichtungen liest du dann einfach ab.

Lage der Magnetpole der Erde Der Nordpol der Kompassnadel zeigt nach Norden. Also befindet sich der magnetische Südpol der Erde in der Nähe des geografischen Nordpols. ▷ 3 Der magnetische Südpol liegt hoch im Norden Kanadas und wandert Jahr für Jahr ein wenig weiter in Richtung Sibirien. Der magnetische Nordpol liegt in der Nähe des geografischen Südpols, weit südlich von Australien. Ein Kompass zeigt daher nicht ganz genau in Nord-Süd-Richtung. Bei uns ist diese Abweichung zurzeit aber sehr gering.

Kompassnadel

Windrose

2 Wanderkompass

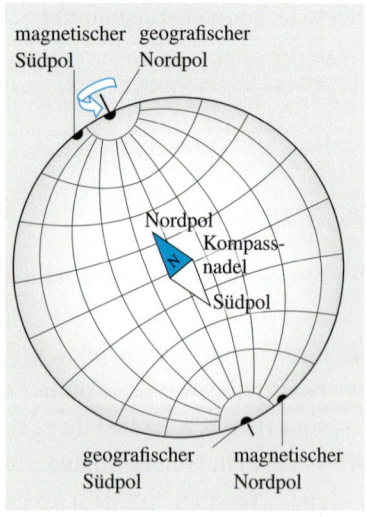

magnetischer Südpol   geografischer Nordpol

Nordpol
Kompassnadel
Südpol

geografischer Südpol   magnetischer Nordpol

3 Die magnetischen Pole der Erde

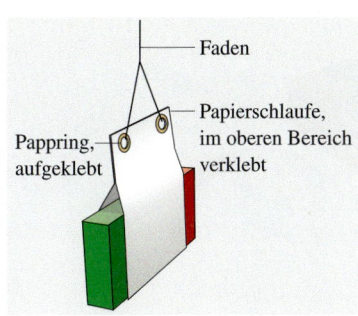

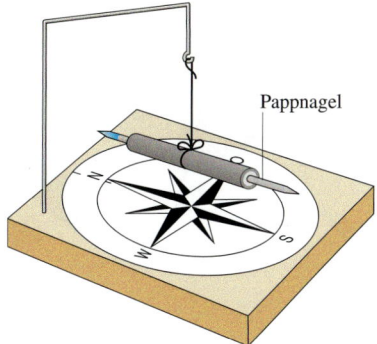

4

5 Kompass zum Selberbauen

1 Erkläre, wie ein Kompass funktioniert.

2 Zur Wirkungsweise einer Kompassnadel:
Führe den abgebildeten Versuch durch. ▷ 4
Achte darauf, dass der Magnet weit weg von
Metallteilen schwebt. Lass den Magneten aus-
pendeln, bis er zur Ruhe kommt. Notiere die
Richtung, in die sein Nordpol zeigt.
Wiederhole den Versuch an verschiedenen
Stellen. Notiere immer die Richtung, in die
die Magnetpole zeigen.
Fällt dir etwas auf? Kannst du deine Beobach-
tung erklären?

3 Im Norden von Kanada zeigt die Kompassnadel
nicht nach Norden. Erkläre!

4 Auf U-Booten, großen Schiffen und auch im
Auto wird ein normaler Kompass nicht richtig
die Nord-Süd-Richtung anzeigen. Hast du dafür
eine Erklärung?

5 Bauanleitung: Kompass MEIKO
Diesen Kompass gibt es nicht zu kaufen. Du
baust ihn selbst. Von ihm kannst du sagen:
„Das ist MEIKO (MEIn KOmpass)." ▷ 5
Du brauchst: Stabmagnet (5 mm dick, 15 bis
20 mm lang; aus Elektronikgeschäft); 2 Eisennägel mit flachem, breitem Kopf (Dachpappe-
nägel); Holzbrettchen (80 mm · 80 mm, 10 mm
dick), Kupferdraht (20 cm lang, 1,5 mm Durchmesser), Nähgarn oder Nähseide; 1 Windrose.
▷ 6

So wird's gemacht:

a Übertrage die Windrose auf ein Blatt Papier.

b Schneide sie aus und klebe sie auf das Brett.
Die Himmelsrichtungen sollen auf die Mitte
der Kanten zeigen.

c Bohre in einer Ecke des Bretts ein kleines Loch.
Der Draht soll gerade hineinpassen. Biege ihn
zu einer Aufhängung.

d Knote um den Stabmagneten genau in der Mitte
einen Faden Nähgarn.

e Hänge den Magneten so auf, dass er 1 cm
über der Windrose kreisen kann.

f Setze auf die Pole des Magneten je einen Nagel.
Der Magnet wird so zur Kompassnadel.

g Wenn sich die Kompassnadel nicht frei drehen
kann, musst du den Kupferdraht zurechtbiegen.

h Falls die Kompassnadel nicht waagerecht hängt,
verschiebst du den Knoten am Magneten.
Wenn der Magnet richtig hängt, kannst du
den Knoten mit Klebstoff festkleben.

i Sorge dafür, dass sich kein Eisen oder Stahl in
der Nähe befindet. Die eine Nagelspitze wird
dann dorthin zeigen, wo mittags die Sonne
steht. Diese Nagelspitze ist der S**ü**dpol (**grün**)
der Kompassnadel. Die andere Spitze ist der
N**ordpol. Färbe sie **rot** (mit Folienstift).

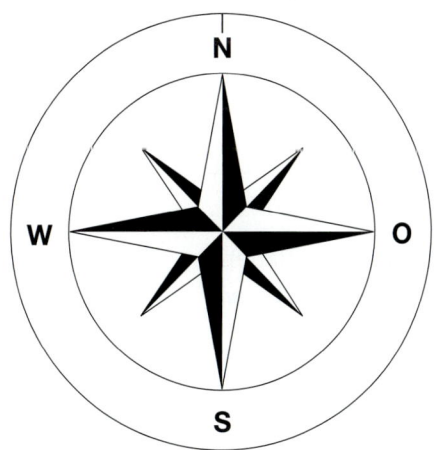

6 Zeichenvorlage Windrose

Magnete im Alltag

Körper aus Eisen (Nickel oder Cobalt) und ein Magnet ziehen sich gegenseitig an. ▷ 1

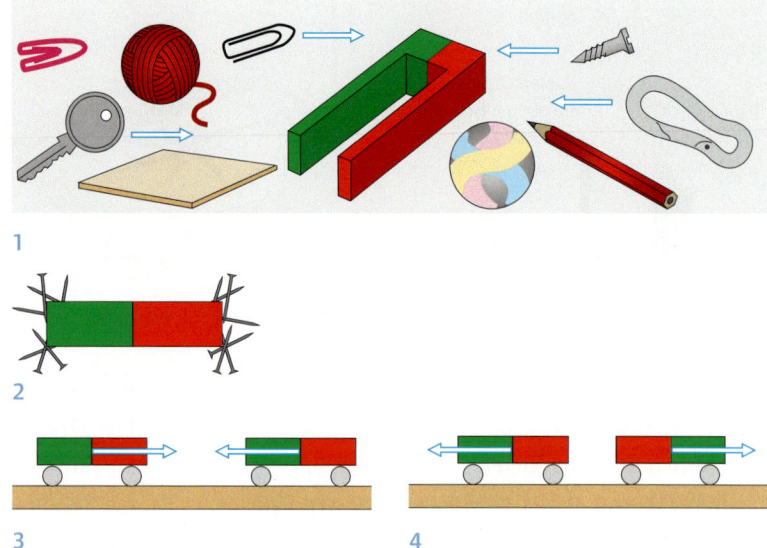

1

Die Stellen eines Magneten, an denen die magnetische Wirkung am größten ist, heißen Pole. ▷ 2 Jeder Magnet hat einen Nordpol und einen Südpol.

2

Gleichnamige Pole stoßen einander ab. Ungleichnamige Pole ziehen einander an. ▷ 3–4

3   4

Die Wirkung eines Magneten reicht in den Raum um den Magneten herum. Man nennt diesen Raum Magnetfeld. Mit Eisenstaub kann man zeigen, wie sich eine Magnetnadel in dem Feld ausrichten würde. ▷ 5

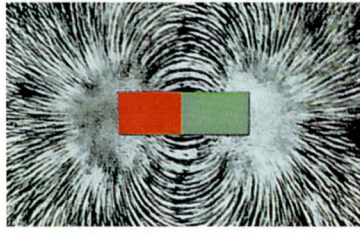

5

Die Eigenschaften von Magneten zeigt ein Steckbrief. ▷ 6

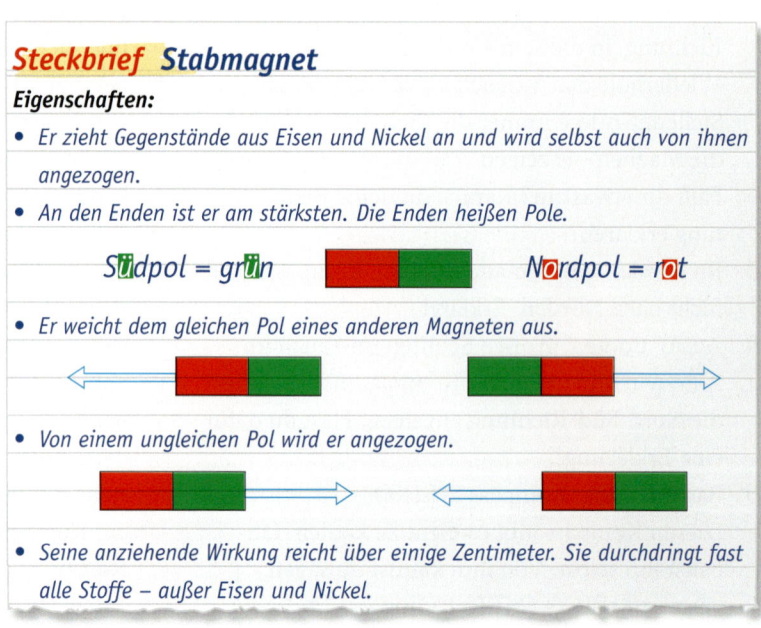

Steckbrief Stabmagnet

Eigenschaften:

- Er zieht Gegenstände aus Eisen und Nickel an und wird selbst auch von ihnen angezogen.
- An den Enden ist er am stärksten. Die Enden heißen Pole.

    Südpol = grün   Nordpol = rot

- Er weicht dem gleichen Pol eines anderen Magneten aus.

- Von einem ungleichen Pol wird er angezogen.

- Seine anziehende Wirkung reicht über einige Zentimeter. Sie durchdringt fast alle Stoffe – außer Eisen und Nickel.

6

 Mehr

Ein besonderer Magnet

Eine Spule, die an eine Batterie angeschlossen wird, wirkt wie ein Magnet. ▷ 7
Diesen besonderen Magneten nennt man *Elektromagnet*.

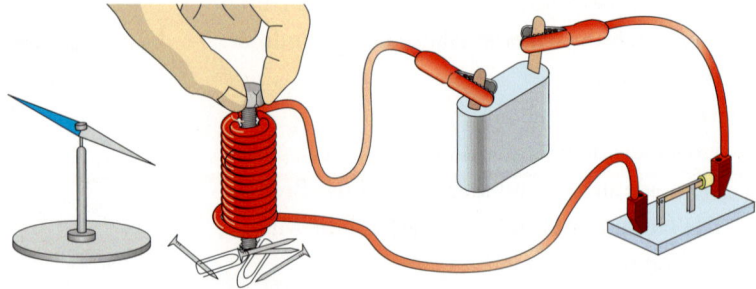

7

Der Kompass

Ein Magnet kann sich an einem Faden oder auf einer Nadelspitze drehen. Er stellt sich so ein, dass sein Nordpol nach Norden zeigt. ▷ 8

Die Erde ist ein großer Magnet. Ihre Magnetpole liegen in der Nähe der geografischen Pole. ▷ 9

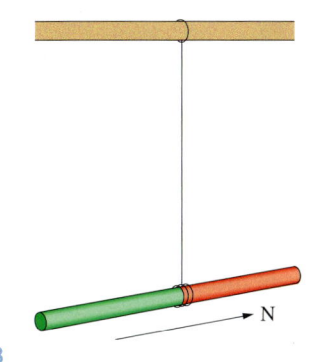

8

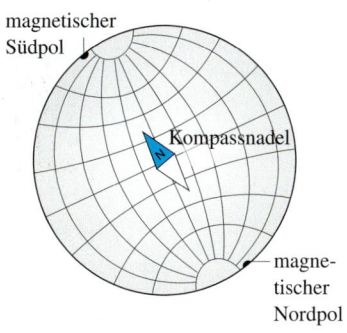

magnetischer Südpol

Kompassnadel

magnetischer Nordpol

9

Alles klar?

1 „Ein Magnet kann alle Körper anziehen." Korrigiere diese Aussage.

2 Wo befinden sich die Pole bei einem Stabmagneten?

3 Was passiert, wenn du zwei Magnete mit den gleichen Polen zusammenbringst?

4 Warum richtet sich ein frei aufgehängter Magnet immer nach einer Richtung aus?

5 Erkläre, weshalb der Norpol eines frei schwebenden Magneten nach Norden zeigt.

6 Carl behauptet: Der Begriff „Magnetfeld" ist falsch. Ein Feld ist doch flach. Ich würde dafür etwas ganz anderes sagen."
Was meint er mit seiner Bemerkung?

7 Auf der Folie ▷ 10 wurde mit einem Magneten ein Text geschrieben. Was passiert, wenn du einen Magneten über die ganze Folie streichst?

8 Ton- und Videobänder, Disketten, Scheckkarten und Parkscheine enthalten dünne magnetische Schichten. In diesen sind Töne, Bilder, Texte oder auch Zahlen gespeichert.
Warum dürfen solche „Datenspeicher" nicht in die Nähe von Magneten gebracht werden?

9 Deine Freundin behauptet, ihr Magnet sei stärker als deiner.

a Ob sie recht hat? Beschreibe zwei Versuche, mit denen ihr den stärkeren Magneten herausfindet.

b Wie könnt ihr mit den beiden Magneten einen noch kräftigeren bauen?

10 Bei vielen Stabmagneten ist die eine Hälfte rot und die andere grün lackiert.

a Erkläre, was die Farben bedeuten.

b Du sollst einen unlackierten Magneten rot und grün lackieren. Wie gehst du vor, damit die richtige Farbe auf die richtige Seite kommt?

c Wie kannst du einen Stabmagneten als Kompass verwenden?

Flux-Detektor

Supermagnet

Nagel

Physik

10

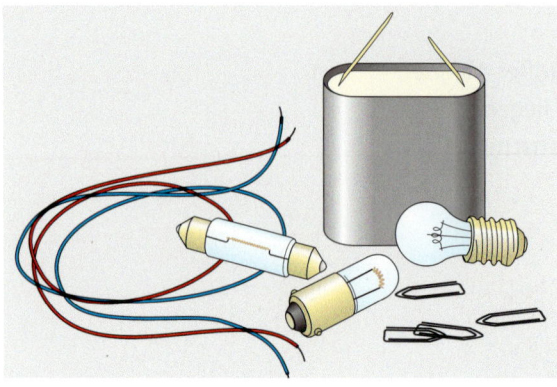

1

2

Elektrische Schaltungen

1 Elektrische Energie kann nicht nur in Licht umgewandelt werden.

a Nenne zwei Energieformen, die aus elektrischer Energie entstehen können.

b In welche Energieform wandelt ein Elektromotor die elektrische Energie um?

c Zeichne einen Stromkreis, mit dem elektrische Energie in Bewegung umgewandelt wird.

2 Die Spülmaschine läuft erst, wenn der Geräteschalter auf „EIN" steht und die Tür geschlossen ist.

a Wie heißt diese Schaltungsart?

b Gib eine Materialliste an, mit der du das nachbauen kannst. (Für die Maschine wird ein Motor eingesetzt.)

c Zeichne einen Schaltplan für den Stromkreis.

d Nenne zwei weitere Haushaltsgeräte, die so funktionieren.

3 In einer Kiste findest du mehrere Kupferkabel, Lampen und eine Flachbatterie. ▷ 1

a Du sollst testen, ob die Lampen funktionieren. Wie gehst du vor?

b Zeichne einen Schaltplan für deinen Lampentester.

c Wenn keine der Lampen leuchtet, sind alle kaputt! – Oder?

Elektrische Leitfähigkeit

4 Elektrischer Strom geht nicht überall hindurch.

a Ordne die folgenden Stoffe in Leiter und Nichtleiter (Tabelle!):
Holz, Eisen, Kunststoff, Gummi, Silber, Kupfer, Wolle, Aluminium.

b Zeichne einen Stromkreis, mit dem du die Stoffe testen kannst.

c Ordne folgende Flüssigkeiten danach, ob sie *leitend* oder *nicht leitend* sind (Tabelle!):
Apfelsaft, Speiseöl, Essig, Zitronensaft, reines Wasser, Salzwasser und Seifenwasser.

5 Eine LED kann anzeigen, wann die Blumen gegossen werden müssen. ▷ 2

a Welche Materialien brauchst du für das Testgerät?

b Zeichne einen Stromkreis, mit dem dieser Test möglich ist.

c Die LED leuchtet nur bei feuchter Erde. Suche nach einer Erklärung dafür.

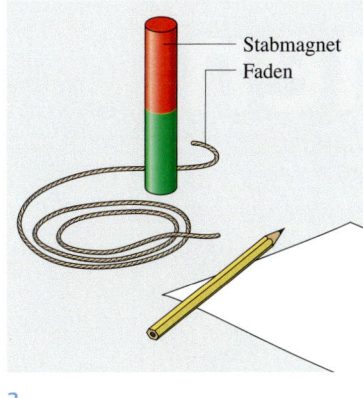

Stabmagnet
Faden

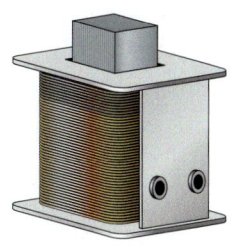

3   4   5

Magnetismus

6 Ein Magnet zieht nicht alles an.

a Gib an, welche Stoffe von einem Magneten angezogen werden.

b Zieht ein Magnet einen Magneten an?

c Wo ist die Anziehung eines Magneten am stärksten?

7 Magnete kann man selbst herstellen.
Dir stehen folgende Körper zur Verfügung: Kupferblech, Aluschiene, Eisenblech, Bleikugel, Holzleiste, Stahlnagel, Glasröhrchen, Nähnadel.

a Welche wählst du?

b Begründe deine Wahl.

c Beschreibe, wie du einen Körper magnetisierst.

8 Man kann die Magnetkraft eines Magneten auch zerstören. Wie müsste man dabei vorgehen?

9 Ein Kompass aus Faden und Magnet?

a Aus den oben abgebildeten Teilen ▷ 3 könntest du einen Kompass bauen. Fertige dazu eine Skizze an.

b Wie kannst du alle Himmesrichtungen mit denem Kompass bestimmen?

c Wer erfand wann den Kompass?

10 Haben runde Magnete Pole? ▷ 4
Gib die richtigen Lösungen an:

a Dieser Magnet hat nur einen Magnetpol an der grünen Unterseite.

b Dieser Magnet hat mindestens einen Nord- und einen Südpol.

c Dieser Magnet hat keine Pole, weil er rund ist.

11 Das soll ein Magnet sein und Eigenschaften wie ein Stabmagnet haben. ▷ 5

a Beschreibe, wie diese Spule zu einem Magneten wird.

b Wie kannst du herausfinden, wo hier Nord- und Südpol liegen?

c Stelle in einer Tabelle die Eigenschaften eines Stabmagneten und eines Elektromagneten gegenüber.

d Worin unterscheidet sich der Elektromagnet von dem Stabmagneten?

Die Lösungen findest du im Anhang.

Licht und Sehen

Das Auge ist unser wichtigstes Sinnesorgan.
Unsere Augen reagieren auf Licht. Auf sie verlassen wir uns
im Straßenverkehr.
Wir brauchen sie zum Lesen. Mit den Augen nehmen wir
auch den Gesichtsausdruck unserer Mitmenschen wahr.
Beim Sehen spielt unser Gehirn eine wichtige Rolle.
Experimente mit Licht helfen dir, den Sehvorgang
zu verstehen, und führen in die Grundlagen der Fotografie
und in die Welt der Farben ein.
In diesem Kapitel kannst du mit einer Lochkamera Fotos
aufnehmen, viele Experimente zur Entstehung von Bildern
und zum Spiegelbild durchführen, den Zusammenhang
zwischen Licht und Farbe ergründen, die Funktionsweise
des Auges untersuchen.

1 Wie entstehen
Schattenbilder?

2 Wie funktioniert
das Sehen?

3 Können Tiere auch
im Dunkeln sehen?

4 Woher kommen die Regenbogenfarben?

5 Sieht man hier Lichtstrahlen?

6 Will der Fahrer im roten Auto
nach links oder nach rechts abbiegen?

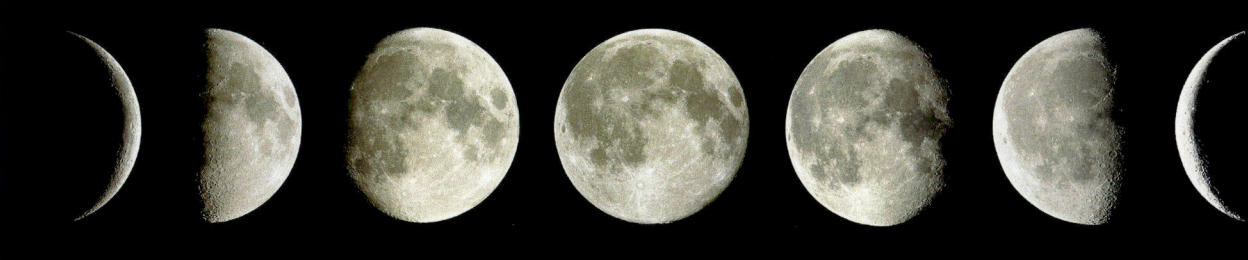

7 Licht und Schatten im Weltraum

8 Ein Lineal mit Fehlern?

9 Brennt die rechte Kerze
unter Wasser?

11 Nanu?

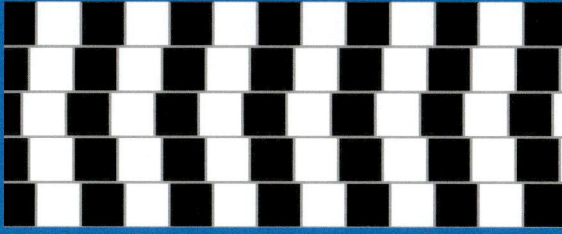

10 Ist das wirklich krumm und schief?

Licht und Lichtausbreitung

Was ist zum Sehen nötig?

Der Grottenolm wäre auch mit „Superaugen",
wie die Eule sie hat, nicht besser dran …

1 Nachtjäger wie die Eule haben
große Augen. Sie können bei Nacht
sehr gut sehen.

2 Der Grottenolm lebt in Gewässern in dunklen Höhlen. Seine Augen bilden
sich nach der Geburt vollständig zurück.

1

Im Dunkeln sehen?

a Geht in ein vollständig ver-
dunkeltes Zimmer. Seht ihr
noch etwas?
Überprüft, ob wirklich kein
Licht ins Zimmer dringt.

b Könnt ihr etwas sehen, wenn
sich eure Augen an die
Dunkelheit gewöhnt haben?

c Gibt es Gegenstände, die ihr
im Dunkeln sehen könnt?
Probiert es mit einem
Leuchtstift und einem
Reflektor vom Fahrrad aus.

d Die Augen allein reichen zum
Sehen nicht aus. Was ist noch
nötig?

2

Unsichtbares Licht?

Achtung: Mit dem Laser nicht in
die Augen leuchten! Nicht
hineinblicken!

a Richtet einen Laserpointer
auf eine Wand. Den Licht-
punkt auf der Wand könnt
ihr gut sehen. Könnt ihr auch
das Licht zwischen Lampe
und Wand sehen?

b Schüttelt nun den Tafellappen
oder Staublappen aus. Was
stellt ihr fest?

c Untersucht, ob ihr auch das
Licht der Sonne oder einer
Taschenlampe sichtbar
machen könnt.

3

**Wann ist es hell genug
zum Sehen?**

Geht mit einer Taschenlampe in
ein dunkles Zimmer. Befestigt
nacheinander ein weißes und ein
schwarzes Blatt Papier sowie ein
Stück zerknitterte Alufolie an
der Wand.
Beleuchtet nur diese Flächen mit
der Taschenlampe.
Bei welcher Fläche könnt ihr
die Buchstaben einer Buchseite
erkennen?
Erklärt eure Beobachtungen.

4

Wann wird ein Körper sichtbar?

Schneidet aus weißem Papier den großen Buchstaben E aus und aus farbigem Papier eine Blume. Außerdem braucht ihr einen Taschenspiegel. ▷ 3
Legt diese drei Gegenstände in einem dunklen Raum auf einen schwarzen Untergrund. Beleuchtet sie von der Seite mit einer Taschenlampe.

a Wie sieht der Spiegel aus? Sucht dafür eine Erklärung.

b Beschreibt, auf welchem Weg das Licht bei dem Buchstaben und der Blume in dein Auge gelangt.

3

5

Wie sich Licht ausbreitet

a Baut den Versuch auf. ▷ 4 Stecht einige Löcher in die Folie. Macht das austretende Licht sichtbar. Zeichnet! Was sagt dieser Versuch über die Lichtausbreitung aus?

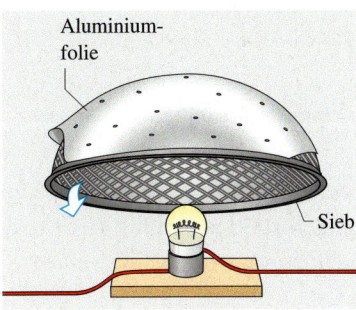

4 Licht fällt durch Löcher in der Folie.

b Kann ein Leuchtturmwärter nachts vor seinem Turm die Zeitung lesen? Plant einen Versuch, mit dem ihr eure Meinung beweisen könnt.

c Von einer Lampe fällt Licht durch ein Schlüsselloch. ▷ 5 Übertragt die Skizze. (1 cm im Buch wird zu 2 cm im Heft.) Zeichnet ein, wie das Licht durch das Loch fällt.

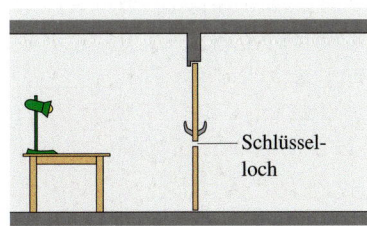

5 Licht fällt durchs Schlüsselloch.

6

Licht fällt durch ein Loch

Das Licht einer Experimentierleuchte fällt durch ein kleines Loch (eine Lochblende). ▷ 6

a Versucht möglichst große und kleine Lichtflecken zu erzeugen. Ihr dürft dabei nur den Schirm verschieben. Beschreibt das Versuchsergebnis:
„Bei kleinem Abstand Blende – Schirm ist der Fleck …"
„Bei großem Abstand …"

b Schaltet die Lampe aus und stellt eine zweite Blende zwischen Karton und Blende. Worauf müsst ihr achten, damit auf dem Karton nach dem Einschalten wieder ein Lichtfleck erscheint?

c Die Blende soll jetzt eine große Öffnung haben. Stellt die Lampe dicht hinter die Lochblende. Entfernt diesmal die Lampe langsam von der Blende. Wie ändert sich dabei der Fleck?

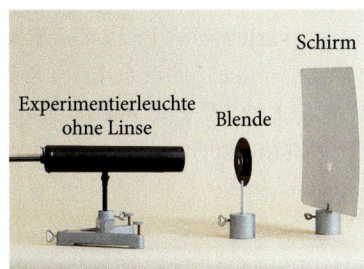

6 Licht fällt durchs Blendenloch.

Lichtausbreitung und Lichtstreuung

Lichtquellen Sonne, Sterne, Blitze und Flammen sind *natürliche* Lichtquellen. Sie erzeugen Licht und senden es aus („Lichtsender"). Eine Glühlampe und ein Bildschirm sind *künstliche* Lichtquellen.

Das Auge – ein Lichtempfänger Wenn wir die Augen schließen oder wenn es ganz dunkel ist, sehen wir nichts. Zum Sehen muss Licht in unser Auge gelangen. Wenn das Licht einer Kerzenflamme ins Auge fällt, sehen wir die Flamme. Das Auge ist also ein „Lichtempfänger".

Alle Lichtquellen sind Lichtsender.
Alle Augen sind Lichtempfänger.
Wir sehen Lichtquellen, wenn ihr Licht ins Auge fällt. ▷ 1

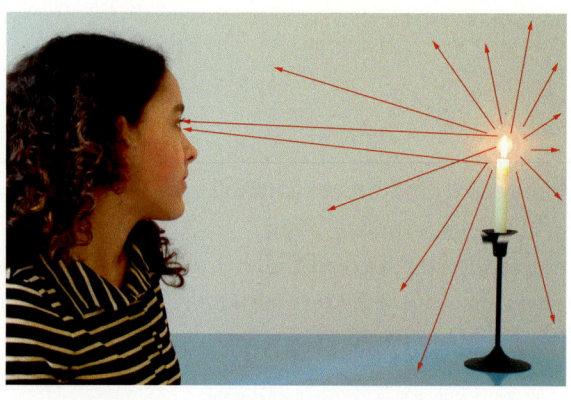

1 Sender (Kerze) und Empfänger (Auge) für Licht

Lichtausbreitung Licht geht immer von einer Lichtquelle aus. Die meisten Lichtquellen senden ihr Licht nach allen Seiten hin aus (Ausnahme: Laser).
Licht breitet sich geradlinig aus.

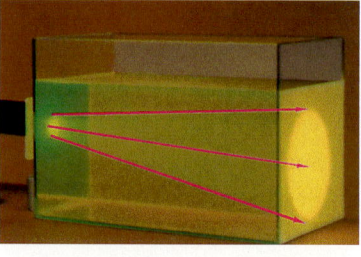

2 Lichtbündel (im Wasser sichtbar)

Lichtbündel – Lichtstrahl Oft kann sich Licht nicht in alle Richtungen ungehindert ausbreiten. Das Gehäuse der Experimentierleuchte schirmt nämlich das austretende Licht teilweise ab. Es entsteht ein *Lichtbündel*. ▷ 2–3
Mit Lochblenden kannst du immer feinere Lichtbündel herstellen. Wenn du in Gedanken ein Lichtbündel immer feiner machst, kommst du zu einer Linie. Diese Linie heißt *Lichtstrahl*.
Beim Zeichnen stellen wir die Lichtbündel mit Lichtstrahlen dar. ▷ 4

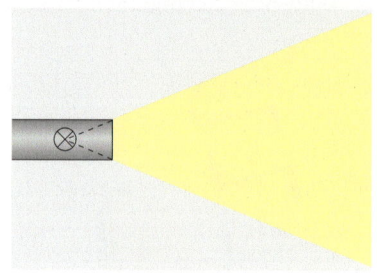

3 Lichtbündel (gezeichnet)

Wenn Licht auf Gegenstände trifft Wenn du eine weiße Wand mit der Taschenlampe beleuchtest, wird es im ganzen Raum heller. Die Wand verteilt das Licht der Taschenlampe in alle möglichen Richtungen. Dieser Vorgang heißt *Streuung*.
Wenn Licht auf einen hellen Gegenstand fällt, wird es in alle Richtungen zurückgeworfen. Es wird gestreut. ▷ 5–7

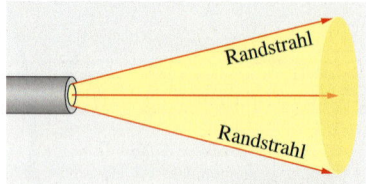

4 Randstrahlen eines Lichtbündels

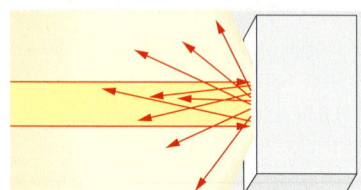

5 Weiße Gegenstände streuen den größten Teil des Lichts unverändert zurück.

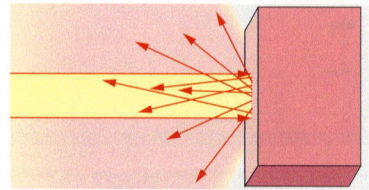

6 Farbige Gegenstände streuen farbiges Licht zurück. Das auftreffende Licht wird also farblich verändert.

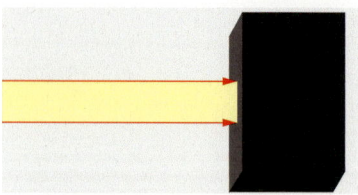

7 Dunkle Gegenstände verschlucken (absorbieren) vielLicht. Nur ein kleiner Teil wird zurückgeworfen.

die Lichtausbreitung
das Streulicht
der Lichtstrahl

Gegenstände sehen Menschen, Blumen, Bücher oder der Mond leuchten nicht selbst. Trotzdem können wir sie sehen. Sie müssen dazu von einer Lichtquelle beleuchtet werden. Die beleuchteten Gegenstände werfen das Licht ganz oder teilweise zurück. Man sagt dazu, sie streuen Licht. Auch der Mondschein ist nur gestreutes Sonnenlicht.

Wenn von einem beleuchteten Gegenstand Streulicht in unsere Augen fällt, können wir den Gegenstand sehen. ▷ 8

Von der Seite kann man das Licht einer Lichtquelle nicht sehen. Man sieht es nur, wenn das Licht durch Staub, Rauch, Nebel oder Wolken gestreut wird und in unsere Augen gelangt.

8 Sehen eines *beleuchteten* Gegenstands

Aufgaben

1 Neben den natürlichen gibt es von Menschen erfundene („künstliche") Lichtquellen. Sammle für beide Arten Beispiele.

2 Augen sind Lichtempfänger. Nenne weitere aus Natur und Technik.

3 Paul meint: „Bei Vollmond wird die Erde richtig hell beleuchtet. Der Mond ist dabei die Lichtquelle." Was sagst du dazu?

4 Zum Sehen reicht es nicht, dass man Augen hat. Erläutere!

5 Du bist abends mit dem Fahrrad unterwegs. Was benutzt du,
… um selbst besser sehen zu können?
… um besser gesehen zu werden?

6 Ein Küchensieb ist mit einer Alufolie bespannt. In die Folie wurden Löcher gestochen. ▷ 9–10 Übertrage die Zeichnung in dein Heft. Ergänze, wie das Licht durch die Löcher nach draußen fällt.

7 Lea meint: „Licht kann man nicht sehen." Tom entgegnet: „Doch, sieh mal Bild 7 an!" Und wie urteilst du?

8 Das ist Marios „Supertrick": ▷ 11 Er lässt ganz ohne Leinwand ein Bild erscheinen. Er bewegt einfach einen Zeigestock im Lichtkegel des Projektors. Das Erstaunliche ist: Ohne den Zeigestock ist an dieser Stelle des Raums nichts zu sehen – auch nicht der Lichtkegel des Projektors. Versuche Marios Trick zu erklären.

11

9

10

Sehen und gesehen werden

Lichtquellen im Straßenverkehr Motorräder fahren am Tag mit Licht, alle neuen Autos auch. Das Licht ist wichtig, auch wenn du ohne Scheinwerfer noch gut siehst. Lichtquellen von Fahrzeugen sind nämlich nicht nur dazu da, die Straße zu beleuchten. Sie dienen auch der Information anderer Verkehrsteilnehmer. Es geht darum, gesehen zu werden! Ein beleuchtetes Fahrzeug ist früher zu erkennen als ein unbeleuchtetes. ▷ 1

Die verschiedenen Lichter eines Fahrzeugs geben an, ob es bremsen oder abbiegen wird. ▷ 2 Bei einem Fahrzeug mit Blaulicht heißt es, schnell Platz zu machen.

Im Straßenverkehr dienen viele Lichtquellen der Information anderer Verkehrsteilnehmer. Auch die leuchtenden Signale an und über den Straßen dienen diesem Zweck. ▷ 3 Baustellen werden durch blinkende Lichtsignale gesichert.

Streulicht im Straßenverkehr Im Straßenverkehr müssen Personen und Gegenstände auch dann gut zu sehen sein, wenn sie nicht selbst leuchten: Dann ist zurückgeworfenes Licht wichtig.

Fußgänger sollten nachts helle Kleidung tragen. Helle Kleidung streut nämlich mehr Licht als dunkle. Autofahrer können hell gekleidete Fußgänger von Weitem erkennen. ▷ 4

Verkehrsschilder sind beim Autofahren nachts gut zu sehen. Die Schilder werfen das auftreffende Scheinwerferlicht zurück – vor allem in die Richtung, aus der sie beleuchtet werden. Auch Rück- und Seitenstrahler von Fahrrädern werfen das Licht zurück.

1 Ohne Licht   Abblendlicht   LED-Tagfahrlicht

2 Bremslicht, Rücklicht, Blinker

3 Lichtquellen zur Information

4 Dunkle Kleidung ist kaum zu sehen.

1 Welche Farben soll die Kleidung haben, wenn man bei Dunkelheit auf die Straße geht?

2 Ein einfacher Versuch: Im verdunkelten Raum werden Personen mit heller und dunkler Kleidung angeleuchtet. Vergleicht dabei, wie viel Streulicht auf die Wände des Raums fällt.

Lebendige Lichtquellen^Z

Manche Tiere erzeugen Licht, um gesehen zu werden. Meist wird ein Partner angelockt – oder ein Beutetier.

Glühwürmchen oder *Johanniskäfer* sind bei uns heimisch. In besonderen Körperzellen bilden sie einen Stoff aus, den sie zum Leuchten bringen können.
▷ 5

In tropischen Regenwäldern gibt es *leuchtende Pilze*. Ihr Leuchten wird von Bakterien hervorgerufen, die auf der Oberfläche der Pilze leben. ▷ 6

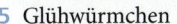

5 Glühwürmchen

6 Leuchtende Pilze

7 Tintenfisch

Der *Tintenfisch* hat besonders viele Leuchtorgane. Sie können sogar in verschiedenen Farben leuchten. ▷ 7

Der *Anglerfisch* kann in der Dunkelheit der Tiefsee seine Beute nicht sehen. Er sorgt aber dafür, dass er gesehen wird: Mit dem Leuchtorgan über seinem Kopf lockt er die Beute an – direkt vor sein aufgerissenes Maul … ▷ 8

Schauspiele liefern uns die *Malaysia-Leuchtkäfer*: Etwa 20 Minuten nach Sonnenuntergang versammeln sich die Männchen auf Bäumen am Flussufer. Bald beginnt das Blinken aus diesen Bäumen. ▷ 9

Zuerst blitzen die Käfer ihre Signale wild durcheinander, doch schon nach kurzer Zeit passen sie sich ihren Nachbarn an. Schließlich blitzen Tausende von Käfern völlig gleichzeitig aus einem Baum heraus, um Weibchen anzulocken.

8 Anglerfisch

9 Malaysia-Leuchtkäfer

1 Beschreibe die Fangmethode des Anglerfischs.
2 Begründe, weshalb manche Tiere Licht aussenden.

Licht und Schatten

Wie entstehen Schatten?

Das Schattenbild eines Menschen zu zeichnen ▷ 1
ist gar nicht so schwer …

1

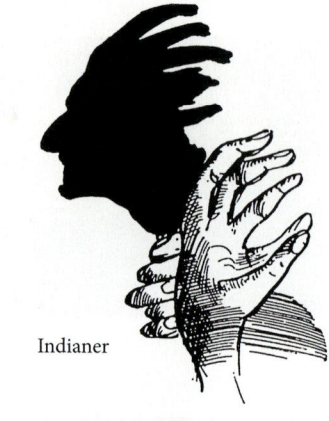

Indianer

1

Schattenbilder zeichnen

a Sucht euch einen Partner oder eine Partnerin. Zeichnet eure Schattenbilder.

b Die Schattenbilder aller Mitschüler der Klasse werden mit einer Nummer versehen und ausgehängt. Ordnet den Nummern die Namen zu. Welches Bild wird von den meisten erkannt?

2

Schattenspiele

Mit den Händen kann man Schattenbilder erzeugen. ▷ 2 Probiere es aus.

Wolf

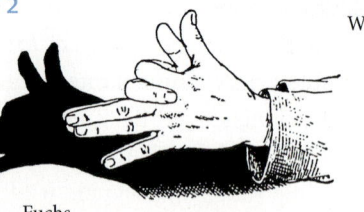

Fuchs

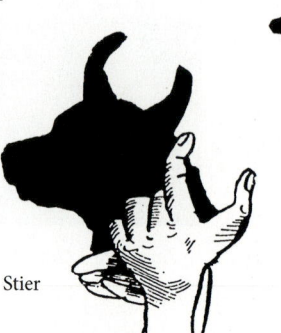

Stier

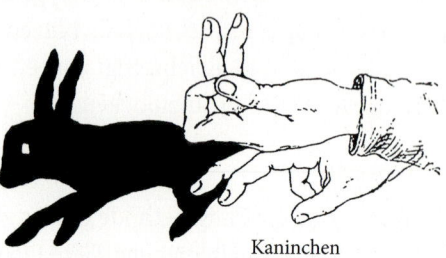

Kaninchen

2 Schattenbilder

3

Unterschiedliche Lichtquellen

Wie verändert sich das Schattenbild, wenn du statt einer Kerze eine Schreibtischlampe verwendest?

Versucht es auch mit *zwei* Lichtquellen. ▷ 3 Ob das besser geht?

3

4

Wo liegt das Schattenbild?

Zeichnet vor dem Einschalten der Lampe auf die Tafel, wie das Schattenbild aussieht. ▷ 4 Als Hilfsmittel dürft ihr Bindfäden benutzen.

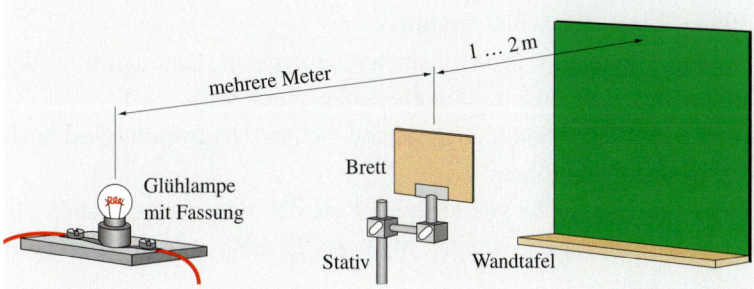

4 Vorhersage des Schattenbilds

5

Große Schatten – kleine Schatten

Haltet einen Stift zwischen eine Kerze oder Taschenlampe und eine Wand. Wo muss sich der Stift befinden, damit ihr ein großes (kleines) Schattenbild erhaltet?

Probiert es aus und fertigt dazu zwei Zeichnungen an.

6

Drei Schatten mit zwei Lampen?

Beleuchtet eine Streichholzschachtel mit zwei Lampen oder Kerzen.

a Beobachtet die entstehenden Schatten genau.

b Sind alle Schatten gleich dunkel? Erklärt eure Beobachtung.

c Wie viele Schatten entstehen, wenn die Schachtel mit drei Lampen beleuchtet wird?

7

Farbige Schatten

Mit farbigen Spotlampen werden Schatten eines Gegenstands auf einer weißen Wand erzeugt. ▷ 5

a Die rote Lampe soll eingeschaltet werden. Überlegt vorher: Welche Farbe bekommt der Schatten?

b Statt der roten wird nun die grüne Lampe eingeschaltet. Was ändert sich, was bleibt gleich?

c Die Wand wird mit beiden Lampen gleichzeitig beleuchtet. Sie sollen zunächst einen größeren Abstand voneinander haben (ca. 60 cm). Erläutert, wie die farbigen Schatten des Gegenstands entstehen.

d Die Lampen werden zusammengerückt, sodass sich die farbigen Schatten überlappen. Erklärt, wie das dunkle Schattengebiet entsteht.

5 Farbige Schatten – ist das möglich?

Schattenraum und Schattenbild

So entsteht ein Schattenbild
Licht breitet sich geradlinig aus. Wenn dem Licht ein Gegenstand im Weg steht, gelangt kein Licht in den Raum hinter dem Gegenstand. Dieser Raum heißt *Schattenraum*.

Auf der Wand oder auf einem Schirm hinter dem Gegenstand entsteht ein *Schattenbild*. ▷ 1

Nur das Streulicht aus der Umgebung kann den Schattenraum

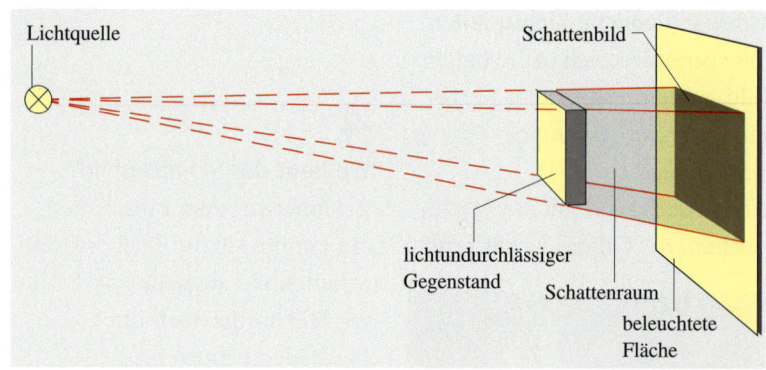

1 Entstehung von Schattenraum und Schattenbild

erhellen. Wenn wir von „Schatten" sprechen, kann sowohl der *Schattenraum* als auch das *Schattenbild* gemeint sein.

Wenn man den Abstand Gegenstand–Schirm vergrößert, wird auch das Schattenbild größer.

Wenn die Lichtquelle viel kleiner ist als der Gegenstand, haben die Schattenbilder scharfe Ränder. Man spricht dann von *punktförmigen Lichtquellen*.

Bei großen Lichtquellen (Leuchtstoffröhre) entstehen Schattenbilder mit unscharfen Rändern. ▷ 2

2

 Mehr

Kern- und Halbschatten Häufig wird ein Gegenstand von mehreren Lichtquellen gleichzeitig beleuchtet. Dann überlappen sich die Schattenbilder. ▷ 3

In der Zeichnung fehlt im dunklen Bereich in der Mitte das Licht von beiden Lichtquellen. In den roten Bereich fällt nur das Licht der roten Lampe, dort fehlt das Licht der grünen Lampe. Im grünen Bereich fehlt das Licht der roten Lampe.

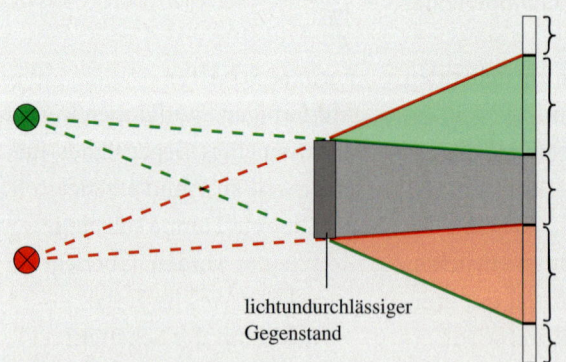

3 Kernschatten und Halbschatten

Den Bereich, in den kein Licht fällt, nennt man *Kernschatten*.
Die Bereiche, in die Licht von nur einer Lampe fällt, heißen
Halbschatten.

Aufgaben

1 Welche drei Dinge sind erforderlich, damit Schattenbilder entstehen können?

2 Was musst du tun, um möglichst scharfe Schattenränder zu bekommen?

3 Warum benutzt man in Klassenräumen und Büros Lichtleisten?

4 Erkläre die Begriffe „Schattenraum" und „Schattenbild" an einem Sonnenschirm. ▷ 4

4

5

6

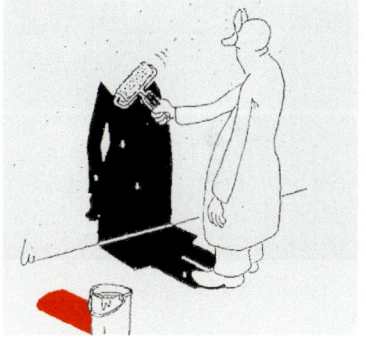

7

5 Mit dem Thema Schatten haben sich auch die Zeichner von Cartoons beschäftigt. ▷ 5–7

a Gib an, was bei diesen Bildern nicht stimmt.

b Die Zeichnung ▷ 5 enthält eine Geschichte. Schreibe sie in wenigen Sätzen auf.

c Wie kann man den Schatten auf der Wand wirklich verschwinden lassen? ▷ 7

6 Im Wohnbereich wird oft eine indirekte Beleuchtung verwendet. Den Grund dafür erkennst du, wenn du die Bilder unten vergleichst: ▷ 8–9

a Bei welchem Bild ist die rechte Wand indirekt beleuchtet?

b Wie kommt dabei das Licht der Lampe auf die Wand?

c Worin liegt der Vorteil dieser Beleuchtungsart?

8

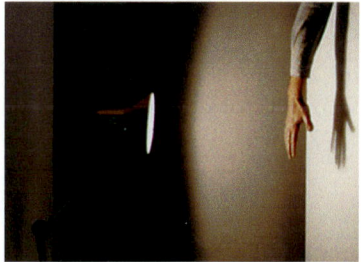

9

Tag und Nacht

– Warum ist auf dem Foto nur ein Teil der Erde zu sehen?
– Wie entstehen Tag und Nacht?

1 Tag und Nacht auf der Erde

Erdumdrehung Ohne die Sonne mit ihrem Licht und ihrer Wärme gäbe es auf unserer Erde kein Leben.

Jeden Morgen geht sie in östlicher Richtung auf; sie steigt am Himmel empor. Wenn sie den höchsten Punkt über dem Horizont erreicht hat, ist es Mittag. Die Sonne steht dann genau im Süden. Anschließend sinkt sie in weitem Bogen wieder zum Horizont ab; sie geht im Westen unter.

Diese Beschreibung entspricht unseren Beobachtungen. Doch in Wirklichkeit bewegt sich die Sonne gar nicht um die Erde. ▷ 2

Die Erde dreht sich täglich einmal um sich selbst – und wir mit ihr. Wenn wir dabei ins Sonnenlicht kommen, ist es bei uns Tag. Die „Reisezeit" im Schatten der Erde nennen wir Nacht.

Sonnenlicht

Drehung linksherum

N

Äquator

S

2 Eine Erdumdrehung ist 1 Tag.

Zeiteinteilung Auf der „Lichtseite" werfen alle Gegenstände, die von der Sonne beschienen werden, einen Schatten. Dessen Länge und Richtung ändert sich tagsüber langsam. ▷ 3 Das nutzten Menschen schon vor Jahrtausenden, um die Zeit einzuteilen. So kam es zum Bau von Sonnenuhren.

Noch heute bestimmt die Sonne unsere Zeiteinteilung – trotz modernster Quarz- und Funkuhren.

Die Zeitspanne zwischen zwei Höchstständen der Sonne ist ein Tag. Dieser dauert **24** Stunden.

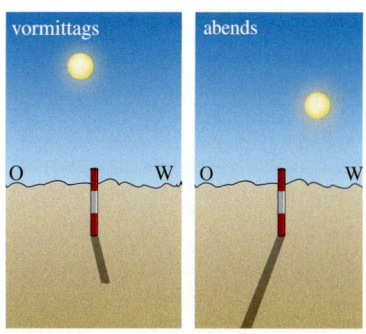

3 Der Schatten ändert sich.

Sonnenuhren Vor 5000 Jahren wurden in Ägypten schon Sonnenuhren benutzt. Diese Uhren können die Zeit recht genau anzeigen. Es gibt sie in vielen Ausführungen. Bei allen verrät die Richtung oder die Länge des Schattens die Tageszeit ▷ 4 – bei guten Sonnenuhren auf die Minute genau.

4 Sonnenuhr

1 Die Erde hat die Form einer riesigen Kugel. Die Erdachse verläuft vom Nordpol zum Südpol. Sie steht schräg zur Sonne.

a Mit einem Globus und einer Lampe kannst du ausprobieren, wie Tag und Nacht entstehen.

b Markiere Deutschland auf dem Globus mit einem Aufkleber. Wie muss der Globus stehen, damit in Deutschland Mittag, Mitternacht, Morgen oder Sonnenuntergang ist?

2 Kennst du dich aus mit Tag und Nacht?

a Wieso gibt es auf der Erde Tag und Nacht?

b Wann ist der Schatten eines Gegenstands am kürzesten?

c Marvin sagt: „Heute dauert der Tag 16 Stunden und die Nacht 8." Wann stimmt das genau?

d Jeden Tag „reisen" wir in Deutschland mit der Erddrehung mehr als 24 000 km weit im Kreis herum. Wir sind dabei schneller als ein Airbus. Wieso merken wir nichts davon?

3 „Wir treffen uns morgen auf dem Marktplatz, wenn dein Schatten zehn Fuß lang ist."
So verabredete man sich, als es noch keine Uhren gab.
Finde heraus, was die Schattenlänge mit der Uhrzeit zu tun hat. ▷ 5

5 Schattenlänge

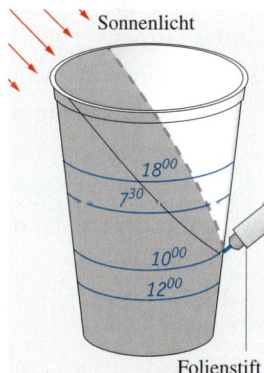

6 Selbst gebaute Sonnenuhr

4 Ein Joghurtbecher kann als Sonnenuhr dienen. Wenn er von der Sonne beschienen wird, wirft sein Rand einen bogenförmigen Schatten. ▷ 6
Markiere am Becher die tiefste Stelle des Schattens zu unterschiedlichen Zeiten.
Ergänze die Markierung zu einem „Stunden-ring" und schreibe die Uhrzeiten an den Ring.

Mondphasen und Finsternisse

Warum ändert der Mond von Tag zu Tag seine Form? ▷ 1

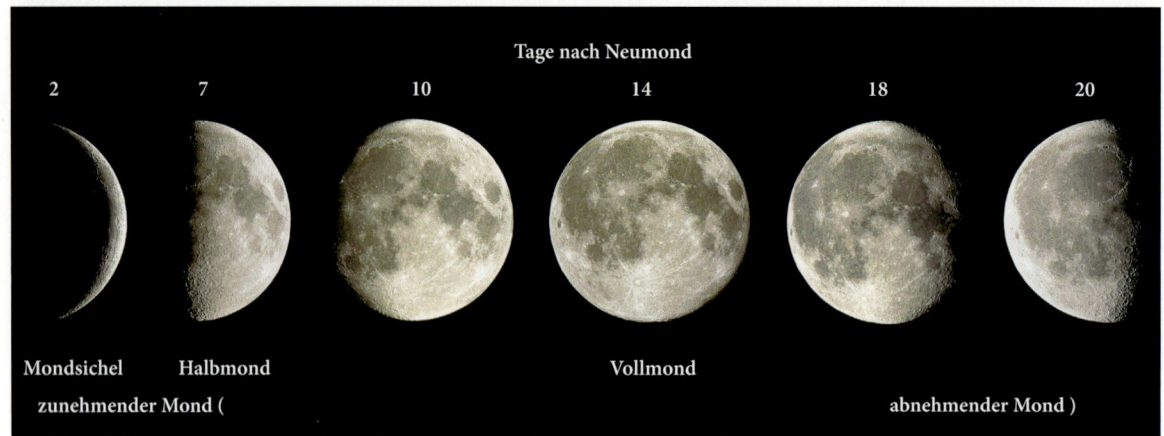

Tage nach Neumond

| 2 | 7 | 10 | 14 | 18 | 20 |

Mondsichel Halbmond

Vollmond

zunehmender Mond (

abnehmender Mond)

1 Die wechselnde Form des Mondes

1

Wir beobachten den Mond

a Schaut einen Monat lang täglich am Nacht- oder Taghimmel nach, ob der Mond zu sehen ist.
Protokolliert seine Form und das Datum.

b Manchmal sind Mond und Sonne gleichzeitig zu sehen. Zeigt mit einem Arm zum Mond, mit dem anderen zur Sonne und schätzt den Winkel.
Fertigt jeweils eine Zeichnung an. ▷ 2
Gestaltet aus allen Bildern ein Plakat.

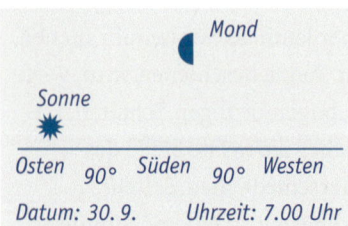

2 Musterzeichnung

2

Wie die Mondphasen entstehen

Eine Schülergruppe stellt sich eng zusammen. Sie stellt die Beobachter auf der Erde dar. ▷ 3
Eine Styroporkugel oder ein weißer Ball stellt den Mond dar. Er wird von einer starken Lampe beleuchtet.
Ein Schüler trägt den Ball um die Beobachter herum.

a Zeichnet die unbeleuchtete Kugel in den verschiedenen Stellungen, in denen ihr sie seht.

b Skizziert an der Tafel die Bahn des Monds um die Erde sowie die Sonne.
Klebt die von euch gezeichneten „Mondphasen" so an die Tafel, wie sie von der Erde aus zu sehen sind.

3 Modellversuch zu den Mondphasen

Die wechselnde Gestalt des Mondes Der Mond ist eine Kugel. Sein Durchmesser beträgt etwa ein Viertel des Erddurchmessers. Er erzeugt kein Licht, sondern wird von der Sonne beleuchtet. Immer ist eine Hälfte des Monds hell, die andere ist dunkel. ▷ 4

In etwa einem Monat umkreist der Mond einmal die Erde. Die Gestalt des Monds, die wir sehen, ändert sich von Tag zu Tag: zunehmende Sichel – zunehmender Halbmond – Vollmond – abnehmender Halbmond – abnehmende Sichel. ▷ 5 Bei Neumond siehst du ihn nicht. Man bezeichnet die wechselnden Gestalten als *Mondphasen*.

Der Mond wird stets von der Sonne zu einer Hälfte beleuchtet. Wir sehen unterschiedlich viel von dieser Hälfte – je nachdem, wie Mond, Erde und Sonne gerade zueinanderstehen.

4 Zur Hälfte beleuchtete Kugeln

Wie entsteht eine Mondfinsternis? Die Erde wird ständig von der Sonne beschienen. Hinter der Erde befindet sich ein Schattenraum. Er reicht in den Weltraum hinaus. Die Sonne ist eine ausgedehnte Lichtquelle. Daher entstehen hinter der Erde Kern- und Halbschatten. ▷ 6

Der Mond umkreist einmal im Monat die Erde – auf einer schief liegenden Bahn. Meist verläuft diese ober- oder unterhalb des Schattenraums der Erde. Bei einer Mondfinsternis streift oder durchquert der Mond den Kernschatten der Erde. Man sieht den Erdschatten auf dem Mond. Sonne, Erde und Mond liegen dann auf einer Geraden. Mondfinsternisse treten nur bei Vollmond auf, ca. 2-mal im Jahr. ▷ 7

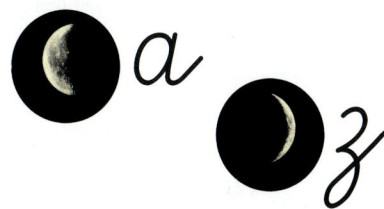

5 Abnehmender und zunehmender Mond

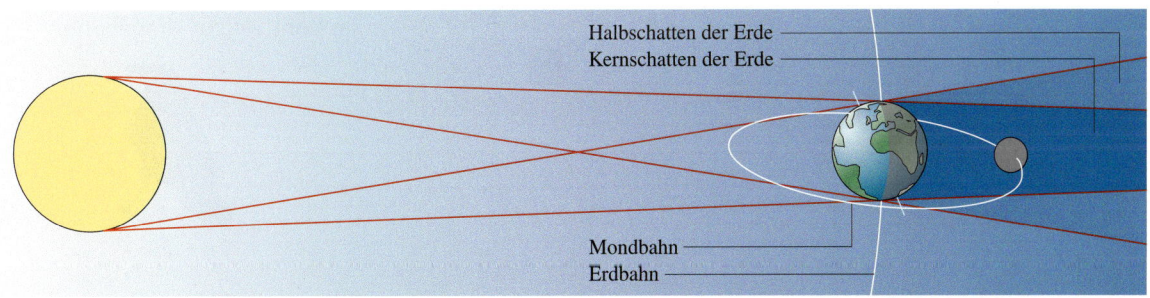

Halbschatten der Erde
Kernschatten der Erde
Mondbahn
Erdbahn

6

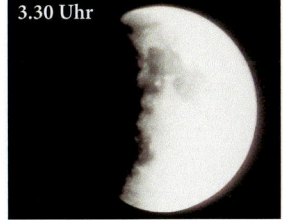
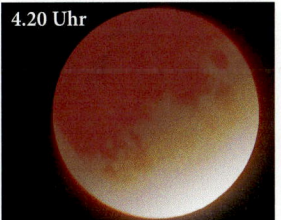
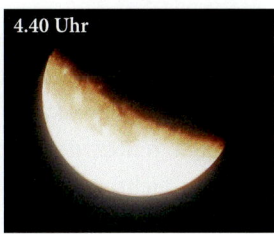

3.30 Uhr   4.10 Uhr   4.20 Uhr   4.40 Uhr

7

1 Beschreibe, wie es zu den *Mondfinsternissen* kommt. Warum gibt es nicht jeden Monat eine Mondfinsternis?

2 Die nächste *Sonnenfinsternis* in Deutschland ist am 3. September 2081 zu sehen. Wie entsteht sie? Wieso ist sie so selten?

Licht und Lichtquellen

Licht geht immer von Lichtquellen aus.
Von der Lichtquelle breitet sich Licht *nach allen Seiten* hin *geradlinig* aus.

Wir sehen eine Lichtquelle, wenn ihr Licht direkt in unser Auge fällt.
Das Laserlicht sehen wir nur, weil es an den Staubteilchen der Luft gestreut wird. ▷ 1

1

Die meisten Körper leuchten nicht selbst. Wir sehen sie nur, wenn sie beleuchtet werden und das Licht streuen. ▷ 2 Damit wir sie sehen, muss ein Teil des gestreuten Lichts in unser Auge fallen.

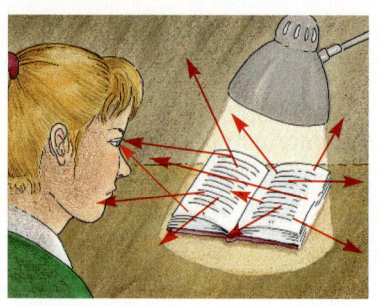

2

Wenn Licht sich ausbreitet ...

Glasscheiben lassen das Licht durch. ▷ 3

Weiße Gegenstände streuen das Licht in viele Richtungen. ▷ 4

Schwarze Gegenstände verschlucken (absorbieren) das Licht. ▷ 5 Wir sehen sie nur im Kontrast zur Umgebung.

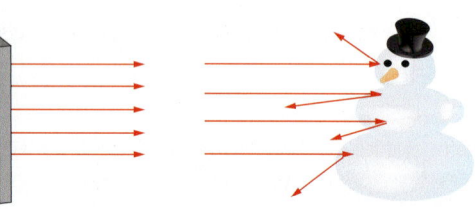

3

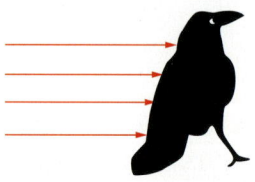

4

5

Wie Schatten entstehen ...

Schatten entstehen, wenn Licht auf einen Gegenstand trifft und ihn nicht durchdringen kann.
Im Raum hinter dem Körper fehlt dann das Licht.

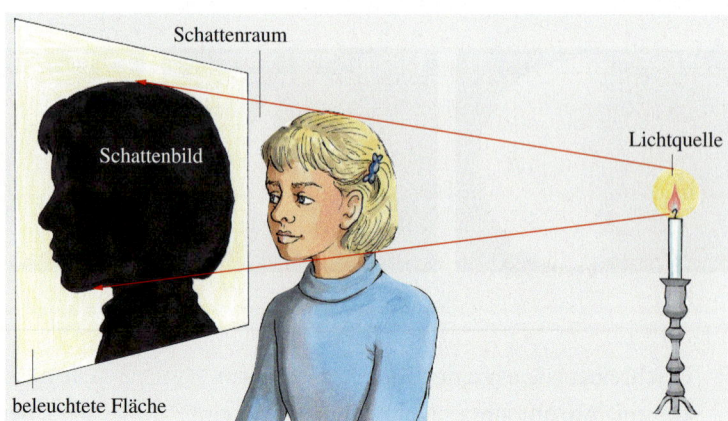

Schattenraum

Schattenbild

Lichtquelle

beleuchtete Fläche

6

Kern- und Halbschatten

Wenn ein Gegenstand von mehreren Lichtquellen (oder einer großflächigen) beleuchtet wird, entstehen unterschiedliche Schattenräume und -bilder. Man unterscheidet dann zwischen Kern- und Halbschatten. ▷ 7

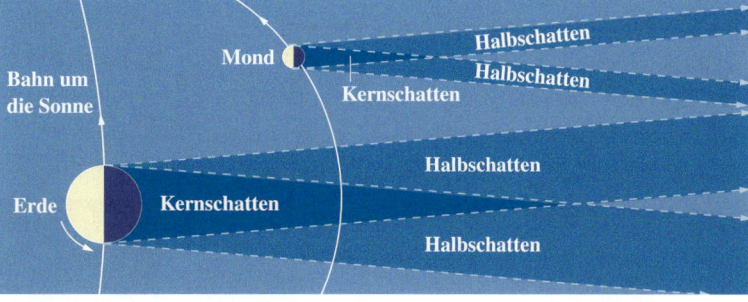

7

Alles klar

1 Nenne Gemeinsamkeiten und Unterschiede bei der Lichtausbreitung von Lampen und Lasern.

2 Benenne die Lichtquellen im Foto der Nachbarseite. ▷ 1
Gib an, welche Lichter in diesem Bild wir nur durch Streuung sehen.

3 Der Himmel ist bedeckt. Die Sonne ist hinter den Wolken verborgen. Trotzdem können wir lesen, auch ohne dass wir Licht machen. Woher kommt das Licht?

4 Beschreibe, wie der Vollmond die Nacht erhellt.

5 Wie ändert sich der Schatten in ▷ 6, wenn die Lichtquelle weiter nach rechts gerückt wird?

6 Sieh dir das Bild mit der Schlittschuhläuferin an. ▷ 8 Wie kommt es zu diesem eigenartigen Schatten?

7 Im Freibad hast du endlich einen schattigen Platz unter einem Baum gefunden. Aber nach einiger Zeit liegst du wieder in der Sonne. Erkläre!

8 „Fußgänger – schwarze Kleidung – Abend": Formuliere mit diesen Begriffen einen Satz zur Verkehrssicherheit.

9 Ein Flugzeug fliegt über der Wolkendecke.

a Begründe, weshalb alle Wolken von oben weiß aussehen.

b Und wie sehen die Wolken an ihrer Unterseite aus? Erkläre!

10 Sieh dir das Bild oben an. ▷ 7

a Welche Situation ist in diesem Bild dargestellt?

b Erkläre, wie es zu einer Mondfinsternis kommt.

8

Löcher – Linsen – Augen

Löcher erzeugen Bilder

Bei den Augen von Mensch und Tier fallen uns zuerst die schwarze Pupille und die Augenfarbe auf. ▷ 1 Die Augenfarbe wird bestimmt von der Regenbogenhaut, der *Iris*.
Die *Pupille* ist dagegen immer schwarz. Sie ist ein *Loch* in der Iris, durch welches Licht ins Auge gelangt. Hinter dieser „Lochblende" liegt die *Augenlinse*. Sie ermöglicht scharfes Sehen.

Es gibt aber auch Tiere, die gar keine Linse im Auge haben. Trotzdem können sie etwas sehen – nur durch eine Lochblende. ▷ 2
Selbst Fotos kann man ohne Linse machen – mit einer Lochkamera.

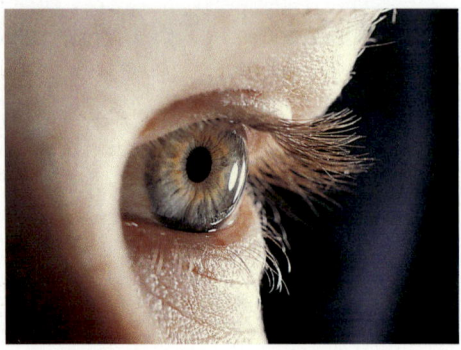

1 Menschliches Auge: schwarze Pupille inmitten der farbigen Iris, dahinter die von außen unsichtbare Augenlinse

Seh-zellen

Nerven

Schnittbild durch das Lochauge

Bild im Lochauge

2 Der *Nautilus* gehört – wie der Tintenfisch – zu den Kopffüßern. Sein „Lochauge" ist nur eine *Kammer mit einem Loch*.

1

Warum ist die Pupille schwarz?
Verschließt einen beliebigen Verpackungskarton. Stecht mit einem Nagel ein Loch in eine Seitenwand. Welche Farbe hat das Loch?
Haltet den Karton jetzt unter eine Lampe. Beschreibt eure Beobachtung.
Beantwortet die Frage in der Überschrift.

2

Löcher und Lichtflecke

a Schneidet ein Loch von der Größe eines 2-Cent-Stücks in eine Postkarte. Ein weißes Blatt dient als Schirm. Vor dem Loch steht eine Kerze.
▷ 3 Was seht ihr im dunklen Zimmer auf dem Schirm?

Lochblende

Abstand 20–40 cm

3

b Stecht mit einer Kulimine ein Loch in eine Postkarte oder schneidet ein dreieckiges Loch hinein. Beschreibt, was ihr jetzt auf dem Schirm seht.

c Verfolgt den Lichtweg von der Kerzenspitze bis zum Schirm. Haltet dazu vor und hinter der Lochblende einen Finger an verschiedene Stellen in den Lichtweg. Verfolgt auf gleiche Art den Lichtweg vom unteren Teil der Kerzenflamme zum Schirm.

3

Bauanleitung:
Eine einfache Lochkamera

Ihr braucht:

Blechdose, Pergament- und Packpapier, schwarzen Karton oder schwarzes Farbspray.

So wird's gemacht:

a Legt die Dose innen mit schwarzem Papier aus oder färbe die Innenwand schwarz.

b Stecht ein kleines Loch in den Boden der Dose. Über die offene Seite spannt ihr Pergamentpapier. ▷ 4

c Um die Dose wird Packpapier gewickelt, damit das Pergamentpapier im Dunkeln liegt.

d Beobachtet mit der Lochkamera eine von der Sonne beschienene Landschaft oder eine Kerzenflamme im dunklen Raum.

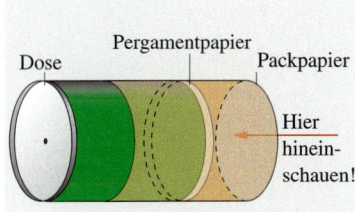

4

4

Wie entsteht das Bild bei der Lochkamera?

Baut zunächst drei Spotlampen (Rot, Grün, Blau) in Form eines Dreiecks auf.

Erzeugt dann mit einer Lochblende (Öffnung: 4 mm) ein Bild dieses Dreiecks. ▷ 5

a Zunächst wird nur die rote Lampe eingeschaltet. Auf dem Schirm erscheint ein roter Lichtfleck.
Dann wird zusätzlich die grüne Lampe eingeschaltet. Vergleiche die Lage der Lichtflecke mit der Anordnung der Lampen.

b Erklärt eure Beobachtung.

c Es bleibt noch die blaue Lampe. Wo wird wohl der blaue Fleck auf dem Schirm erscheinen?

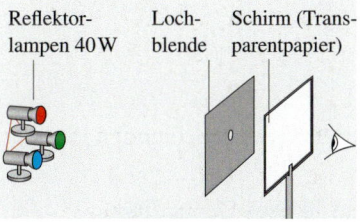

5

5

Wir erzeugen das Bild einer Person

Erzeugt mit einer kleinen Lochblende das Bild einer Mitschülerin oder eines Mitschülers mit einer Warnweste. Beleuchtet die Person mit einem Projektor oder einer Fotolampe.

a Beschreibt das Aussehen des Bilds. In welche Richtung bewegt sich das Bild, wenn sich die Person seitlich hin- und herbewegt?

b Überlegt euch Möglichkeiten, das Bild zu verbessern, und probiert es aus.

c Erkennt ihr Zusammenhänge zwischen Lochgröße, Schärfe und Helligkeit des Bilds? Beschreibt sie so:
„Loch groß → Bild …"

6

Fotos mit der Lochkamera

Bei der Abbildung ganz naher und ferner Gegenstände haben gute Lochkameras erstaunliche Eigenschaften … ▷ 6

6 Lochkamerabild

Bilder aus Lichtflecken

Von einer Lichtquelle breitet sich das Licht geradlinig nach allen Seiten hin aus. Ein Teil des Lichts fällt durch die Lochblende. Es erzeugt auf dem Schirm einen Lichtfleck. ▷ 1

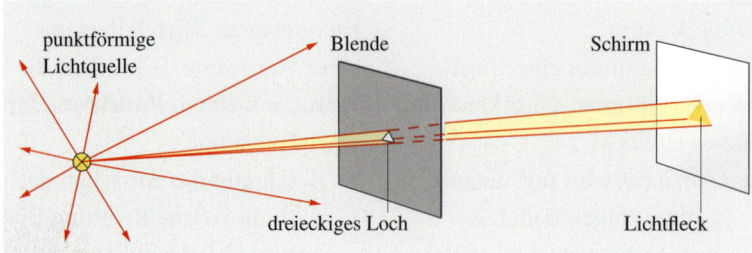

1 Abbildung einer Lichtquelle

Mehrere Lichtquellen erzeugen mehrere Lichtflecke. Die Lichtflecke sind aber anders angeordnet als die Lichtquellen. Was bei den Lichtquellen oben ist, ist bei den Lichtflecken unten. Was dort rechts ist, ist auf dem Schirm links. ▷ 2

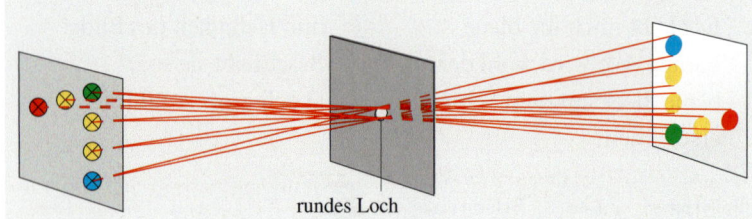

2 Abbildung mehrerer Lichtquellen

Wir stellen uns vor, dass eine Flamme aus vielen leuchtenden Punkten besteht.
Von jedem Punkt der Flamme geht ein Teil des Lichts durch das Blendenloch hindurch und erzeugt auf dem Schirm einen kleinen Lichtfleck. Alle Lichtflecke überlappen sich und ergeben ein auf dem Kopf stehendes, unscharfes Bild der Flamme. ▷ 3

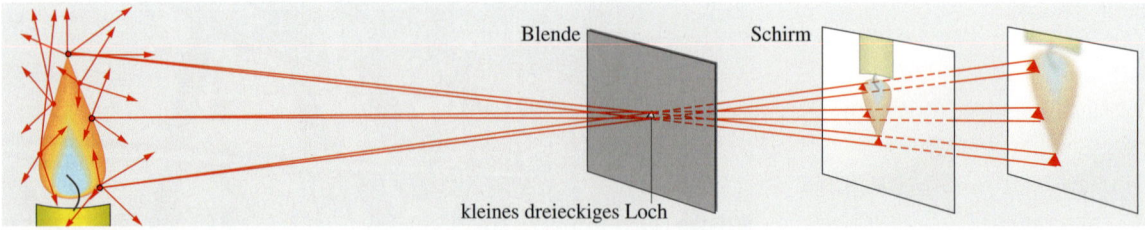

3 Abbildung einer Flamme

Je kleiner man das Loch macht, desto schärfer wird das Bild. Die Lichtflecke werden zu Bildflecken. Das Bild wird aber dunkler.
Je weiter der Schirm entfernt ist, desto größer wird das Bild.

Sonnentaler

Wenn die Sonne auf ein dichtes Blätterdach scheint, sind am Boden helle Flecke zu sehen. ▷ 4–5 Viele dieser Flecke sind kreisrund. Die Lücken zwischen den Blättern, durch die das Sonnenlicht fällt, sind aber völlig unregelmäßig geformt.

Wir können die „Sonnentaler" leicht erklären:

Die runden Flecke sind Bilder der Sonne. Von jedem Punkt der für uns sichtbaren Sonnenoberfläche fällt ein Lichtkegel durch die Lochblenden aus Blättern; er erzeugt einen Lichtfleck.

Die Lichtflecke haben zwar jeweils die Form der Lücken zwischen den Blättern, sie überlagern sich aber zu einem Bild der Sonne.

Wenn bei einer Sonnenfinsternis die Sonne zum Teil vom Mond verdeckt ist, sind auch die Sonnentaler sichelförmig. ▷ 6

4 „Sonnentaler" auf einem Waldweg

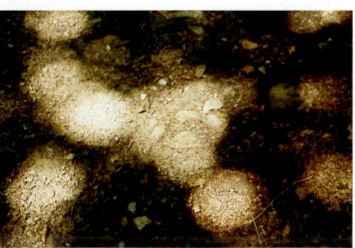

5 „Sonnentaler"

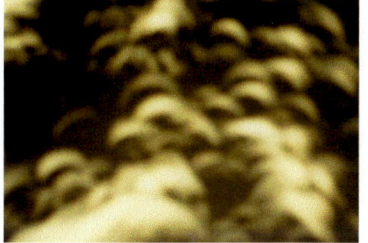

6 „Sonnentaler" bei Sonnenfinsternis

Aufgaben

1 Vor einer Lochkamera stehen drei punktförmige Lichtquellen. ▷ 7 Übertrage die Zeichnung in dreifacher Größe in dein Heft und trage die Bilder der Lichtquellen ein.

2 Wie kommt bei der Lochkamera das Bild eines Baums zustande?

3 Mit einer sehr kleinen Blendenöffnung kann man ziemlich scharfe Bilder erzeugen. Welchen Nachteil hat die kleine Blendenöffnung?

4 Die unregelmäßigen Lücken im Blätterwerk eines Walds ergeben auf dem Boden runde Bilder. Erkläre!

5 Lochkameras wurden früher von Malern benutzt. ▷ 8 Findest du den Fehler in dem Bild?

7

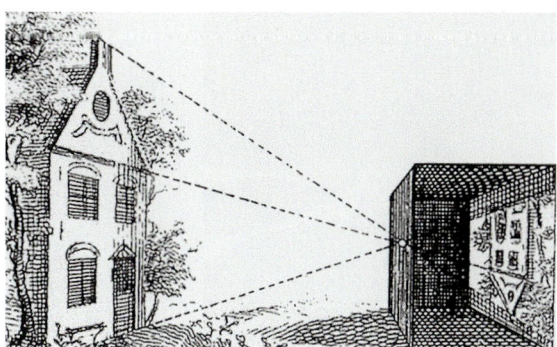

8

Bilder erzeugen – mit Sammellinsen

1 Fotoapparat mit 1 mm großem Loch

2 Fotoapparat mit Objektiv

1

Wir erzeugen Bilder mit der Lupe

Versuche Bilder mit einer Lupe zu erzeugen.

a Stelle dich im Zimmer mit der Lupe gegenüber einem hellen Fenster auf. Halte direkt hinter die Linse (Lupen sind Sammellinsen) ein Blatt weißes Papier als Schirm. ▷ 4

b Entferne den Schirm langsam immer weiter von der Linse, bis du ein scharfes Bild des Fensters und der Landschaft erhältst.
Beschreibe das Bild.

2

Lochkamera mit Linse

Aus einem Tennisball und Pergamentpapier lässt sich eine Lochkamera bauen, die kugelrund ist wie unser Auge – und mit einem großen Loch. ▷ 5 Testet sie und haltet dann eine dicke Linse vor das Loch.

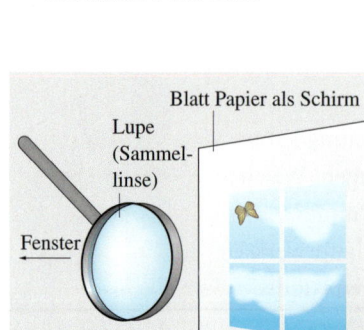

Blatt Papier als Schirm

Lupe (Sammellinse)

Fenster

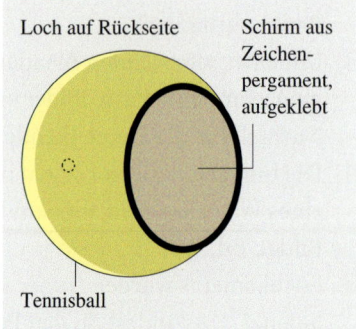

Loch auf Rückseite

Schirm aus Zeichenpergament, aufgeklebt

Tennisball

3 Linsen können Licht sammeln.

4

5

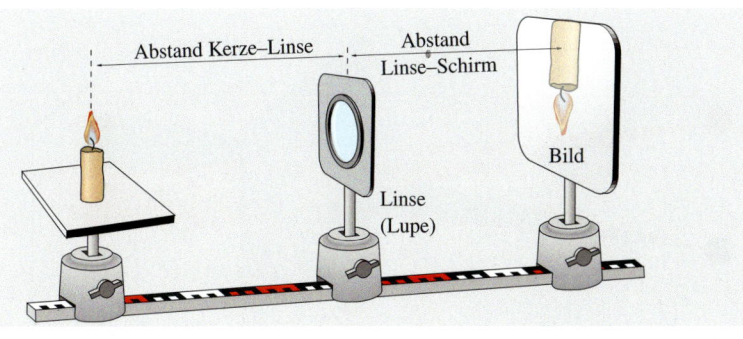

Abstand Kerze–Linse

Abstand
Linse–Schirm

Bild

Linse
(Lupe)

6

3

Wo entsteht bei einer Sammellinse das Bild?

a Eine Kerze wird 50 cm vor der Linse aufgestellt. Suche mit einem Schirm die Stelle, an der hinter der Sammellinse das scharfe Bild der Kerzenflamme entsteht. ▷ 6
Miss den Abstand Linse–Bild.

b Schiebt die Linse etwas von der Kerze weg.
Wie ändert sich dadurch der Abstand Linse –Bild?

c Entfernt die Kerze allmählich immer weiter von der Linse. Ermittelte den kleinstmöglichen Abstand Linse–Bild.

d Bei einer Lochkamera mit winzigem Loch werden nahe und ferne Gegenstände gleich scharf abgebildet.
Und wie ist es bei einer „Linsenkamera"?

4

Bilder unterschiedlich dicker Linsen

Erzeugt scharfe Bilder mit unterschiedlich dicken Linsen. Stellt die Kerze immer 60 cm vor den Linsen auf. Messt den Abstand Linse–Schirm. Achtet auch auf die Größe des Bilds. Fasst eure Beobachtungen zusammen: „Je dicker die Linse ist, desto …"

5

Sammellinsen als „Brenngläser"?

Haltet im Freien verschiedene Sammellinsen ins Sonnenlicht. Versucht damit ein Stückchen Zeitungspapier anzubrennen. Beschreibt, was geschieht.

6

Bilder – nicht nur mit Linsen

Ein kugelförmiges Glas kann ein Fenster abbilden. ▷ 7

a Probiert es mit und ohne Wasser im Glas aus. Auch mit einer Glaskugel kann man Bilder erzeugen. ▷ 8

b Wenn ihr durch eine klare Glaskugel (Murmel) schaut, seht ihr ein scharfes Bild. Versucht dieses Bild auf einem Schirm aufzufangen.

7 Abbildung durch ein Weinglas

8 Abbildung durch eine Glaskugel

Bilder – erzeugt mit Löchern und Sammellinsen

Punkt für Punkt Von jedem Punkt einer Lichtquelle oder eines beleuchteten Körpers geht Licht aus.

Eine *Lochkamera* bildet jeden Lichtpunkt als *Bildfleck* ab. ▷ 1

Das Bild ist hell, wenn das Loch groß genug ist. Je kleiner es ist, desto kleiner sind die Bildflecke und desto schärfer ist das Bild. Es lässt sich in beliebigem Abstand hinter dem Loch auffangen. ▷ 2

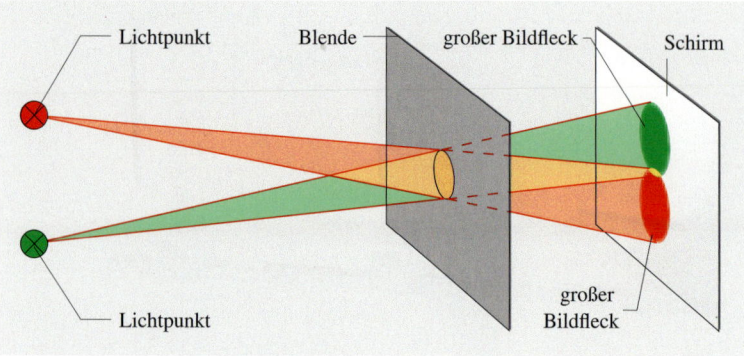

1 Abbildung durch große Lochblende

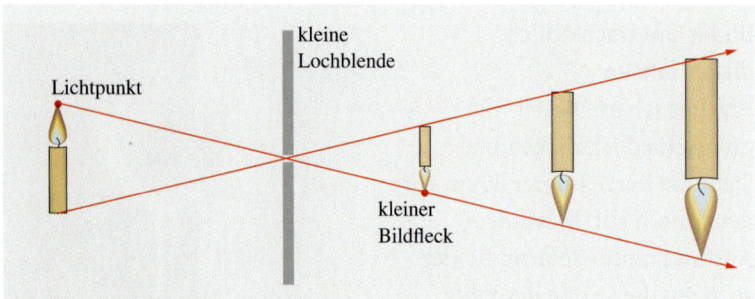

2 Die Lochkamera erzeugt Bilder in beliebigem Abstand.

Bei der *Sammellinse* ist es anders: Das von einem Punkt kommende Licht läuft hinter der Linse wieder in einem Punkt zusammen. Man erhält helle und gleichzeitig scharfe Bilder. ▷ 3

Eine Sammellinse bildet jeden Gegenstandspunkt in einem Bildpunkt ab. Dadurch entstehen helle und scharfe Bilder.

Bei der Sammellinse entsteht das scharfe Bild in einem bestimmten Abstand hinter der Linse. Davor und dahinter ist das Bild unscharf.

Bei sehr weit entfernten Gegenständen ist der Abstand Linse-Bild am kleinsten. Der Fachmann drückt das so aus:

Je größer die *Gegenstandsweite*, desto kleiner die *Bildweite*.

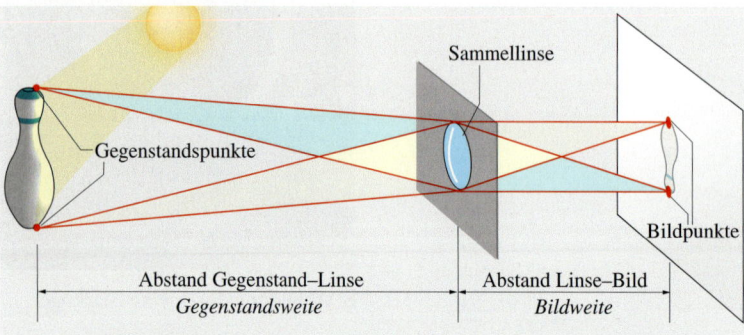

3 Die Sammellinse erzeugt scharfe Bilder nur in einem bestimmten Abstand.

Große Bilder – kleine Bilder „Komm näher, damit du auf dem Foto nicht so winzig bist." Je näher die Person an der Kamera steht, je kleiner also der Abstand Gegenstand–Linse ist, umso größer ist das Bild. Für eine Sammellinse gilt: Bei kleinem Abstand Gegenstand-Linse sind der Abstand Linse-Bild und das Bild groß. Bei großem Abstand Gegenstand-Linse sind sie klein. ▷ 4–5

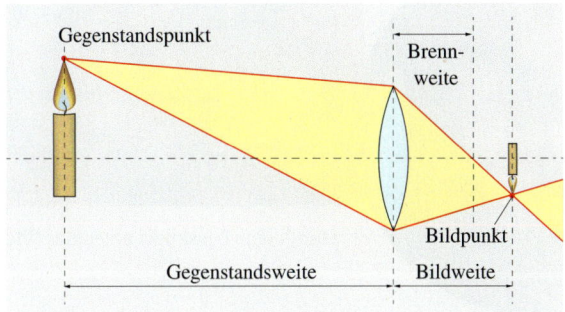

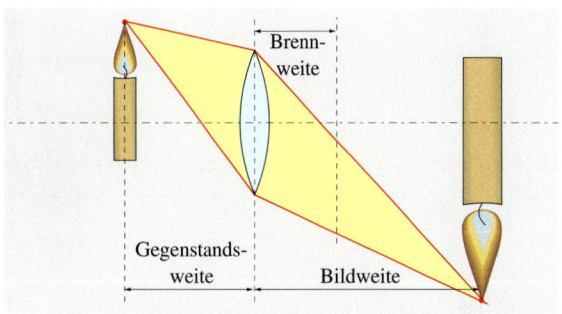

4 Das Bild ist kleiner als der Gegenstand.

5 Das Bild ist größer als der Gegenstand.

 Mehr

Die Brennweite Mit einem Brennglas kannst du Papier oder Laub „ankokeln". Das Brennglas sammelt das einfallende Sonnenlicht und erzeugt ein kleines Sonnenbildchen. ▷ 6 (Bei dicken Linsen ist es so klein, dass man es oft als *Brennpunkt* bezeichnet.)
Den Abstand des Sonnenbilds zur Linse nennt man *Brennweite*. Sie ist ein wichtiges Merkmal von Sammellinsen. Je stärker eine Linse gekrümmt ist, umso kleiner ist ihre Brennweite.

6 Eine Sammellinse als Brennglas

Aufgaben

1 Wieso schafft man es mit einer Sammellinse, scharfe Bilder zu erzeugen?

2 Hier siehst du den Verlauf eines Lichtbündels. ▷ 7 Erkläre anhand des Bilds, warum bei der Sammellinse das Bild nur in einer bestimmten Entfernung von der Linse scharf ist.

3 Unterschiedlich geformte Sammellinsen: ▷ 8

a Was ist bei sämtlichen Sammellinsen gleich?

b Ordne die Sammellinsen nach ihrer Brennweite. Beginne mit der größten Brennweite.

4 Ergänze den Satz mit einer Aussage zur Brennweite: „Je dicker die Linse, desto …"

Das Licht wird durch Streuung am Badesalz sichtbar.

7 Wirkung einer Sammellinse.

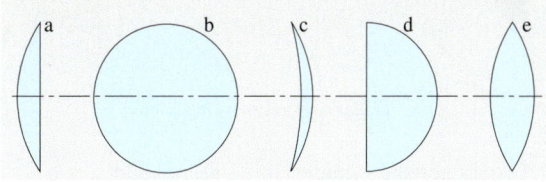

8 Verschiedene Formen von Sammellinsen

Das Auge erzeugt Bilder

Die Bilder in unserem Auge sehen so ähnlich aus wie beim Blick durch eine einfache Glaskugel. ▷ 1–2
Das menschliche Auge ist aber viel komplizierter als eine Glaskugel. ▷ 3

2 Durch eine Glaskugel erzeugtes Bild

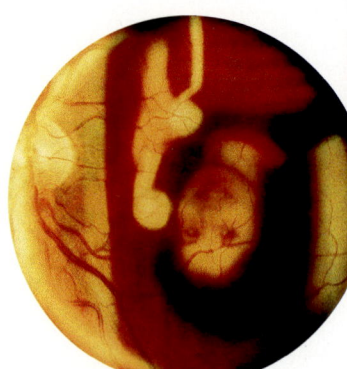

1 Netzhautbild im Auge

So ist unser Auge aufgebaut Wenn Licht auf unser Auge fällt, trifft es zunächst auf die lichtdurchlässige *Hornhaut*. Anschließend fällt das Licht durch die *Pupille*. Sie ist nichts anderes als ein Loch, das von der *Iris* umgeben ist. Iris und Pupille stellen gemeinsam eine Blende dar. Bei geringem Lichteinfall ist die Pupille weit geöffnet. Bei starkem Lichteinfall verkleinert sie sich bis auf einen Durchmesser von 1 bis 2 mm.
Hinter der Pupille trifft das Licht auf die *Augenlinse*. Sie erzeugt zusammen mit der Hornhaut das scharfe Bild auf der Netzhaut.
Die Augenlinse ist elastisch. Beim Blick in die Ferne ist sie dünn, beim Sehen naher Gegenstände dick. Dafür sorgt der *Ringmuskel*.

Das Licht fällt durch die Pupille in unser Auge. Hornhaut und Augenlinse erzeugen gemeinsam ein Bild auf der Netzhaut. ▷ 4

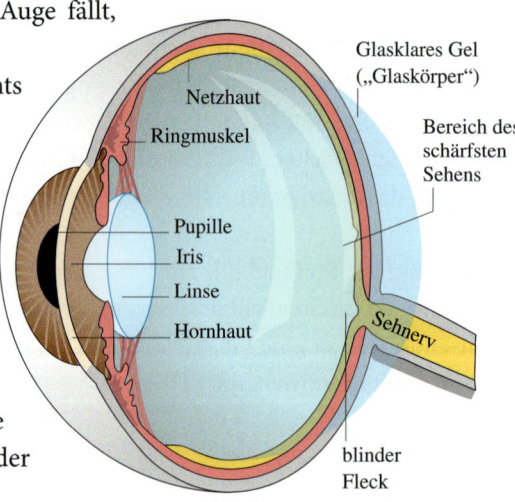

Glasklares Gel („Glaskörper")
Netzhaut
Ringmuskel
Bereich des schärfsten Sehens
Pupille
Iris
Linse
Hornhaut
Sehnerv
blinder Fleck

3 Aufbau des Auges

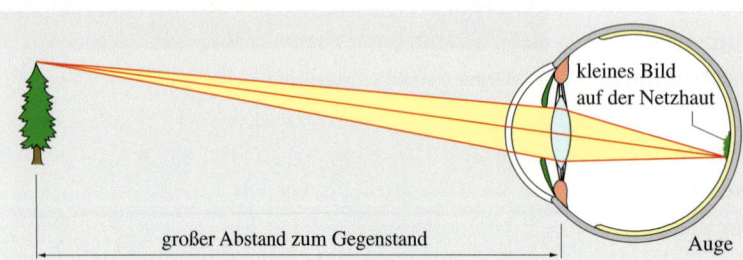

kleines Bild auf der Netzhaut
großer Abstand zum Gegenstand
Auge

4 Großer Abstand – dünne Linse – kleines Bild

Die Rolle des Gehirns Das Gehirn verarbeitet Signale, die es von den Sinneszellen der Netzhaut über den Sehnerv erhält.

Es sorgt dafür, dass wir alles aufrecht sehen. Außerdem vereinigt es die beiden Netzhautbilder unserer Augen zu einem einzigen räumlichen Bild.

Schütze deine Augen!

→ Der Blick in die Sonne oder in grelle Schweißflammen führt zu Augenschäden. ▷ 5 Hände vor die Augen halten!

→ Leuchte niemandem mit einem Laserpointer ins Auge. Blicke nie in einen Laser. Augen schließen!

→ In südlichen Ländern oder im Gebirge droht Gefahr durch ultraviolette Strahlung. Sonnenbrille mit UV-Filter tragen! ▷ 6

→ Langes Arbeiten oder Spielen am Computer schadet den Augen. Regelmäßige Pausen einlegen und 50 cm Abstand vom Bildschirm halten!

→ Schutzbrille tragen, wenn Splitter ins Auge gelangen könnten (z. B. beim Bohren von Metall) oder wenn du mit Chemikalien arbeitest!
Auch im Haushalt gibt es ätzende Reinigungsmittel – also auch dort Vorsicht!

→ Erste Hilfe bei Verätzungen: Auge mit viel Wasser mindestens 15 min lang spülen. Arzt aufsuchen!

5 Augen beim Schweißen schützen!

6 Schutz vor Sonnenlicht

Aufgaben

1 Erzeuge gleich große Bilder wie in deinem Auge: Richte eine Glasmurmel gegen ein helles Fenster oder eine Kerzenflamme. Fange hinter der Murmel die Bilder auf.
Wenn die Murmel einen Durchmesser von etwa 25 mm hat, sind die Bilder so groß wie auf der Netzhaut deiner Augen.

2 Anpassung an wechselnde Helligkeit:
Blicke in einem abgedunkelten Raum jemand anderem ins Auge – oder mithilfe eines Spiegels dir selbst.
Was beobachtest du, wenn das Licht eingeschaltet wird?

3 Dein Auge kann ganz Nahes und Fernes nicht gleichzeitig scharf abbilden. Auch Kameras haben dafür zwei Einstellungen.
Beschreibe einen Versuch, der das begründet.

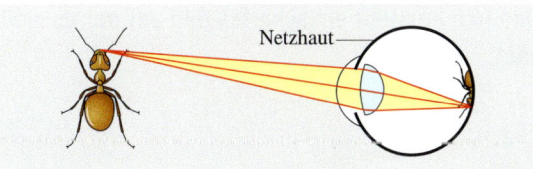

7 Kleiner Abstand – dicke Linse – großes Bild

4 Beschreibe, wie sich unser Auge auf „Nahsehen" einstellt. ▷ 7

5 Lege zwei Centmünzen im Abstand von 10 cm auf ein Blatt Papier. Schließe dann das linke Auge und sieh mit dem rechten auf das linke Geldstück. Nähere dein Auge langsam den Geldstücken. Was geschieht?

6 Die Netzhaut hat einen Bereich ohne lichtempfindliche Zellen: den „blinden Fleck".
Woran könnte es liegen, dass wir trotz dieses Mangels einwandfreie Bilder wahrnehmen?

Sehhilfen

Viele Schüler brauchen eine Brille, um scharf sehen zu können.
Sieh dir diese zwei Brillenträger genau an: ▷ 1–2 Du wirst bemerken, dass es Brillengläser mit unterschiedliche Eigenschaften gibt. Das liegt daran, dass manche Menschen kurzsichtig und andere weitsichtig sind.

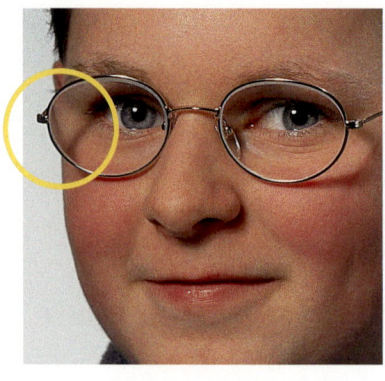

1

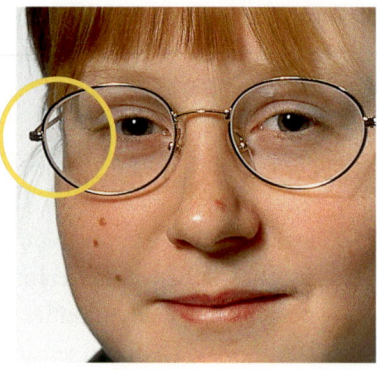

2

So korrigiert eine Brille die Kurzsichtigkeit Kurzsichtig ist, wer auf kurze Entfernungen gut sehen kann. Er braucht eine Brille für die Ferne. Normalsichtige sehen Nahes und Fernes gleich gut. Ihr Augapfel ist etwa 24 mm lang. ▷ 3

Bei Kurzsichtigen ist der Augapfel um einige Millimeter zu lang. Dadurch entstehen die Bilder von weit entfernten Gegenständen schon vor der Netzhaut. Das Netzhautbild ist unscharf. Selbst die entspannte, flache Augenlinse ist noch zu stark gewölbt, um ein scharfes Bild auf der Netzhaut erzeugen zu können. ▷ 4

Die Kurzsichtigkeit wird durch eine Brille korrigiert. ▷ 5

Zur Korrektur der Kurzsichtigkeit nimmt man *Zerstreuungslinsen*; sie sind in der Mitte dünner als am Rand. ▷ 6–7

Zerstreuungslinsen weiten die einfallenden Lichtbündel etwas auf. Dadurch entsteht ein scharfes Bild auf der zu weit entfernten Netzhaut.

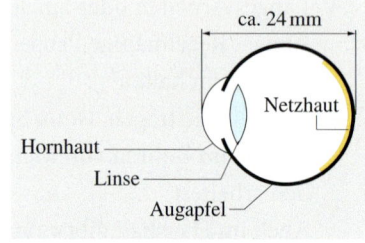

3 Normalsichtiges Auge

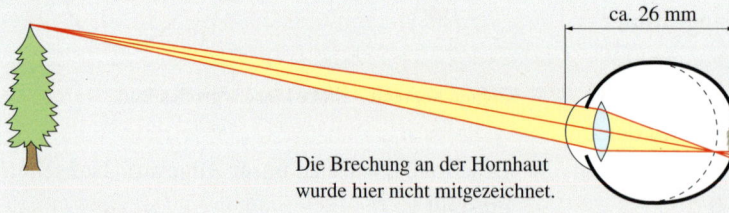

Die Brechung an der Hornhaut wurde hier nicht mitgezeichnet.

4 Kurzsichtiges Auge *ohne* Brille

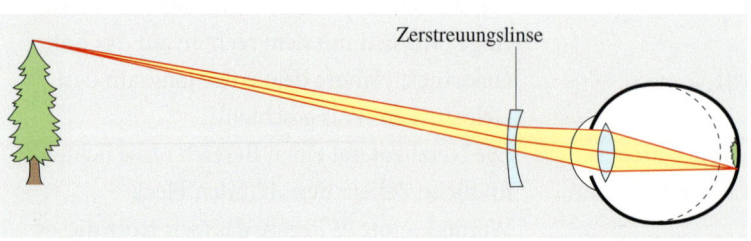

6 Zerstreuungslinsen …

Zerstreuungslinse

5 Kurzsichtiges Auge *mit* Brille

7 … und wie sie wirken

Nahes Sehen und Weitsichtigkeit Wenn ein Normalsichtiger ein Buch liest oder nahe Gegenstände betrachtet, verkleinert sich automatisch die Brennweite seiner Augenlinse: Ein *Ringmuskel* zieht an der Linse, sodass sie dicker wird. ▷ 8

Wenn im Alter die Elastizität der Augenlinse nachlässt, wird man *weitsichtig*. Manche Menschen sind es schon von Geburt an, weil bei ihnen der Augapfel zu kurz ist.

Die Bilder naher Gegenstände entstehen bei einem Weitsichtigen erst *hinter* der Netzhaut. Die Wölbung der angespannten Augenlinse ist zu gering, um das Bild scharf zu stellen. ▷ 9

Weitsichtigen hilft eine Brille mit Sammellinsen. ▷ 10

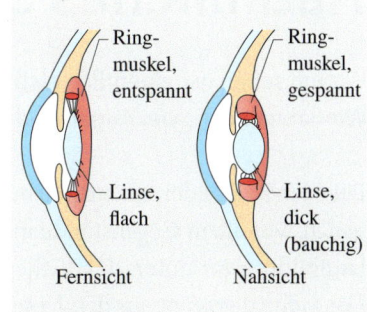

8 Der Ringmuskel verändert die Linsenform.

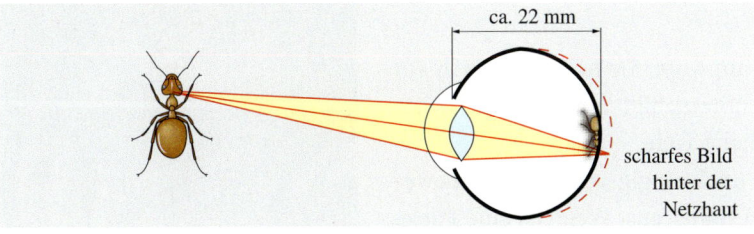

9 Weitsichtiges Auge *ohne* Brille

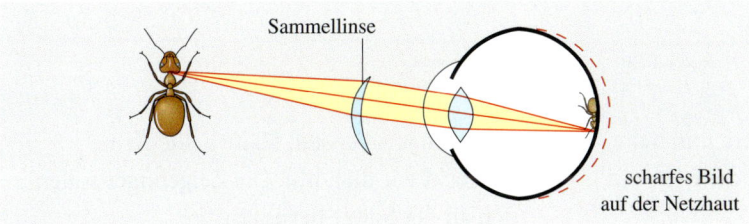

10 Weitsichtiges Auge *mit* Brille

11 Die Lupe als Sehhilfe

1 Auch Weitsichtigkeit kann durch eine Brille korrigiert werden.

a Beschreibe, warum ein Weitsichtiger alles Nahe unscharf sieht. ▷ 9

b Erkläre, wie eine Brille das korrigiert. ▷ 10

2 Fange hinter einer dicken Linse das scharfe Bild einer Kerze (Landschaft) auf einem Schirm auf.

a Schiebe anschließend den Schirm vor (und dann weiter zurück); erzeuge so das Modell für ein weitsichtiges (kurzsichtiges) Auge.

b Teste Brillengläser oder Linsen als „Sehhilfen".

3 Besorge dir beim Optiker alte Brillengläser.

a Untersuche ihre Eigenschaften.

b Ordne sie Kurz- und Weitsichtigen zu. Welche gehören zu den Fotos links? ▷ 1–2

4 Gegenstände in nächster Entfernung (< 10 cm) kann auch ein gesundes Auge nicht scharf sehen. Dazu braucht man als Sehhilfe eine *Lupe*.

a Begründe die Linsenform der Lupe. ▷ 11

b Nenne weitere Sehhilfen für nahe und ferne Gegenstände.

5 Suche über *www.fragFinn.de* nach einem Bildschirm-Experiment zzum Thema „Sehen mit und ohne Brille".

Räumliches Sehen

Warum sehen wir eigentlich nicht alles doppelt?
Wir haben doch zwei Augen und damit auch *zwei* Netzhautbilder ...

Die Netzhautbilder, die unsere beiden Augen liefern, sind nicht genau gleich. Vor allem Gegenstände in der Nähe liegen in den beiden Netzhautbildern vor unterschiedlichen Stellen des Hintergrunds. ▷ 1
Das Gehirn erzeugt aus den Unterschieden der beiden Bilder den Eindruck von räumlicher Tiefe und Perspektive.
Unser Gehirn fasst die Bilder der beiden Augen zu einem einzigen 3-D-Bild zusammen.

1

Bei Vögeln sitzen die Augen seitlich am Kopf. Sie haben dadurch ein besonders großes Blickfeld. Ihr Panoramabild ist aber nur zweidimensional (2-D); es fehlt die räumliche Tiefe.
Das Chamäleon kann beide Augen unabhängig voneinander bewegen. ▷ 2 Sein Gehirn wertet zweierlei Bilder aus. Wenn es eine Fliege erspäht hat, richtet es aber beide Augen auf die Beute, um die Entfernung richtig einschätzen zu können.

2 Chamäleon

1 Rolle ein Blatt Papier zu einer Röhre und halte es vor ein Auge. ▷ 3 Schaue durch die Röhre in die Ferne oder in den Himmel.
Öffne auch das zweite Auge.

3

2 Jedes Auge erzeugt ein eigenes Bild. Das merkst du, wenn du eines der Netzhautbilder in eine ungewöhnliche Lage bringst: Drücke mit dem Zeigefinger vorsichtig seitlich gegen das Auge. Du siehst nun alles doppelt.
Überlege dir, woran das liegen könnte.

3 Stell dich ans Fenster. Halte beide Arme gestreckt vor dich hin. Die Zeigefinger sollen sich an der Spitze berühren. ▷ 4
Blicke nicht auf die Finger, sondern über sie hinweg zum Himmel. Ziehe die Fingerspitzen etwas auseinander. Was siehst du?

4

4 Ein Stift steht senkrecht auf dem Tisch. Versuche ihn mit der Fingerspitze zu treffen, während du ein Auge zuhältst. Wieso gelingt es dir immer, wenn du beide Augen öffnest?

5 Lege ein Buch vor dich auf den Tisch. Halte dann eine Münze zwischen das Buch und deine Augen. Betrachte sie abwechselnd mit dem rechten und dem linken Auge. Was fällt dir auf?

Bewegungssehen

Jeder Film im Kino oder Fernsehen besteht aus einzelnen stehenden Bildern. ▷ 5 Die benachbarten Bilder unterscheiden sich nur wenig voneinander. Trotzdem nehmen wir bei der Vorführung des Films Bewegungen wahr …

5

Aus einem Lexikon von 1900: *„Unsere Augen reagieren träge. Schauen wir schnelle Bildfolgen an, von denen jedes Einzelbild nur 0,05 Sekunden lang zu sehen ist, haben wir den Eindruck eines Bewegungsablaufs."* Anders ausgedrückt: Wir sehen einen Film.

Beim „Schnellseher" von 1882 liefen hinter einem Guckloch 24 Einzelbilder entlang – von hinten beleuchtet. ▷ 6 Der Film dauerte nur eine Sekunde und wiederholte sich dann.

Erfinder aus aller Welt verbesserten die Filmtechnik: Tausende Bilder wurden auf einem Filmstreifen angeordnet. Löcher am Rand ermöglichten einen ruckweisen Weitertransport der Bilder. Bis heute sind aber zwei Dinge gleich geblieben:

1. Pro Sekunde werden dem Zuschauer 24 einzelne Fotos gezeigt. Das Gehirn verschmilzt sie zu bewegten Bildern.
2. Zum Wechseln deckt eine Metallblende das Bild für kurze Zeit ab.

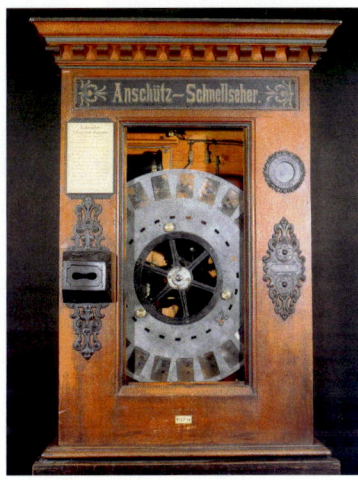

6 „Schnellseher" (1882)

---

1 Die Trägheit des Auges

a Knicke einen 10 cm · 30 cm großen Papierstreifen in der Mitte. Klappe das obere Blatt zurück und zeichne auf das untere eine Figur.

b Wenn du das obere Blatt darüberklappst, schimmert die Figur durch. Male sie leicht verändert nach.

c Wickle das obere Blatt mit der zweiten Figur über einen Bleistift. Jetzt ist nur die erste Figur des unteren Blatts zu sehen. ▷ 7
Rolle nun mit dem Bleistift die zweite Figur ganz schnell über die erste und zurück …

2 Was hat der „Schnellseher" mit dem heutigen Kino gemeinsam? Warum darf kein Film langsamer als mit 18 Bildern pro Sekunde laufen?

3 Ein „Daumenkino": Nimm ein altes Taschenbuch. Zeichne in die obere Ecke einer Seite ein einfaches Bild – als erstes einer ganzen Bildfolge. Auf die nächste Seite kommt das zweite, leicht veränderte Bild usw. Zum Vorführen ziehst du den Daumen an den Ecken des geschlossenen Buchs entlang. Erkläre deine Beobachtung.

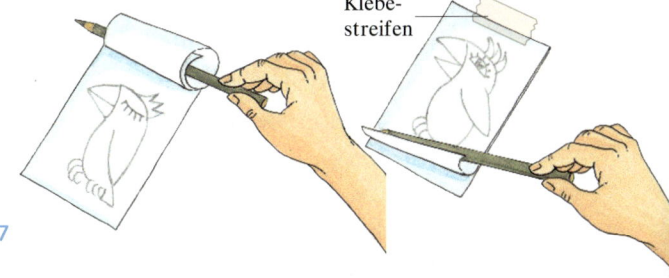

Klebestreifen

7

Augen in der Natur[Z]

1 Adler

2 Chamäleon

3 Katze

4 Schnecke

5 Insekt

6 Vieraugenfisch

7 Nautilus

8 Uhu

Vielerlei Augen Unsere Augen gehören zu den besten, die es in der Natur gibt: Wir können Nahes und Fernes scharf sehen und Farben gut unterscheiden. Das war schon für die Urmenschen zum Überleben wichtig.

Für Tiere kann je nach Lebensraum, Fressfeinden und Nahrungssuche anderes wichtig sein. Deshalb haben sie auch ganz unterschiedliche Augen. ▷ 1–8

Fliegen müssen z. B. rundum schauen können, um den Anflug von Feinden zu bemerken. Dabei kommt es gar nicht auf die Bildschärfe an, sondern auf die Schnelligkeit, mit der Änderungen der Bilder erkannt werden. Dafür sind Facettenaugen besonders gut. ▷ 9 Insekten können damit bis zu 300 Bilder pro Sekunde wahrnehmen. Menschenaugen sehen schon bei 25 Bildern pro Sekunde einen „Film". Was wir als schnelle Bewegung wahrnehmen, sehen Insekten sozusagen in Zeitlupe. Das hilf ihnen, Feinden zu entkommen.

9 Das Facettenauge einer Libelle besteht aus mehr als 25 000 Einzelaugen.

1 Mit ihren Augen können manche Tiere
   – gleichzeitig sehen und fühlen (A),
   – im Dunkeln besonders gut sehen (B),
   – in zwei Richtungen gleichzeitig gucken (C),
   – ferne Dinge besonders scharf sehen (D),
   – Dinge gleichzeitig über und unter Wasser scharf sehen (E),
   – rundum alles gleichzeitig wahrnehmen (F),
   – Im Dunkeln gut sehen (G),
   – nur hell und dunkel unterscheiden (H).
   Ordne diese Eigenschaften den Tieren zu. ▷ 1–8

2 Fliegen kann man mit der Hand kaum fangen, Libellen gar nicht. Begründe!

3 Wie sehen Tiere die Welt?

a Suche dazu über *www.fragFinn.de* nach einem „Augenbaukasten".

b Fasse die Ergebnisse der Bildschirm-Experimente in kurzen Sätzen zusammen.

10 Seeadler

11 Falke

Augen wie ein Adler? Wie scharf man sehen kann, hängt davon ab, wie viele Sehzellen auf einem Quadratmillimeter der Netzhaut liegen. Beim Menschen sind es 140 000. Jede von ihnen liefert einen der Bildpunkte, aus denen sich das Netzhautbild zusammensetzt.

Beim Mäusebussard sitzen die Sehzellen bis zu 4-mal so dicht wie beim Menschen. Bei anderen Greifvögeln sitzen die Sehzellen noch dichter zusammen. ▷ 10–11 Deren bessere Sehschärfe nutzte der Mensch schon im Mittelalter aus. Man jagte Kleinwild mithilfe von abgerichteten Falken.

Ob ein Mensch scharf sehen kann, testet der Augenarzt z. B. mit immer kleiner werdenden Zeichen. ▷ 12 Die muss man bei guter Beleuchtung aus einer exakt festgelegten Entfernung erkennen.

Solche Tests zum Sehvermögen sind für jeden vorgeschrieben, der einen Führerschein machen will.

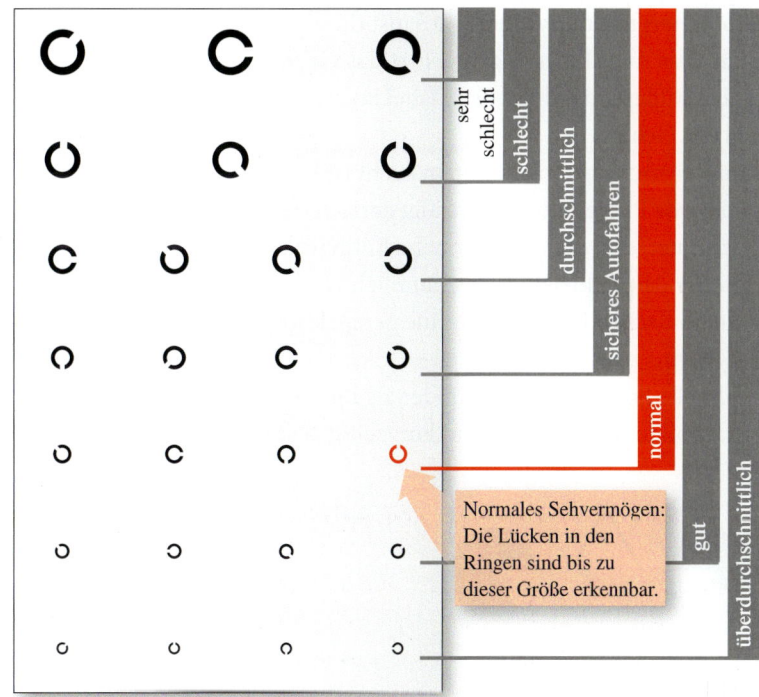

Normales Sehvermögen: Die Lücken in den Ringen sind bis zu dieser Größe erkennbar.

12 Sehtesttafel

4 Wieso können Greifvögel schärfer sehen als wir Menschen?

5 Teste dein Sehvermögen. Stelle dazu dein Buch aufrecht ca. 1,65 m von dir weg. Schließe dann abwechselnd ein Auge und sieh dir die Ringe auf der Testtafel an. ▷ 12 In welche Richtung zeigen jeweils die Lücken in den Ringen?

Sinnestäuschungen[Z]

1 Siehst du eine junge oder eine alte Frau?

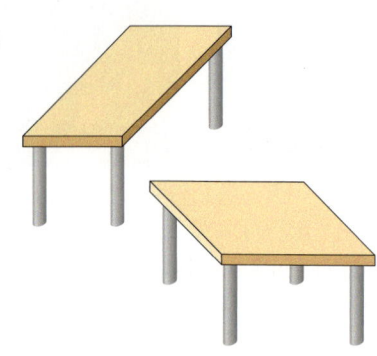

2 Verschieden große Tische? Miss mal die Länge der Tischkanten nach …

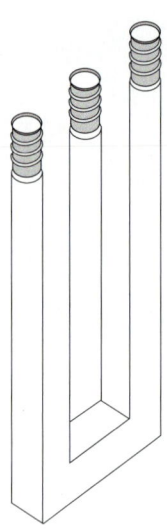

3 Zeichne dieses Bild auswendig in dein Heft.

„Wir sehen mit den Augen" Meinst du wirklich? Vergiss das Gehirn nicht! Das Auge liefert Signale. Erst das Gehirn verarbeitet die Signale zu den Bildern, die du siehst. Dabei kommt es leicht zu Täuschungen, weil das Gehirn:

– immer nach etwas Bekanntem sucht (A)
– fehlende Bildteile aus Erfahrung einfach ergänzt (B)
– vermutet, dass gleiche oder nahe Bildteile zusammenhängen (C)
– größer Abgebildetes als das räumlich Nähere interpretiert (D)
– einem flachen Papier gerne eine perspektivische Raumtiefe gibt: 2-D wird zu 3-D (E)
– schnelle Folgen ähnlicher Bilder als Bewegung deutet (F)
– Nachbilder auf der Netzhaut kurzzeitig als Realität anzeigt (G)

4 Drehe das Buch mal auf den Kopf.

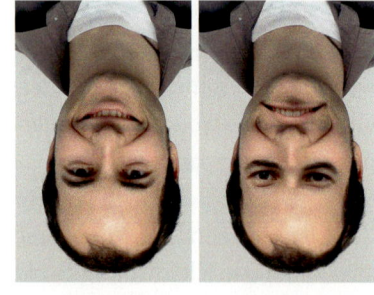

5 Beschreibe, was du hier siehst.

6 Hier ist kein Dreieck gezeichnet!

1 Versuche die Bilder dieser Doppelseite den sieben „Täuschungsmanövern" des Gehirns zuzuordnen. ▷ 1–12

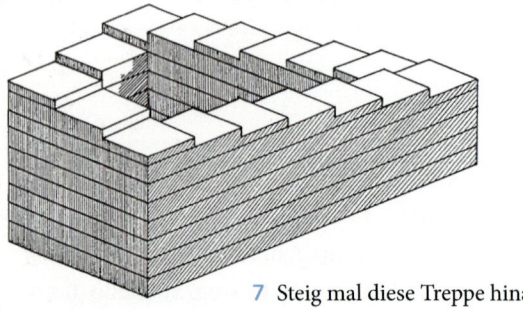

7 Steig mal diese Treppe hinab.

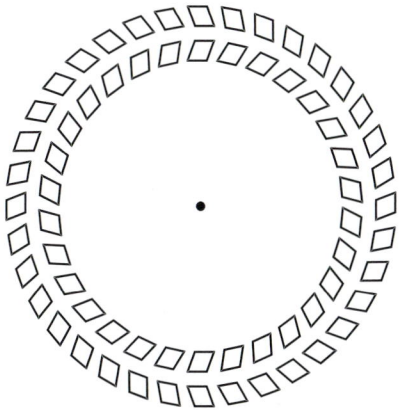

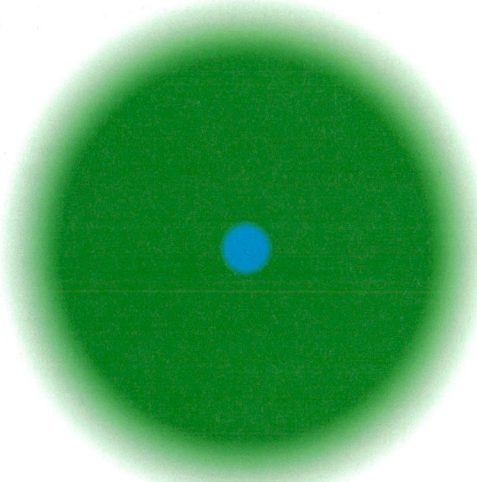

8 Blicke auf den Punkt und bewege den Kopf vor und zurück.

9 Starre 30 Sekunden auf den Punkt in der Mitte, ohne den Kopf oder die Augen zu bewegen. Schiebe dann schnell ein weißes Blatt vor das Bild. Was siehst du darauf?

10 Überall weiße Kreuzungen?

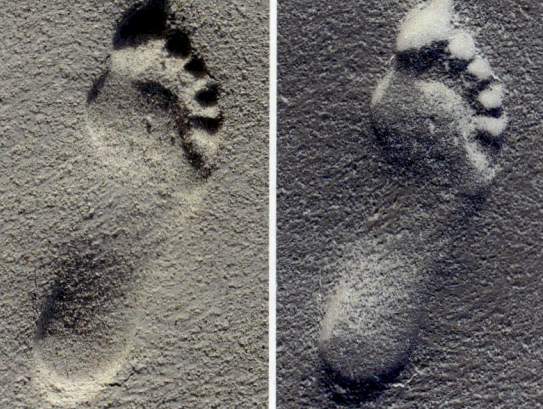

11 Krumm und schief?

12 Eine Fußspur im Sand? Drehe das Bild mehrfach um.

Stell die Welt auf den Kopf! Wer eine „Umkehr-Brille" aufsetzt, kann plötzlich die einfachsten Dinge nicht mehr: Wasser in ein Glas gießen, vom Teller essen, lesen, schreiben, einen Luftballon fangen …
▷ 13 Nicht mal Häuser und Bäume bleiben gerade stehen, wenn man den Kopf etwas zur Seite neigt.

Dabei vertauschen die Prismen in der Brille nur oben und unten. Die Bilder stehen dann richtig herum auf der Netzhaut! Aber unser Gehirn ist solches nicht gewohnt und deshalb völlig überfordert. Man tapst umher wie ein Kleinkind, das gerade Laufen lernt. Ein Riesenspaß – nicht nur für die Zuschauer. Und ein überzeugender Beweis, welche Rolle das Gehirn für unser Sehen spielt.

13 Fangversuch mit Umkehr-Brille

Bildentstehung – mit Löchern

Von jedem *Punkt* des Gegenstands geht Licht aus. ▷ 1
Ein Teil davon fällt durch
die Blendenöffnung.
Zu jedem Punkt erhält man
einen *Lichtfleck*.

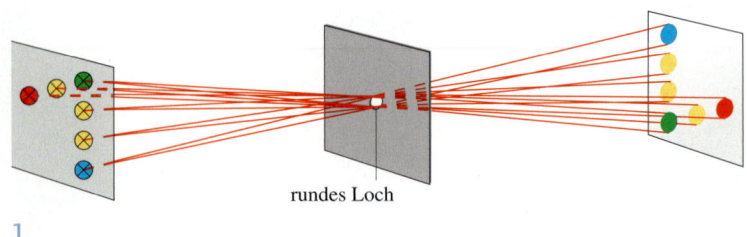

rundes Loch

1

In einer Lochkamera überlagern
sich die Flecke zu einem Bild.
▷ 2
Je kleiner das Blendenloch,
desto schärfer das Bild, aber
auch desto dunkler.
Eine Entfernungseinstellung ist
nicht nötig.

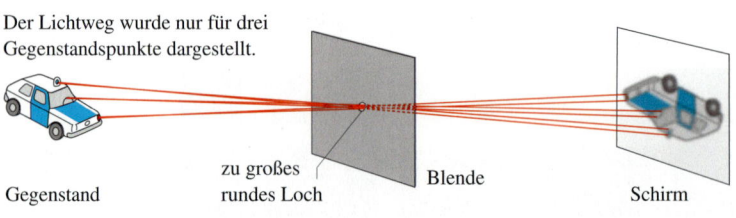

Der Lichtweg wurde nur für drei
Gegenstandspunkte dargestellt.

Gegenstand   zu großes
rundes Loch   Blende   Schirm

2

… mit Linsen

Mit einer Sammellinse im Loch
einer Lochkamera bekommst du
scharfe Bilder. ▷ 3
Die Sammellinse lässt das Licht
von einem *Gegenstandspunkt* in
einem *Bildpunkt* zusammen-
laufen. Aus vielen Bildpunkten,
entsteht so ein scharfes Bild.

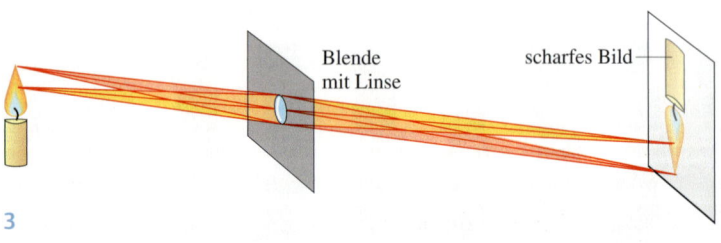

Blende
mit Linse   scharfes Bild

3

Die scharfen Bilder entstehen nur in einer ganz
bestimmten Entfernung hinter der Linse. ▷ 4
Diese Entfernung hängt von der Entfernung des
Gegenstands und von der Dicke der Linse ab.

4

… im Auge

Hornhaut und Linse des Auges erzeugen zu jedem Gegenstandspunkt einen Bildpunkt auf der Netzhaut. ▷ 5

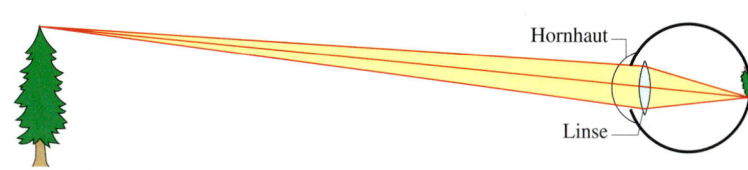

5

Das Auge kann Gegenstände in verschiedenen Abständen scharf stellen. Die Augenlinse ist nämlich in der Form und damit in ihrer Brennweite veränderlich. Beim Nahsehen wird sie dicker. ▷ 6

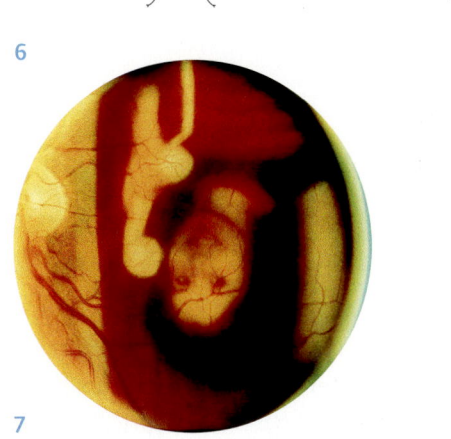

6

Unser Auge ist ein Lichtempfänger, unser Gehirn ein Bildbearbeiter. Es dreht das kopfstehende Bild um und erklärt uns, was wir sehen. ▷ 7

7

Alles klar?

1 Wenn man in einen dunklen Raum geht, „gewöhnen" sich die Augen mit der Zeit an die Dunkelheit. Wie geht das?

2 Wieso stehen die Bilder in allen Kameras und Augen immer auf dem Kopf?

3 Wir können weit entfernte und ganz nahe Gegenstände nicht gleichzeitig scharf sehen. Begründe!

4 So wird Sonnenlicht von einer dicken Sammellinse gesammelt. ▷ 8
Skizziere das Gleiche für eine dünnere Sammellinse. Formuliere den Zusammenhang: „Je dicker eine Sammellinse ist, desto … ist ihre Brennweite."

5 Woher hat die Brennweite ihren Namen?

6 Freunde der Lochkamera (engl. *pinhole*) stellen jedes Jahr am „pinholeday" ihre Bilder ins Internet. Informiere dich darüber. Wähle ein Foto wie dieses ▷ 9 aus, das den Vorteil der Lochkamera deutlich macht.

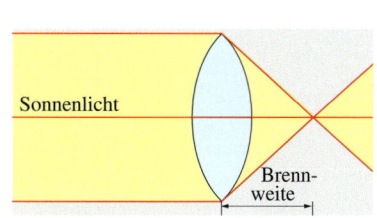

Sonnenlicht

Brenn-weite

8

9

Licht wird umgelenkt – durch Spiegelung

Licht von den Lampen fällt erst auf die Dusche, dann zum Spiegel und von dort ins Auge. ▷ 1 Unterwegs hat das Licht seine Richtung geändert. Das bewirkt hier der Spiegel und auf der rechten Seite das Wasser ▷ 5 oder das Glas. ▷ 6

1

1

Der Lichtweg am Spiegel

Ihr braucht eine Taschenlampe mit einem Lichtspalt. ▷ 2

a Legt die Taschenlampe auf ein Blatt Papier und haltet einen Taschenspiegel in den Lichtweg. Zeichnet die Stellung des Spiegels und einige Punkte auf den Lichtwegen ein. Zeichnet anschließend den Lichtweg sorgfältig nach.

b Verändert den Winkel zwischen Lichtbündel und Spiegel. Zeichnet erneut.

c Erkennt ihr eine Gesetzmäßigkeit? Versucht sie zu beschreiben.

Die Lampenöffnung ist mit Klebeband abgeklebt.

2

2

Spiegelflirt

Wo muss Klaus stehen, damit er Marie im Spiegel in die Augen blicken kann? ▷ 3

a Probiert es aus. Kann Marie dann auch in Klaus' Augen blicken?

b Was passiert, wenn sie sich nach links bewegt?

3

3

So reflektiert ein Rückstrahler

Als Lichtquelle nehmt ihr einen Laserpointer. Den Verlauf des Lichts könnt ihr mit Kreidestaub sichtbar machen.

Achtung: Nicht anderen in die Augen leuchten! Nicht in das Laserlicht blicken!

a Untersucht, in welche Richtung ein Rückstrahler Licht reflektiert.

b Die Wirkungsweise eines Rückstrahlers zeigt eine Spiegelecke. ▷ 4 Wohin wird das Licht schließlich reflektiert?

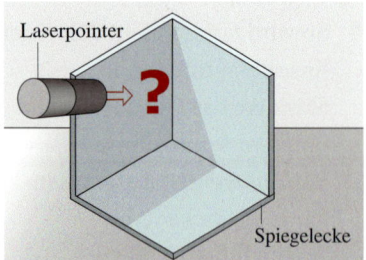

Laserpointer

?

Spiegelecke

4 Spiegelecke aus 3 Taschenspiegeln

… und durch Brechung

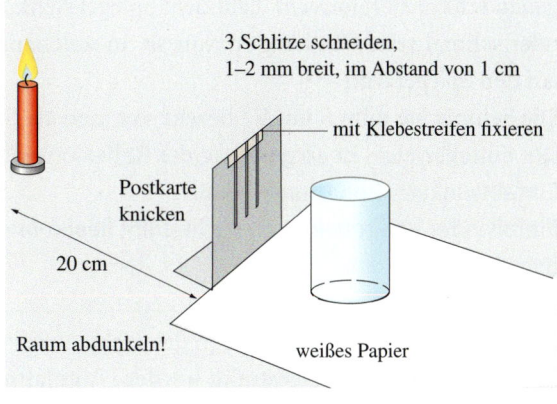

3 Schlitze schneiden,
1–2 mm breit, im Abstand von 1 cm

mit Klebestreifen fixieren

Postkarte
knicken

20 cm

Raum abdunkeln!

weißes Papier

8

5   6

Wieso ändert das Licht hier
seine Richtung? ▷ 5–6

4

Ein Knick im Lichtstrahl?

a Füllt zunächst ein bauchiges
Weinglas mit Wasser und
schaut durch das Glas
hindurch aus dem Fenster.
Woran erinnert euch das Versuchsergebnis? Erklärt damit
das erste Foto oben. ▷ 5

b Stellt das Glas auf ein Blatt
Papier. Leuchtet schräg von
oben mit einer Taschenlampe
in Richtung Mitte der
Wasseroberfläche. ▷ 7

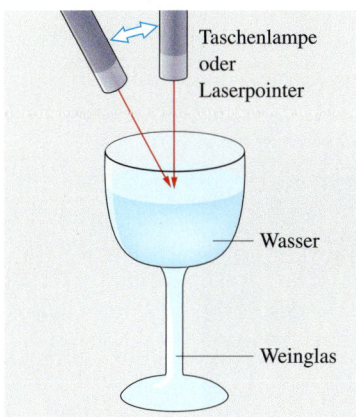

Taschenlampe
oder
Laserpointer

Wasser

Weinglas

7

Beobachtet den Lichtverlauf
genau: Verlängert dazu die
Richtung des Lichts, mit der
es auf die Wasseroberfläche
fällt. (Nehmt dazu ein
Lineal.) Diese Richtung und
die Senkrechte bilden den
Einfallswinkel des Lichts.

c Skizziert die Ergebnisse von
Versuchen mit 2 unterschiedlichen Einfallswinkeln (je mit
einer anderen Farbe).

5

Lichtwege im Wasserglas

Bastelt zunächst eine „Dreifach-
Schlitzblende" und baut mit ihr
den Versuch auf. ▷ 8

a Fangt die drei Lichtbündel,
die durch die Blende gehen,
auf weißem Papier auf.
Stellt das trockene, leere
Becherglas so auf, dass das
mittlere Lichtbündel durch
die Mitte des Glases fällt.

Beobachtet und schreibt auf,
ob das leere Glas den Lichtverlauf verändert.

b Füllt das Becherglas mit
Wasser. Beobachtet und
beschreibt, was ihr seht.

c Entfernt die Blende.
Betrachtet die Helligkeit vor
und hinter dem Glas.

d Seht durch das Wasserglas
hindurch aus dem Fenster.
Was fällt euch auf?
Versucht das mit dem
Ergebnis von Versuchsteil b
zu erklären.

6

Weitere Lichtbrechungen

Füllt Wasser in zylindrische
Schraubgläser oder bauchige
Weingläser. Experimentiert
damit.
Wahrscheinlich seht ihr erstaunliche Lichtbrechungen. Führt sie
in der Klasse vor.

Licht wird gespiegelt

Licht, das auf einen Spiegel fällt, wird umgelenkt. Man sagt: Das Licht wird reflektiert. Gut reflektiert wird Licht von glatten Oberflächen.

Einfallende und ausfallende Lichtstrahlen bilden immer ein „V", das genau senkrecht („lotrecht") auf dem Spiegel steht. Das „V" kann breit oder schmal sein. Das hängt davon ab, in welchem Winkel das Licht auf den Spiegel trifft. ▷ 1

Die Senkrechte mitten im „V" bezeichnet man als *Einfallslot*.

Der Einfallswinkel ist so groß wie der Reflexionswinkel:

Einfallswinkel = Reflexionswinkel.

Einfallender und reflektierter Lichtstrahl liegen in einer Ebene mit dem Einfallslot.

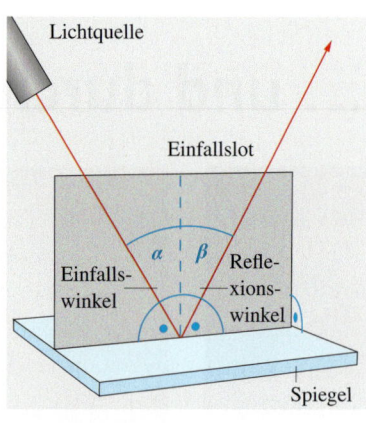

1 Licht wird *reflektiert*.

Reflektoren Rückstrahler werfen das Licht zurück – vor allem in die Richtung, aus der sie angestrahlt werden. Autofahrer können deshalb den Reflektor eines Fahrrads gut erkennen: Er reflektiert das Licht des Autoscheinwerfers und strahlt deshalb heller als das Fahrradrücklicht. Reflektoren enthalten viele kleine Ecken. ▷ 2 In jeder dieser Ecken stehen drei Spiegelflächen senkrecht zueinander.

An einer *Spiegelecke* kannst du dir die Wirkungsweise eines Reflektors klarmachen. ▷ 3 Sie ist aus drei zusammengeklebten Spiegeln aufgebaut. Wenn Licht auf eine Spiegelecke trifft, wird es dreimal reflektiert. Dann fällt es wieder in die Richtung zurück, aus der es kommt.

2 Reflektor (Rückstrahler)

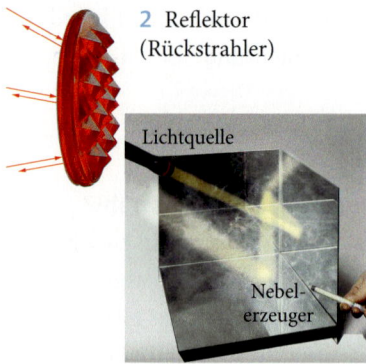

3 Spiegelecke (Lichtweg)

Aufgaben

1 Der Fachmann sagt: „Weiße Wände streuen das Licht, Spiegel reflektieren es."
Beschreibe den Unterschied der beiden Begriffe.

2 Nenne Gegenstände, die wie der Spiegel Licht reflektieren.

3 Im Kasten sind mehrere Spiegel angeordnet. ▷ 4 Welchen der drei Gegenstände wird das Mädchen sehen?

4 Oft kommt es zu Unfällen, wenn sich jemand im „toten Winkel" befindet. ▷ 5 Beschreibe, was damit gemeint ist.

4 Von wo gelangt Licht ins Auge?

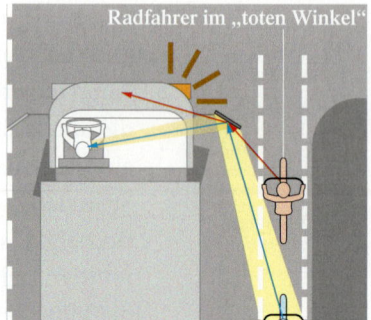

5 Der „tote Winkel"

Licht wird gebrochen

„Lichtstrahlen laufen geradeaus." Das stimmt zwar, aber manchmal bekommen sie unterwegs einen „Knick". Das geschieht dann, wenn sie auf die Grenze zwischen zwei unterschiedlichen Stoffen treffen – etwa auf ihrem Weg von Luft in Wasser oder Glas. Sobald sie schräg auf eine solche *Grenzfläche* treffen, werden sie *gebrochen*. ▷ 6 Je dichter der Stoff ist, in den das Licht eintritt, desto stärker ist die Brechung: Glas bricht das Licht stärker als Wasser, ein Diamant stärker als Glas. Das Gleiche gilt auch in umgekehrter Richtung, wenn das Licht aus Glas oder Wasser auf die Grenzfläche zur Luft trifft. ▷ 7–9

Licht wird immer dann gebrochen, wenn es schräg auf die Grenzfläche zwischen zwei durchsichtigen Stoffen trifft und wenn diese unterschiedlich dicht sind.

Brechungen gibt es z. B. beim Übergang von Luft in Wasser oder umgekehrt von Wasser in Luft (oder von Luft in Glas oder von Glas in Wasser oder von Wasser in Acrylglas usw.).

die Reflexion
der Reflektor
die Brechung

6 Übergang von Wasser in Luft

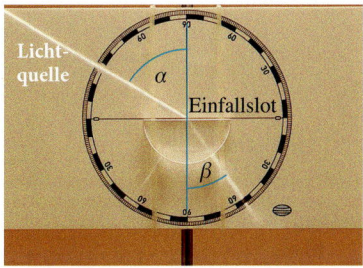

7 Übergang von Luft in Glas

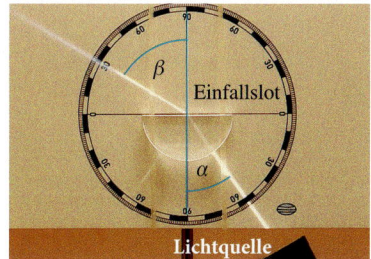

8 Übergang von Glas in Luft

9 Dicke Glasplatte (parallele Seiten)

Aufgaben

5 Wann werden Lichtstrahlen gebrochen?

6 Beschreibe, unter welchen Bedingungen keine Brechung an einer Grenzfläche auftritt?

7 Das hier abgebildete Experiment kannst du zu Hause durchführen:
Stelle das leere Quarkschälchen so weit weg, dass der Schatten einer Seitenwand (S) den ganzen Boden bis in die Ecke (E) bedeckt. Die Schattengrenze liegt jetzt bei E. ▷ 10

a Fülle langsam Wasser in das Schälchen bis an den Rand. Unterbrich das Füllen immer wieder und beobachte jeweils die Schattengrenze im Quarkschälchen. Was stellst du fest?

b Skizziere das neue Versuchsergebnis. Jetzt ist das Schälchen bis zum Rand mit Wasser gefüllt.

8 Erkläre die Lichtbrechung auf dem Foto. ▷ 11
Tipp: Sieh dir an, wo das Licht jeweils am Boden auftrifft.

10

11

Die Totalreflexion

Warum fehlt denn hier ein Stück
des Arms? ▷ 1
Kann Wasser etwa undurchsich-
tig sein?

1

Undurchsichtiges Wasser

Probiert so wie in dem Aqua-
riumbild den Blick von unten
selbst aus. ▷ 1
Nehmt statt des Aqariums ein
großes Glas Wasser.

1 Eine Hand im Aquarium– schräg von unten gesehen

2

Ein Wasser-Spiegel

Lasst Licht von unten in ein
Weinglas fallen.
Prüft mit einem Blatt Papier, wie
es danach verläuft. Skizziert das
Versuchsergebnis. ▷ 2

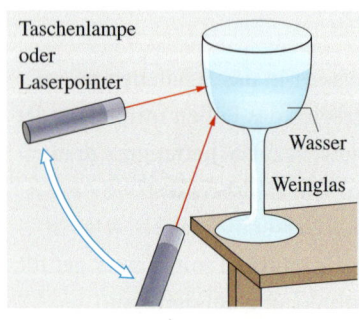

2

3

Was passiert beim Grenzwinkel?

Die Lichtquelle befindet sich
unter Wasser. ▷ 3
Ergänze: „Fällt Licht im Wasser
ganz schräg von unten auf …"

4

Geht Licht durch die Kurve?

Führt im abgedunkelten Raum
diesen Versuch durch. ▷ 4
Beschreibt das Ergebnis.

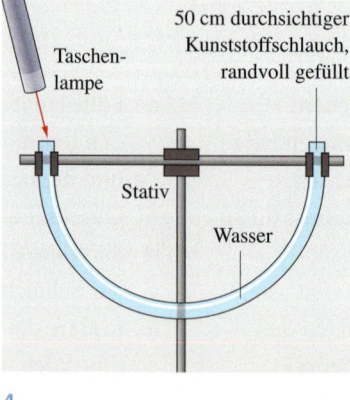

4

3

5

Lichtleiterkabel

Leiht euch in der Schule ein 1 m
langes Lichtleiterkabel aus.

a Führt mit der Taschenlampe
einen Versuch ähnlich ▷ 5
durch.

b Prüft im dunklen Badezim-
mer, ob das im Kabel über-
tragene Licht ausreicht, vor
dem Spiegel eure Backen-
zähne zu beleuchten. Wohin
könnte der Zahnarzt auf
diese Weise „Licht" bringen?

c Informiert euch, wofür
Endoskope eingesetzt werden.

d Morst ein Lichtsignal um
die „Ecke".

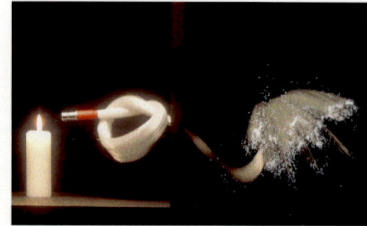

5 Lichtleiterkabel, verschlungen

Was versteht man unter „Totalreflexion"?

Erstaunliches passiert, wenn Licht ganz schräg von Wasser in Luft übergeht: Plötzlich wirkt die Grenzfläche Wasser–Luft wie ein Spiegel. Das Licht wird vollständig ins Wasser reflektiert. ▷ 6

Man nennt diese Erscheinung Totalreflexion. Sie findet erst bei der Überschreitung eines ganz bestimmten „Grenzwinkels" statt. ▷ 7

Beim Übergang in Luft beträgt der Grenzwinkel bei Wasser 49°, bei Glas 40°, bei Plexiglas 42° und bei Diamant 24°.

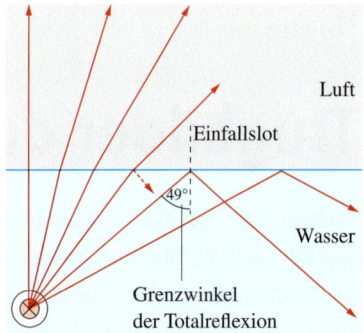

6

1 Wann tritt in Wasser Totalreflexion auf?

2 Licht fällt aus dem Innern eines Diamanten unter folgenden drei Einfallswinkeln auf die Grenzfläche zur Luft: 24°, 45° und 60°.

a Stelle das Ergebnis als Zeichnung dar.

b In keinem Edelstein wird das Licht so oft reflektiert wie in einem geschliffenen Diamanten. Woran liegt das?

7

Nachrichtenübertragung durch Glasfasern

Wird Glas zu feinen Fasern ausgezogen, ist es so flexibel wie Seide oder Wolle. Glasfaserkabel sind aus vielen Fasern zusammengesetzt; sie sind dünner als ein Haar. ▷ 8–10 Jede Faser besteht aus einem Kern und einem Mantel. An der Grenzfläche zwischen Kern und Mantel wird das Licht total reflektiert. Es kann daher die Faser nicht verlassen und wird trotz Biegungen des Kabels bis zum Ende weitergeleitet.

Glasfaserkabel werden bei der Nachrichtenübertragung verwendet. Um Sprache oder Zeichen durch Lichtleiter zu senden, werden sie in elektrische Signale und dann in Lichtblitze umgewandelt. Beim Empfänger werden die Informationen wieder zurückverwandelt. In Glasfasern können bis zu 80 Milliarden Signale je Sekunde übertragen werden. Mit einer einzigen Glasfaser lassen sich gleichzeitig Zehntausende von Telefongesprächen sowie Computerdateien, Fernseh- und Rundfunkprogramme übertragen.

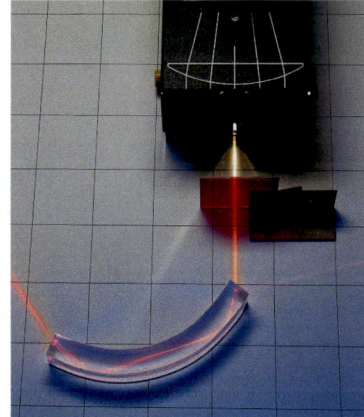

8

3 Begründe, weshalb das Licht die Glasfaser nicht verlässt.

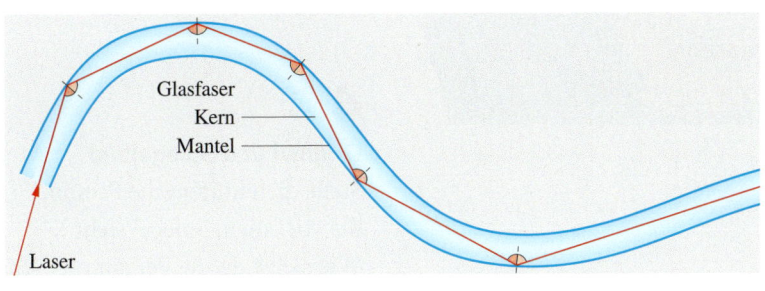

10

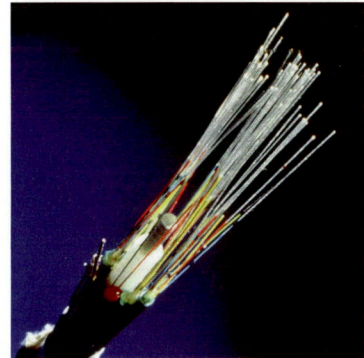

9

Trugbilder

Trugbilder durch Spiegelung

Kathrin sieht das Becherglas 1 und dessen Spiegelbild. Sie gibt Michael Anweisungen:
Er soll das Becherglas 2 genau über das Spiegelbild halten und dort abstellen. ▷ 1

Jetzt sieht Kathrin das Becherglas 2 nicht mehr. Es ist hinter dem Spiegel verschwunden.
Sie gießt nun Wasser hinter den Spiegel – genau „in das Spiegelbild hinein" … ▷ 2

1   2

1

Ob das klappt?

Führt einen Versuch wie oben abgebildet durch. ▷ 1–2

a Messt den Abstand der Gläser 1 und 2 vom Spiegel. Wiederholt den Versuch mit kleinerem Abstand des Glases 1.

b Formuliert als Ergebnis einen Satz, in dem die folgenden Wörter vorkommen:
Gegenstand,
Spiegelbild,
Spiegel,
Entfernung.

2

Die Größe des Spiegelbilds

Stellt euch vor einen Spiegel. Malt den Umriss deines Kopfes auf den Spiegel.
Vergleicht die Größe des gezeichneten Kopfes mit der eures eigenen. Messt nach. ▷ 3

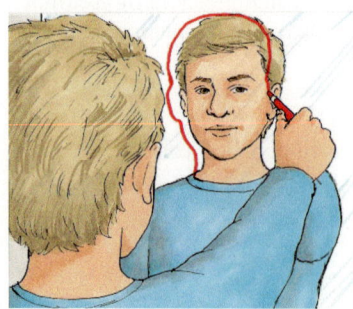

3

3

Die Richtung des Spiegelbilds

Stellt einen Taschenspiegel senkrecht auf ein Blatt Papier.

a Schreibt euren Vornamen auf das Papier. Was ist in der Spiegelschrift vertauscht?

b Zeichnet Pfeile in verschiedenen Richtungen.

c Haltet, stellt und legt auch die Kappe eines Filzstifts vor den Spiegel.
Welche Richtung ist im Spiegelbild vertauscht?

4

Original und Spiegelbild

Stelle dich hinter eine Person, die vor einem Spiegel steht. Wie siehst du die Person im Original? Und wie im Spiegel?

… und durch Brechung

Die Ureinwohner Australiens erlegen Fische vom
Ufer aus mit einem Speer. ▷ 4
Für diese Art zu fischen braucht man viel Erfah-
rung. Es ist nämlich gar nicht so einfach, auf diese
Weise einen Fisch zu treffen …

4

5

„Fische" erlegen

Zielt mit dem Glasrohr genau
auf die Münze. Blickt dazu durch
das Rohr. ▷ 5
Schiebt nun einen dünnen Stab
als „Speer" durch das Rohr.
Trefft ihr die Münze?
Leuchtet dann mit einem Laserpointer durch das Glasrohr …

6

Ein Trugbild entsteht

Lege eine Münze in ein leeres
Quarkschälchen. Schiebe es so
weit fort, dass du das Geldstück
gerade *nicht* mehr sehen kannst.
▷ 6

a Gieße nun mit ausgestreck-
tem Arm ganz langsam
Wasser in das Schälchen.
Beschreibe deine Beobach-
tung.

b Übertrage das Bild in dein
Heft – jetzt aber mit Wasser-
füllung bis zum Rand.
Zeichne den Lichtweg von
der Münze bis ins Auge.
Beachte dabei die Brechung
des Lichts an der Wasser-
oberfläche.

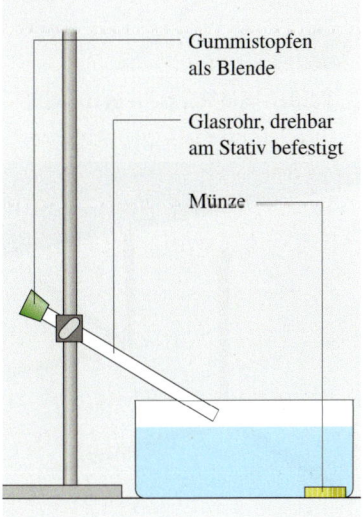

Gummistopfen
als Blende

Glasrohr, drehbar
am Stativ befestigt

Münze

5

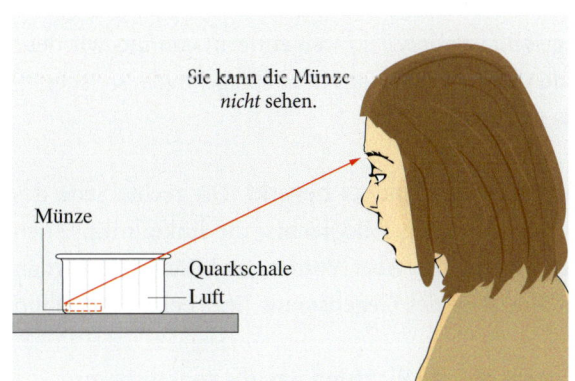

Sie kann die Münze
nicht sehen.

Münze

Quarkschale
Luft

6

„Ich sehe was, wo es nicht ist"

Spiegelbilder Im Garderobenspiegel sehen wir Gegenstände an Orten, wo sie gar nicht sein können. ▷ 1 Sie liegen hinter der Spiegelfläche – und dort befindet sich meist eine Wand. Von dort kann kein Licht in unsere Augen gelangen.

Spiegelbilder sind demnach *Trugbilder (virtuelle Bilder)*.

Weshalb (und wo) sehen wir Spiegelbilder? Eine Kerze sehen wir, wenn von ihr Licht in unsere Augen fällt. Und wenn sie vor einem Spiegel steht? Dann fällt das Licht zunächst auf den Spiegel, wird dort reflektiert und gelangt schließlich in unsere Augen.

Das Gehirn geht nun von der Erfahrung aus, dass das Licht geradlinig in unsere Augen gelangt. Es verlängert die Einfallsrichtung „rückwärts" bis hinter den Spiegel. Daher sehen wir als Trugbild eine zweite Kerze *hinter* dem Spiegel. ▷ 2

Das Trugbild sehen wir genauso weit *hinter* dem Spiegel, wie der Gegenstand vor dem Spiegel steht.

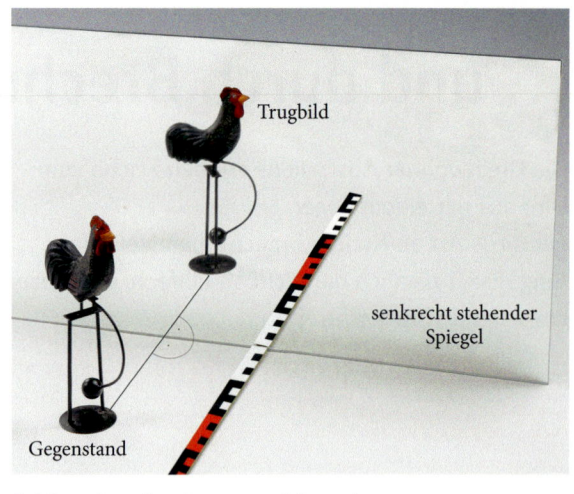

1 Wir sehen den Gegenstand doppelt.

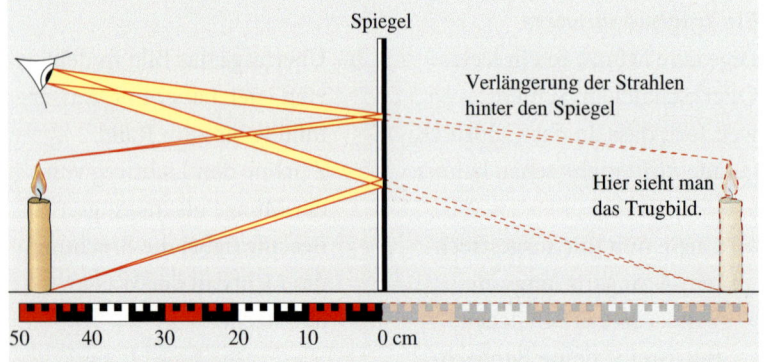

2 Entstehung eines Trugbilds

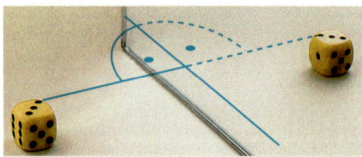

3 Vorder- und Rückseite vertauscht

Unser eigenes Spiegelbild ist *doppelt* so weit entfernt von uns wie der Spiegel. Zeichnest du deinen Umriss auf dem Spiegel nach, so ist er *halb so groß* wie das Original.

Was ein senkrecht stehender Spiegel bewirkt Die rechte Seite des Gegenstands liegt auch im Spiegelbild rechts, die linke links. Auch oben und unten bleiben erhalten. Aber Vorder- und Rückseite werden vertauscht: Die vordere Seite des Gegenstands liegt beim Spiegelbild hinten. ▷ 3

Der Spiegel kehrt immer nur die Richtung um, die senkrecht zur Spiegelebene verläuft. Rechts und links vertauscht er nicht. ▷ 4

4 Rechts bleibt rechts.

Trugbilder durch Brechung

5 Erst durch das Wasser …

6 … können wir die Münze sehen.

7 Von unten kommendes Licht wird an der Wasseroberfläche gebrochen.

Auch durch die Brechung von Licht sieht man Trugbilder. ▷ 5–6

Wenn Licht schräg von Luft in Wasser übergeht, bekommt es einen Knick. Kommt es aus dem Wasser heraus, wird es ebenfalls an der Grenze zwischen Wasser und Luft gebrochen. ▷ 7

Gelangen die gebrochenen Lichtstrahlen in unsere Augen, verlängert unser Gehirn die Einfallsrichtung wieder „rückwärts". Wir sehen ein Trugbild: Das Wasser scheint weniger tief zu sein, die Geldmünze ercheint angehoben zu sein. ▷ 8

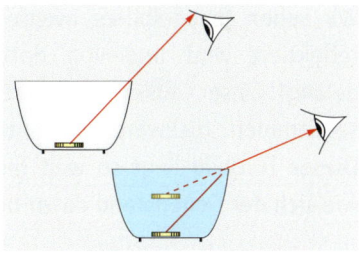

8 Mit Wasser im Behälter scheint die Münze angehoben zu sein.

Aufgaben

1 Beschreibe, warum Spiegelbilder immer Trugbilder sind.

2 Führe den Versuch mit der Münze durch. ▷ 5–6 Erkläre, warum die Münze sichtbar wird, wenn du Wasser hinzugießt.

3 Erkläre durch eine Zeichnung, warum das Lineal verkürzt aussieht. ▷ 9

4 Im Seitenspiegel sieht der Fahrer ein Auto. In welche Richtung wird das Auto wohl abbiegen? ▷ 10

5 Diesen „Zaubertrick" kannst du selbst vorführen: Eine Kerze in einem mit Wasser gefüllten Glas brennen lassen. ▷ 11 Erkläre den Trick.

9 Scheinbar verkürzt

10 Blick in den Seitenspiegel

11 Ein „Zaubertrick" …

Wie wirkt ein Spiegel?

Schaut man in einen Spiegel, so sieht man Gegenstände, die scheinbar hinter dem Spiegel liegen. Spiegelbilder sind Trugbilder (virtuelle Bilder).

Spiegel vertauschen vorne und hinten, aber nicht rechts und links. ▷ 1
Wenn z. B. ein Autofahrer im Rückspiegel den nach rechts ausgestreckten Arm eines Radfahrers sieht, dann will der genau in diese Richtung (nach rechts) abbiegen.

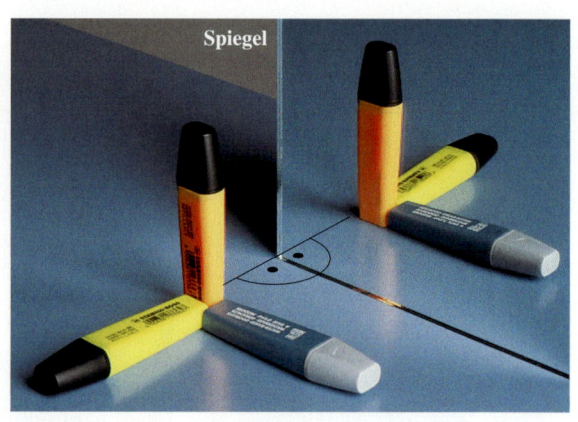

1

Licht wird reflektiert

Wir sehen Spiegelbilder, wenn Licht am Spiegel reflektiert wird und von dort in unser Auge gelangt. Unser Gehirn verlängert die Richtung dieser Strahlen „rückwärts" bis hinter den Spiegel.
Dieses Trugbild liegt so weit hinter dem Spiegel, wie sich der Gegenstand davor befindet. ▷ 2

In welche Richtung ein Spiegel die Lichtstrahlen reflektiert, lässt sich genau vorhersagen – mithilfe des *Reflexionsgesetzes:* ▷ 3
Einfallswinkel = Reflexionswinkel. Dabei liegen der einfallende und der reflektierte Lichtstrahl in einer Ebene mit dem Einfallslot.

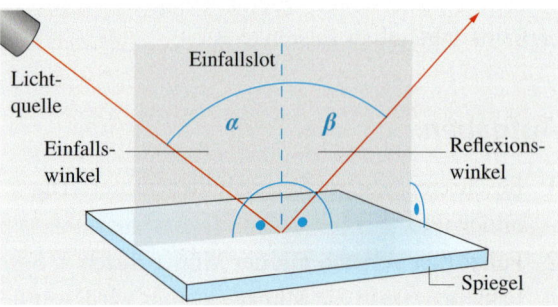

2

3

Licht wird gebrochen

Treffen Lichtstrahlen schräg auf eine Grenzfläche zweier Stoffe (z. B. Luft – Wasser oder Glas – Luft), bekommen sie einen „Knick"; sie werden *gebrochen*.
Wenn die gebrochenen Strahlen anschließend in unsere Augen fallen, sehen wir ein *Trugbild*. ▷ 4

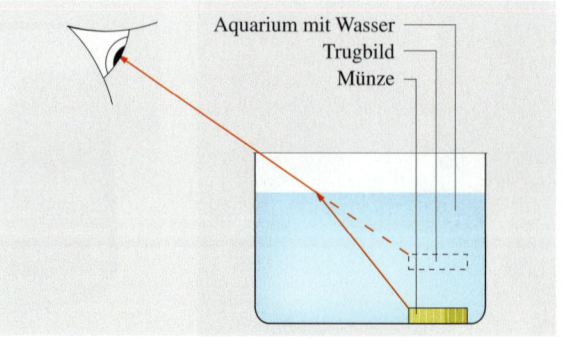

4

Die Totalreflexion

Wenn Licht aus dem Innern eines dichten Stoffes (Wassser oder Glas) schräg auf die Grenzfläche zur Luft trifft, wird es zurückgespiegelt. ▷ 5 Man spricht dann von einer *Totalreflexion*.

Dadurch ist es möglich, Licht in einer Glasfaser um Kurven zu leiten. ▷ 6

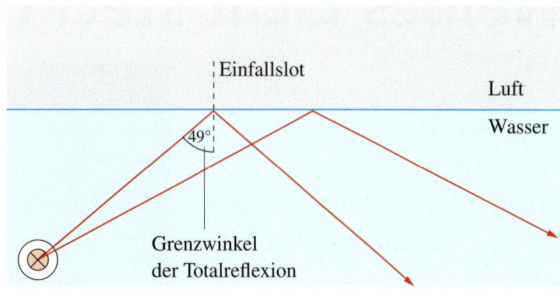

5

6

Alles klar?

1 Schrift erscheint im Spiegel „spiegelverkehrt". Prüfe nach, ob dabei rechts und links vertauscht werden – oder ob rechts auch im Trugbild rechts bleibt.

2 Schreibe deinen Namen mit einem passenden Stift auf eine durchsichtige Folie.
Betrachte die Schrift anschließend im Spiegel. Erkläre das Ergebnis.

3 „Springe nie in ein unbekanntes Gewässer – auch wenn du den Grund sehen kannst!" Begründe diese Regel mit der Lichtbrechung.

4 Wohin muss der Jäger mit seinem Speer zielen? ▷ 7 Begründe deine Antwort.

5 Ein Taucher wird beobachtet; der Beobachter sieht die Lampe des Tauchers.
Welcher Lichtstrahl gelangt zum Auge des Beobachters? ▷ 8

6 Marco ist 1,80 m groß und behauptet: „Ich kann mich ganz in einem Spiegel sehen, auch wenn der nur 1 Meter hoch ist."

a Was meinst du dazu?

b Teste deine Vermutung mit dem Maßband vor einem großen Spiegel.

c Dieses Bild hilft dir bei der Erklärung. ▷ 9 Zeichne es vereinfacht in dein Heft – und zwar Marco in doppeltem Abstand vor dem Spiegel.

7

8

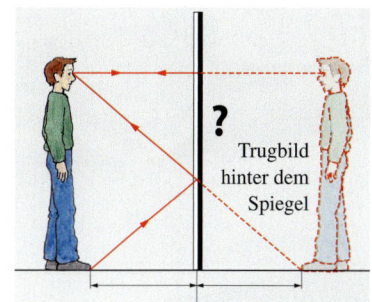

9

Licht und Farbe

Weißes Licht steckt voller Farben

1 Regenbogen

1

Farben in weißem Licht

Füllt eine gläserne Kugelvase oder ein bauchiges Weinglas mit Wasser. Stellt das Glas auf eine von der Sonne beschienene Fensterbank. Lasst die Rollladen möglichst weit herunter; das Sonnenlicht soll gerade noch ins Wasser fallen.

a Irgendwo auf dem Fußboden könnt ihr Regenbogenfarben finden. ▷ 2 Sucht sie mit einem weißen Blatt Papier.

b Skizziert euren Versuchsaufbau und die Stelle, an der die Farben auf dem Fußboden zu sehen waren.

2

Farbensuche mit dem Prisma

Im abgedunkelten Raum lassen wir in Fensternähe Sonnenlicht auf ein dreieckig geschliffenes Glas (Prisma ▷ 3) fallen.

a Das Prisma drehen wir langsam. Irgendwo an der Zimmerdecke oder an den Wänden sind weiße Lichtstreifen zu sehen –
und noch etwas anderes …

b Schreibe die Farben des Lichtbands in der richtigen Reihenfolge auf. Man nennt sie das „Spektrum". Die Regenbogenfarben nennt man „Spektralfarben".

3

Weißes Licht fällt auf eine CD

Nimm eine CD (am besten einen Rohling, dessen Oberseite nicht bedruckt ist und bei dem man durch die Flächen hindurchsehen kann).

a Halte die CD ins Sonnenlicht. Sie schillert dort in bunten Farben – ähnlich wie eine Seifenblase.

b Lass die Rollläden so weit herunter, dass nur noch ein etwa 5 cm dickes Lichtbündel vom Sonnenlicht ins Zimmer fällt.
Halte die CD in dieses Licht und „spiegle" es auf die Wand neben dem Fenster.
Was siehst du?

Fußboden

2 Farben auf dem Fußboden?

3 Prisma

4

Bauanleitung:
Das „Regenbogenguckloch"

Du brauchst:
Multispektralfolie in der Größe
15 mm · 15 mm (du bekommst
sie von deiner Lehrerin oder
deinem Lehrer), dünne Pappe
(Längsstreifen von einer Postkarte, 15 cm · 2,5 cm), Locher für
Akten, Klebstoff.

So wird's gemacht: ▷ 4–5
– Schneide den Pappstreifen
  ab (1).
– Knicke ihn in der Mitte und
  falte ihn zusammen (2).
– Loche den gefalteten Pappstreifen (3).
– Klappe die Pappe auf und
  klebe die Folie ein. Trage nur
  wenig Klebstoff um das Loch
  herum auf! Es darf kein Klebstoff auf die Folie im Guckloch
  kommen (4).

Schau durch das Regenbogenguckloch in verschiedene Lichtquellen, z. B. Lampen, LEDs und
Kerzen. ▷ 5

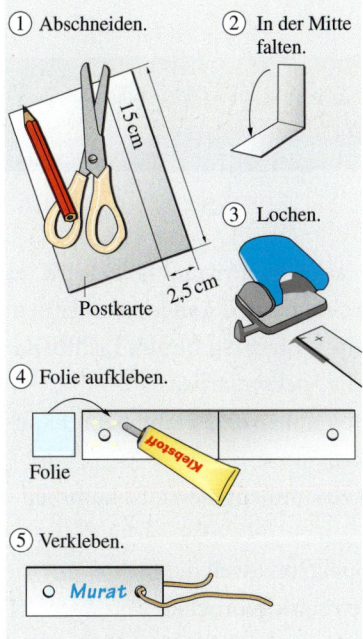

① Abschneiden. ② In der Mitte falten.

Postkarte 15 cm 2,5 cm

③ Lochen.

④ Folie aufkleben.

Folie Klebstoff

⑤ Verkleben.

Murat

4

5

Das Regenbogenguckloch
Das Geheimnis des Regen-
bogengucklochs steckt in
einem Stückchen Kunststoff-
folie. Diese „Multispektralfolie" hat es in sich: In sie
sind pro Millimeter 1000
Rillen eingeprägt (längs und
quer). Sie haben die gleiche
Wirkung auf Licht wie die
Haut einer Seifenblase oder
wie die Regentropfen, die
gerade einen Regenbogen
hervorrufen.

5

Infrarote Signale
Jemand zielt im abgedunkelten
Zimmer mit einer IR-Fern-
bedienung auf dich.
Fotografiere ihn aus der Nähe
mit einer Digitalkamera.

6

Farben in weißem Licht
Wiederholt V2 mit dem Lichtspalt eines Projektors. ▷ 6
a Sucht mit einem weißen
  Schirm die Stelle mit dem
  schönsten Spektrum.
b Bündle die Spektralfarben
  wieder: Lass sie dazu auf eine
  Sammellinse (Lupe) fallen.
  Erkläre das Ergebnis.
c Probiere aus, ob man die
  Farben des Spektrums durch
  ein zweites Prisma noch
  weiter „auffächern" kann.

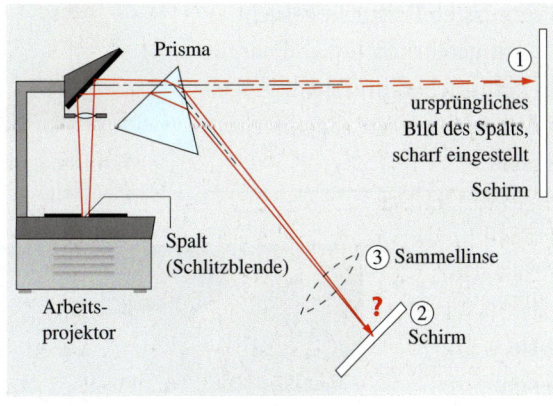

Prisma

① ursprüngliches Bild des Spalts, scharf eingestellt
Schirm

Spalt (Schlitzblende)

③ Sammellinse

? ② Schirm

Arbeits-projektor

6

Die Spektralfarben

infrarot	rot	orange	gelb	grün	blau	violett	ultraviolett

1 Spektrum des Lichts

Das Spektrum Wenn Sonnenlicht auf ein Prisma fällt, wird es „gespreizt": Dicht hinter dem Prisma sind bunte Ränder zu erkennen. In einiger Entfernung entsteht auf dem Schirm ein buntes Lichtband: das Spektrum aus farbigen Lichtern, die *Spektralfarben*. ▷ 1–2
Entdeckt hat das als Erster *Isaac Newton* um 1670. Er fand beim Experimentieren mit Prismen heraus:

– Weißes Licht ist aus farbigem Licht zusammengesetzt. Es kommen alle Farben des Spektrums vor.
– Hinter einem Prisma entsteht das Spektrum, weil die Lichter an den Flächen des Prismas verschieden stark gebrochen werden.
– Die Spektralfarben lassen sich nicht in andere Farben zerlegen.
– Wenn man sämtliche farbigen Lichter des Spektrums miteinander vermischt, erhält man wieder weißes Licht.

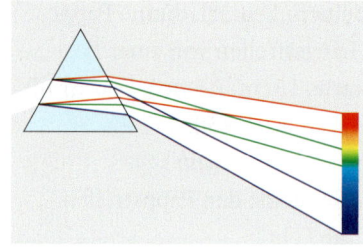

2 Spektrum hinter einem Prisma

Unsichtbares Licht Neben dem sichtbaren Spektrum enthält das Sonnenlicht auch unsichtbare Strahlungsanteile. In der Abbildung des Spektrums oben sind sie an den Rändern mit „infrarot" und „ultraviolett" beschriftet. ▷ 1
Infrarotes Licht (IR) spürt unsere Haut als Wärmestrahlung. *Ultraviolettes Licht (UV)* bräunt die Haut, verursacht aber auch Hautkrebs.

Mehr

IR- und UV-Licht *Infrarotes Licht (IR)* ist Wärmestrahlung, die tief in die Haut eindringt. Damit behandelt man Entzündungen. Alle Glühlampen erzeugen mehr IR-Strahlung als sichtbares Licht. Wärmebildkameras „sehen" das IR-Licht, das jeder warme Körper aussendet. ▷ 3
Aus Hubschraubern wird damit nach vermissten Personen gesucht.
Ultraviolettes Licht (UV) ist Strahlung mit gefährlich hoher Energie. Sie kann Moleküle trennen, Hautkrebs verursachen und deine Augen blind machen. Mit UV-Licht werden Mikrolebewesen abgetötet und dadurch Wasser und Luft keimfrei gemacht.

3 Wärmebild, rot (warm) bis blau (kalt)

Aufgaben

1 Was sind Spektralfarben? Benenne sie.
2 UV-Licht im Einsatz. ▷ 4 Suche weitere Anwendungen von IR- und UV-Strahlung.

4 Geldscheinprüfung mit UV-Strahlung

die Spektralfarbe
der Regenbogen

Der Regenbogen

Wann siehst du einen Regenbogen? Du siehst einen Regenbogen, wenn du gegen eine entfernte Regenwand blickst und dabei die Sonne im Rücken hast. ▷ 5 Je tiefer die Sonne am Horizont steht, desto höher und halbkreisförmiger ist der Bogen.
Wie kommt es zu den Farben? Jeder einzelne Regentropfen hat etwa die Form einer Kugel. ▷ 6 Fällt Sonnenlicht darauf, so wird es schon beim Eintritt in den Tropfen in die Spektralfarben aufgefächert – genau wie beim Prisma. Violettes und rotes Licht werden dabei verschieden stark gebrochen (1). Das farbige Licht trifft auf die Rückseite des Tropfens (2) – dort kommt es zur Totalreflexion. Beim Austritt aus dem Tropfen wird das Licht noch einmal gebrochen (3). Das rote und violette Licht verlässt den Tropfen unter verschiedenen Winkeln: Der mittlere „Regenbogenwinkel" beträgt dabei 42°. In unserem Bild ist nur Sonnenlicht gezeichnet, das den oberen Teil des Tropfens trifft. Tatsächlich fällt Licht aber auch rechts, links und unten in den Tropfen. Das wird ebenfalls gebrochen und gespiegelt. Aus jedem Tropfen kommt deshalb ein ganzer Farbkreis zurück! ▷ 7

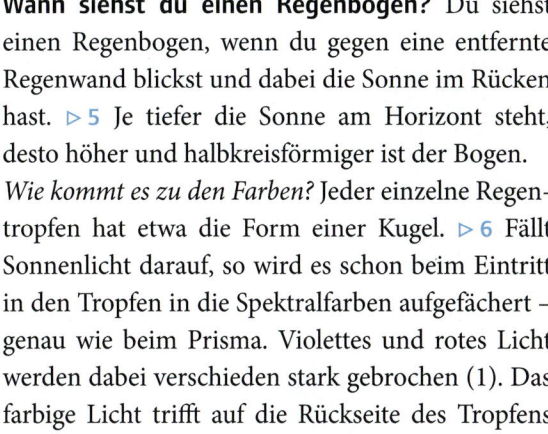

5

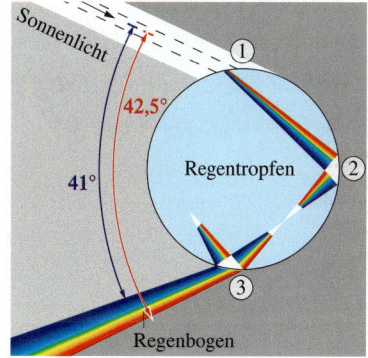

6

Wie kommt es zu der Bogenform? Die Lichtbrechung und -spiegelung tritt in einer Regenwand bei vielen Tropfen auf. Du siehst aber nicht in jedem die Spektralfarben, weil von dem im Regenbogenwinkel reflektierten Licht nur ganz zufällig etwas in dein Auge fällt. Vom oberen Tropfen im Bild unten siehst du nur das rote Licht, vom unteren nur das violette. ▷ 8 Von einem noch tieferen Tropfen träfe gar kein farbiges Licht mehr in dein Auge. Dein eigener Standort bestimmt also, ob und wo du den Regenbogen siehst. Sein Mittelpunkt liegt immer in der Richtung unter dem Horizont, in der du den Schatten deines Kopfes siehst. ▷ 5 Ständest du auf einem Fernsehturm, könntest du vielleicht einen „Regenkreis" sehen.

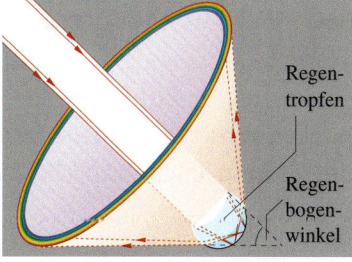

7

Aufgaben

1 Welche Farbe siehst du im Regenbogen oben, welche unten? Warum ist das so?

2 Wenn du mit einem Gartenschlauch Wasser versprühst, kannst du dir deinen eigenen Regenbogen machen. Kletterst du dazu auf eine Stehleiter, so ist auch ein geschlossener Regenkreis möglich. Probiere das aus.

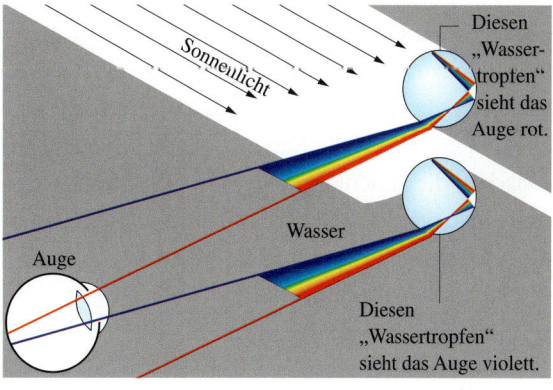

8

Farbmischungen

1

Faszinierende Lichtspiele gibt es, wenn sich das Licht eines Feuerwerks mit dem Licht farbiger Scheinwerfer mischt. ▷ 1

2 „Tricolore"

Ihr könnt farbiges Licht am einfachsten mit einer „Tricolore" mischen. (Das Wort bedeutet „drei Farben".) ▷ 2 In ihren Fassungen stecken keine Glühlampen mit gefärbten Glaskolben, sondern Leuchtdioden (LEDs).
Sie erzeugen ihr Licht nicht durch glühende Drähte; vielmehr senden in ihnen künstliche Kristalle farbiges Licht aus. Je nach Kristallsorte entstehen so unterschiedliche Lichtfarben. ▷ 3

3 Das dunkle Quadrat in der Mitte ist der Licht aussendende Kristall.

1

Farben addieren

Schneidet zunächst in eine Postkarte ein rundes Loch (3–4 cm Ø). Haltet die Karte zwischen die „Tricolore" ▷ 2 und einen weißen Schirm.

a Addiert erst je zwei und danach alle drei Lichtfarben (Rot, Grün, Blau). Benennt die vier Mischfarben.

b Ersetzt das Loch durch eine Lupe (Sammellinse).

c Sucht nach einer Begründung, wenn die Summe kein ganz reines Weiß ergibt.

2

Monitorfarben

Schaut euch mit einer Lupe auf dem Fernsehbildschirm (am besten beim Standbild oder Videotext) erst eine weiße Bildstelle an und danach verschiedene farbige Stellen. Beschreibt den Zusammenhang mit den Tricolore-Versuchen.

3

Nur drei Farben?

Erzeugt auf dem Bildschirm eines Computers Flächen in unterschiedlichen Farben. ▷ 4 Untersucht mit einer Lupe, welche Farben die Leuchtpunkte haben, aus denen die farbigen Flächen zusammengesetzt sind.

4

Farbige Körper

Verdunkelt den Raum und beleuchtet ihn mit rotem (grünem, gelbem, blauem) Licht. Etliche Kleidungsstücke sehen jetzt grau oder schwarz aus. Welche Farbe haben sie in weißem Licht? Versucht jeweils eine Vorhersage des Ergebnisses.

5

Farben subtrahieren

Beleuchtet den Farbstreifen ▷ 1 mit der Tricolore.

a Schaltet erst nur die rote LED ein. Benennt, welche Stellen des Streifens nun hell erscheinen – oder ganz dunkel.

b Führt den Versuch auch mit den anderen LEDs und anderen Lichtmischungen durch.

6

Licht filtern

Haltet Farbfilter oder durchsichtige Folien vor eine weiße Lampe (und die Tricolore). Fangt das hindurchgehende Licht auf einem weißen Schirm auf. Wo bleibt der Rest des Lichts? Findet eine Gesetzmäßigkeit.

4

7

Druckfarben

Alle Bilder und Texte in diesem Buch wurden in vier Farben gedruckt: Magenta, Cyan, Gelb und Schwarz. Das gilt auch für den Brötchenkorb ▷ 5, obwohl Braun als Druckfarbe gar nicht vorkommt. Erst die Vergrößerung verrät den Farbtrick beim Drucken.

Beschreibe, wie das dunkle Braun erzeugt wurde. ▷ 6

8

Wasserfarben mischen

Ihr findet Schwarz und die drei Grundfarben Cyan, Magenta und Gelb auch im Wasserfarbkasten.

Welche Farben entstehen durch deren Mischung?

Probiert verschiedene Mischungen aus, beschriftet sie mit den benutzten Farben und klebt die Muster in euer Heft.

5

Cyan

Magenta

Gelb

Schwarz

6

Wir sehen Farben

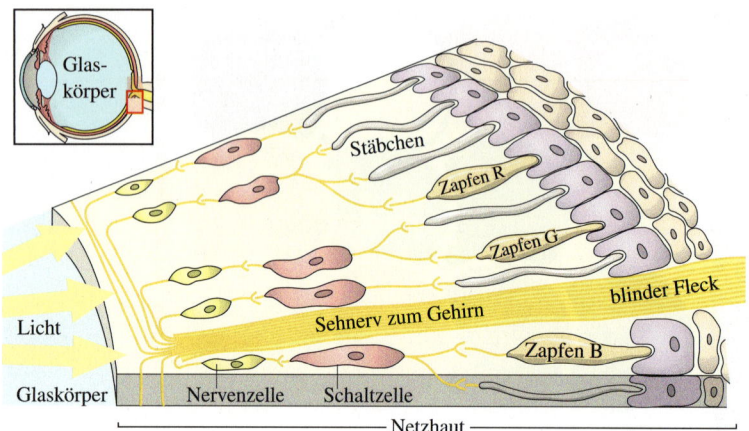

1 Aufbau der Netzhaut

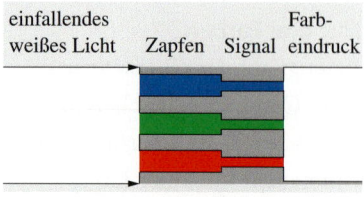

2 Farbeindruck *Weiß*

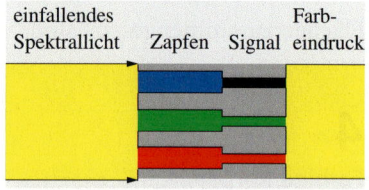

3 Farbeindruck *Gelb*

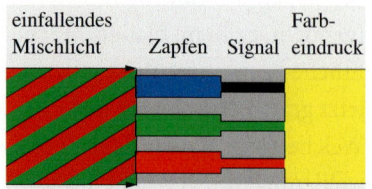

4 Farbeindruck *Gelb*

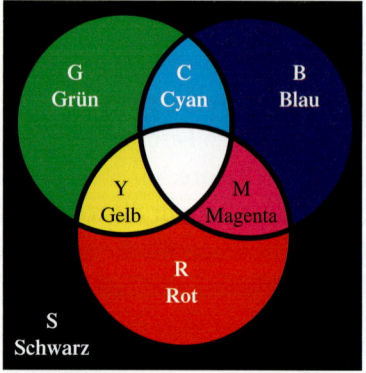

5 Addieren der Farben R, G und B

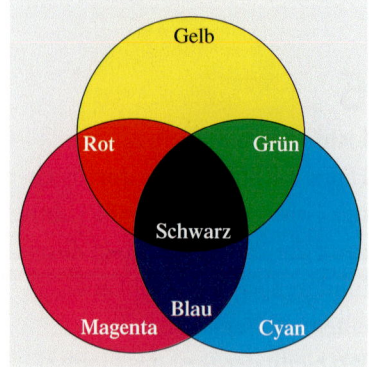

6 Filter subtrahieren Farben.

Farbiges Licht Zwar enthält das Spektrum des Sonnenlichts viele Farben, doch wir haben in unseren Augen nur drei unterschiedliche Arten von Sehsinneszellen zum Farbsehen: *Zapfen*, die besonders stark auf rotes (R), grünes (G) und blaues Licht (B) reagieren. ▷ 1
Fällt Sonnenlicht in unser Auge, werden alle drei Zapfensorten gereizt. Sie senden dann ihre Signale ans Gehirn. Das meldet uns als gesehene Farbe *Weiß*. ▷ 2
Fällt nur das gelbe Licht des Spektrums ins Auge, werden die rot- und grünempfindlichen Zapfen gereizt. Das Gehirn meldet *Gelb*. ▷ 3
Fallen grünes und rotes Licht gleichzeitig in unsere Augen, meldet das Gehirn ebenfalls *Gelb*. ▷ 4
Gemischtes rotes, grünes und blaues Licht (R, G, B) sehen wir als weißes Licht. ▷ 5 Man bezeichnet das als *Farbaddition*.
Das Auge kann Mischlicht nicht von fünf reinen Spektralfarben unterscheiden, wenn sie auf der Netzhaut die gleichen Zapfen erregen.

Farbfilter Farbfilter sind farbige Glasscheiben. Sie lassen vom einfallenden weißen Licht nur die Farbe durch, in der wir den Filter selbst sehen. Die restlichen Farben des Spektrums werden absorbiert – man sagt: Sie werden vom weißen Licht subtrahiert.
Beim Experimentieren mit genau abgestimmten Farbfiltern fanden Physiker z. B. heraus: Fällt blaugrünes Licht (Farbe: Cyan) durch ein gelbes Filterglas, so bleibt nach der Subtraktion grünes Licht übrig. Fällt es anschließend noch durch einen blauen Filter, bleibt kein Licht übrig.
Das nebenstehenden Bild zeigt das Ergebnis der *Farbsubtraktion*: ▷ 6
Am Ende sehen wir Schwarz (= kein Licht mehr).

Farbige Körper Wenn Sonnenlicht auf weißes Papier fällt, werden alle Spektralfarben reflektiert: Wir sehen *Weiß*.

Fällt aber Sonnenlicht z. B. auf eine blaue Jeans, verschluckt *(absorbiert)* der Jeansstoff viele Farbanteile des Spektrums. Nur Blau wird zurückgeworfen (re*flektiert)* – dazu etwas Grün und Violett. ▷ 7 Die Mischung dieser reflektierten Farben fällt in unsere Augen und ergibt das typische „Jeansblau". Gleiches gilt für die Farbe aller Körper: Die Mischung der reflektierten Farbanteile ergibt die Farbe, die wir sehen. Das gilt für das Malen mit Wasserfarben. Kommt ein Klecks Gelb auf weißes Papier, so verschluckt diese Stelle viele Anteile des Lichts. Sie reflektiert nur Gelb sowie etwas Grün und Orange. Übermalt man die Stelle mit Blau, absorbiert sie von diesem Rest noch Gelb und Orange. Was nun noch reflektiert wird, sehen wir als Grün.

Wenn man Malerfarben mischt, werden immer weniger Farben des Spektrums reflektiert. Die Mischung wird durch Farbsubtraktion dunkler.

Welche Farben wir sehen, hängt auch von der Beleuchtung ab. Das kennst du vielleicht von gelben Laternen an Straßenkreuzungen. Würden wir das Wohnzimmer mit gelben Lampen beleuchten, verlören manche Blumen ihre Farbe. ▷ 8–9

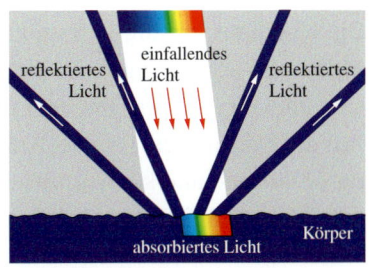

7 Farbeindruck *Blau*

8 Blumenstrauß im Sonnenlicht

9 … und in gelbem Licht

10

Aufgaben

1 Welche Farbe meldet uns das Gehirn, wenn die Zapfen durch Licht gereizt werden?

a alle drei Zapfenarten im Auge

b nur die blau- und rotempfindlichen Zapfen.

2 Stelle in einer Tabelle dar, wie wir durch einzelne oder addierte Lichtfarben alle acht in Bild ▷ 5 gezeigten Farben sehen.

3 Beschreibe, warum wir die Blätter einer Pflanze „grün" sehen.

4 Warum sehen wir im Foto oben die blauen Blüten nicht mehr? ▷ 9

5 Beschreibe, wie auf einem Monitor Millionen verschiedener Farben erzeugt werden können – und das aus nur 3 Leuchtfarben. ▷ 10

Farben sehen mit Auge und Kamera

Die Netzhaut im Auge In unserer Netzhaut befinden sich rund 130 Millionen lichtempfindliche Sehsinneszellen (kurz: Sehzellen). Sie sind über den Sehnerv mit dem Gehirn verbunden.

Auf der Netzhaut gibt es zwei Arten von Sehzellen: längere, schlanke – die *Stäbchen* – und kürzere, dicke – die *Zapfen*. ▷ 1–2

Stäbchen sind für das Hell-Dunkel-Sehen und das Dämmerungssehen zuständig. Sie sprechen schon auf wenig Licht an. Zapfen dagegen brauchen viel mehr Licht. Mit ihnen können wir Millionen von Farbtönen unterscheiden. Dafür sorgen nur drei verschiedene Zapfensorten. Sie reagieren jeweils besonders stark auf rotes, grünes und blaues Licht.

Durch die unterschiedliche Reizung der Zapfensorten sehen wir verschiedene Farben. Licht, das von einer weißen Wand reflektiert wird, reizt alle drei Zapfensorten. Dadurch haben wir die Empfindung „Weiß".

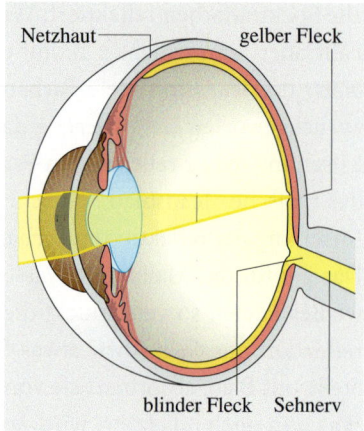

1

 Mehr

Der CCD-Chip in der Kamera Auch ein Fotoapparat erzeugt zu jedem Gegenstandspunkt einen Bildpunkt. Im Auge liegt das Bild auf der Netzhaut, bei Digitalkameras auf einem CCD-Chip. ▷ 3

Dessen Bildsensor enthält auf 1 cm^2 viele Millionen lichtempfindliche Zellen (Pixel). Über jeder liegt ein Farbfilter, der entweder rotes, grünes oder blaues Licht durchlässt. Deshalb reagiert jede Zelle nur auf eine dieser Grundfarben.

Während einer Aufnahme misst die Zelle die Helligkeit „ihrer" Grundfarbe für diesen einen Bildpunkt. Danach werden alle Zellen von einem Computer in der Kamera „ausgelesen" und die Helligkeits- und Farbwerte auf einer Speicherkarte in einer Bilddatei abgelegt. Alle Werte zusammen ergeben später wieder die Bildpunkte, aus denen sich das Gesamtbild zusammensetzt.

Stäbchen
Zapfen

2

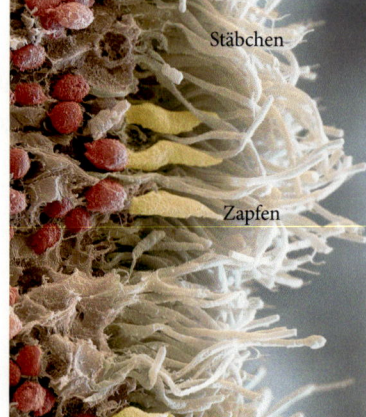

Die Grauwerte von 3 bzw. 4 Bildsensoren werden in der Bilddatei zu einem Pixel mit Farbinformationen verrechnet.

Linsen
Farbfilter
CCD-Chip
Bildsensor (Grauwert)

3

Aufgaben

1 „Nachts sind alle Katzen grau." – „Auf der Netzhaut sind 20-mal mehr Zapfen als Stäbchen." Erkläre den Zusammenhang.

2 Was haben die Farbsensoren in der Kamera mit denen im Auge gemeinsam?

Farben sehen, wo keine sind

Das Gehirn macht Unmögliches möglich: Decke das Bild vom Käfig mit einer Hand zu und fixiere für eine Minute den schwarzen Punkt im Vogelflügel. ▷ 4–5 Ziehe dann die Hand weg und schau lange auf den Punkt im Käfig. Für einige Sekunden siehst du dort etwas …
Vereinfacht kannst du dir das so erklären: Das vom grünen Vogel

4

5

reflektierte Licht reizt in deinem Auge besonders stark viele grünempfindliche Zapfen (G). Die Signale dieser Zapfen werden in deinem Gehirn zu einem grünen Vogel zusammengesetzt. Weil sich hieran für viele Sekunden nichts ändert, „ermüden" die grünen Zapfen und senden allmählich schwächere Signale. Dies bedeutet eigentlich ein helleres Grün, aber dein Gehirn weiß ja, dass sich nichts verändert hat und zeigt dir weiterhin das kräftige Grün. Dann kommen plötzlich von allen drei Zapfensorten (RGB) gleich starke Signale, die als Summe den weißen Hintergrund des Käfigs zeigen sollen. Jetzt sind die Grün-Zapfen nicht schnell genug: Kurze Zeit melden sie noch das hellere Grün. Etwas Grün fehlt also bei der Summe aus R + G + B. Das fehlende Grün hat zur Folge, dass die Summe nicht Weiß ergibt, sondern ein schwaches Lila. „Nachbilder" nennt man diese vorübergehende Farbumkehr. Sie funktioniert mit allen Farben.

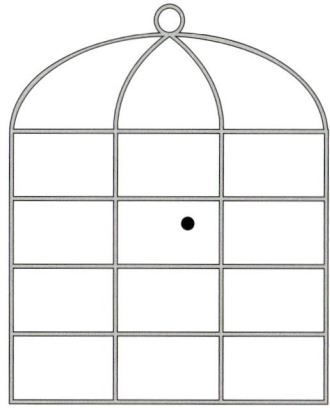

6

Bin ich farbenblind? Tom will sich zur Führerscheinprüfung anmelden. Er geht deshalb – wie vorgeschrieben – zum Augenarzt. Beim Sehtest stellt der Arzt eine *Rotgrün-Sehschwäche* fest.
„Bin ich etwa farbenblind?", fragt Tom. Der Arzt beruhigt ihn: „Jeder zwölfte Mann hat eine solche Sehschwäche, aber nur jede zweihundertste Frau. Die Schwäche wird vor allem an Jungen vererbt. Wirklich farbenblind ist von 10 000 Männern aber nur einer."
Die Farbtüchtigkeit wird mit Farbtafeln getestet: ▷ 6–8 Einige Punkte darin sind zu Zahlen angeordnet. Farbtüchtige Augen erkennen eine andere Zahl als Augen mit einer Farbsehschwäche.

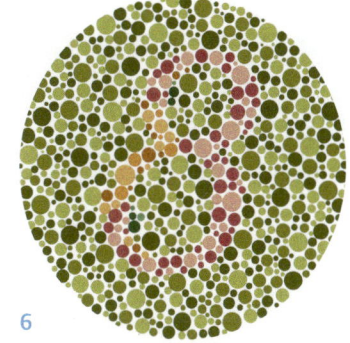

7

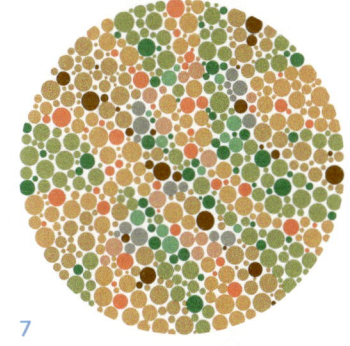

8

1 Suche im Internet nach „Hintons lila Jäger". In einem interaktiven Experiment wird dein Gehirn dir alle möglichen Farben an Stellen zeigen, wo sie in Wirklichkeit nicht sind.

2 Suche im Internet weitere Farbtests: *Biologiedidaktik Ishihara—Farbtafeln*

3 Suche im Internet den folgenden Film: *Test Sehkraft eines Adlers*

Spektralfarben

Fällt weißes Licht auf ein Prisma, wird das Licht gebrochen. ▷ 1–2 Dabei wird es in die Spektralfarben zerlegt. ▷ 3
Unsichtbares Licht kann uns erwärmen (Infrarot), aber auch Sonnenbrand oder Hautkrebs hervorrufen (Ultraviolett).

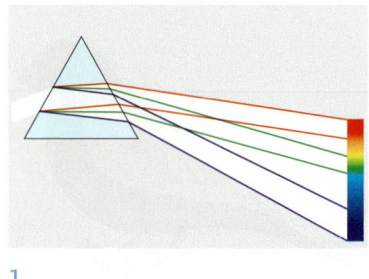

1

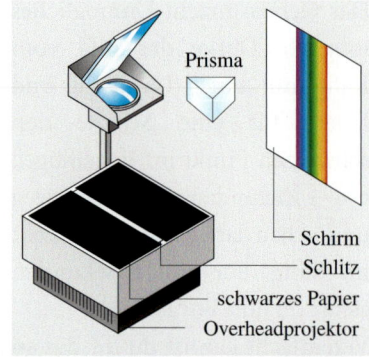

Prisma

Schirm
Schlitz
schwarzes Papier
Overheadprojektor

2

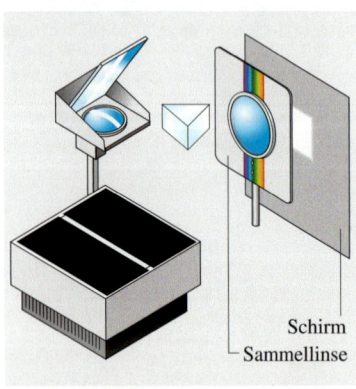

infrarot   ultraviolett

3

Lichtaddition

Die Farben des Spektrums lassen sich wieder zu weißem Licht bündeln. ▷ 4 Auch die Addition von rotem, grünem und blauem Licht sieht für uns weiß aus. ▷ 5

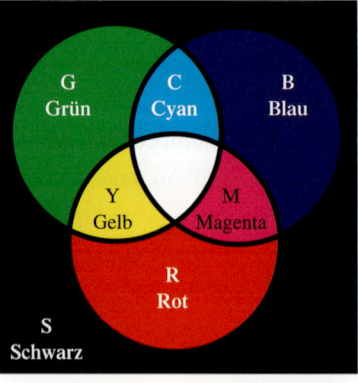

Schirm
Sammellinse

4

G Grün
C Cyan
B Blau
Y Gelb
M Magenta
R Rot
S Schwarz

5

Körperfarben

Die Farbigkeit von Körpern kommt dadurch zustande, dass ein Teil der Farben des auftreffenden Lichts vom Körper absorbiert (verschluckt) wird. ▷ 6
Das Mischen von Wasser- oder Malfarben funktioniert nach der gleichen Mischungsregel.

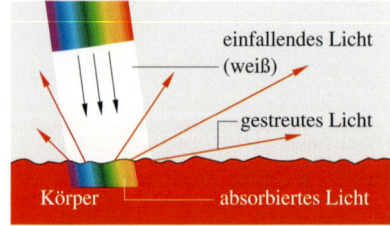

einfallendes Licht (weiß)
gestreutes Licht
Körper   absorbiertes Licht

6

Mehr

Der Regenbogen

Steht die Sonne hinter dir und die Regenwand vor dir, kann jeder einzelne Regentropfen das Sonnenlicht in die Spektralfarben aufsplitten. ▷ 7–8

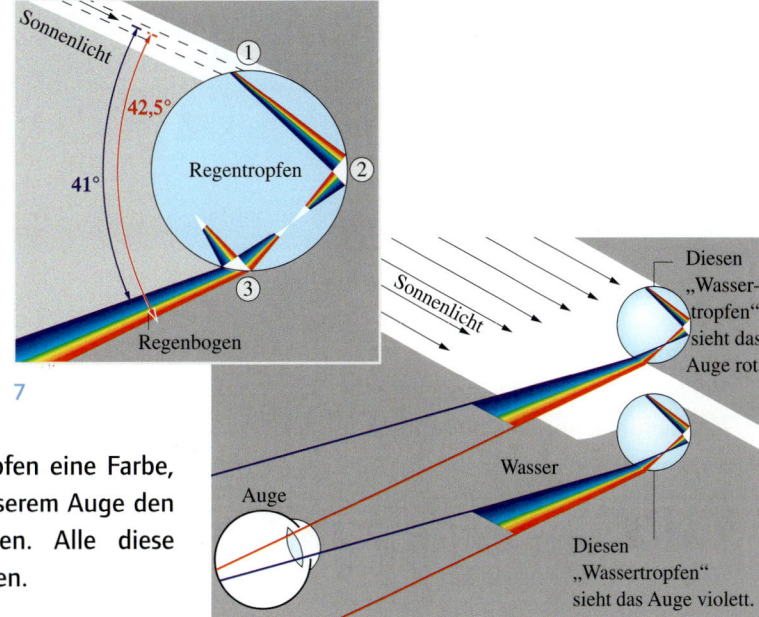

7

8

Wir sehen nur in jenen Regentropfen eine Farbe, die zufällig mit der Sonne und unserem Auge den „Regenbogenwinkel" (42°) bilden. Alle diese Tropfen liegen auf einem Kreisbogen.

Alles klar?

1 Schreibe die Farben des Sonnenspektrums in der richtigen Reihenfolge auf.

2 Das folgende Bild zeigt einen Versuch. ▷ 9
Was kann man mit ihm beweisen?

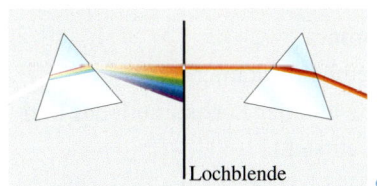

9

3 In weißem Licht sehen Jeans blau aus.

a Erkläre, wie es dazu kommt.

b Wieso sehen sie in gelbem Licht schwarz aus?

4 Leon will wissen, ob sich auch Mondlicht in die Spektralfarben zerlegen lässt. Aber er hat kein Prisma.
Welchen Versuch könnte er durchführen? Plane, experimentiere und berichte.

5 Ein Fernsehbildschirm erzeugt Bilder aus nur drei Lichtfarben.

a Welche sind das?

b Wie wird damit gelbes Licht erzeugt?

6 Die Patronen von Tintenstrahldruckern haben Farben.

a Welche sind das?

b Beschreibe, wie damit Texte in Grün gedruckt werden.

c Wie entstehen beim Druck braune Farben?

1   2   3

1 Lichtquellen

a Wo befand sich die Lichtquelle? ▷ 1

b Nenne fünf natürliche und fünf künstliche Lichtquellen.

c Der Weltraum auf dem Foto oben ist schwarz,

… weil dort keine Lichtquelle ist

… weil es gerade Nacht ist

… weil nichts beleuchtet wird

Lochblende

Abstand 20–40 cm

4

2 Verkehrssicherheit

Gesehen zu werden bringt mehr Sicherheit. ▷ 2

a Beurteile das Sicherheitsverhalten der Fußgänger auf diesem Bild: Was hätten sie besser noch machen können?

… hintereinander gehen

…die andere Straßenseite benutzen

… einen Helm tragen

… sich Reflektoren umhängen

… nur helle Kleidung tragen

b Lena behauptet: „Wenn die Straßenlaternen leuchten, kann ich alles sehen. Da brauche ich doch eigentlich kein Licht am Fahrrad." Bewerte ihre Aussage.

3 Licht und Schatten

a Bei bedecktem Himmel sieht man keine Schatten,

… weil Licht aus allen Wolken fällt

… weil die Sonne nicht scheint

… weil die Wolken grau sind

b Wenn du im Dunkeln an Straßenlaternen vorbei gehst, ändert sich dein Schattenbild. Zeichne dazu als Skizze eine Laterne und zwei gleich große Fußgänger in unterschiedlicher Entfernung von der Laterne.

4 Der Spiegel

a Trotz Beleuchtung sieht der Spiegel ▷ 3 schwarz aus,

… weil kein Licht auf ihn fällt

… die Spiegelfläche mit schwarzer Folie beklebt wurde, die kein Licht reflektiert

… der Spiegel das Licht nicht in die Kamera reflektiert

… der Spiegel das Licht nach rechts oben reflektiert

b Spiegel werfen Licht nach dem Reflexionsgesetz zurück. Wie lautet es? Fertige eine Skizze an.

c Was ist das Besondere an einem Reflektor?

5 Die Lochkamera

a Beschreibe eine Lochkamera.

b Skizziere, wie in einer Lochkamera das Bild einer Tanne entsteht.

c Auf welche Weise lässt sich die Bildgröße in der Lochkamera verändern?

d Das Bild auf dem Schirm ▷ 4

… ist nur ein runder Lichtfleck

… ist nur ein dreieckiger Lichtfleck

… hat die Form einer Flamme

… hat die Form einer kopfstehenden Flamme

7

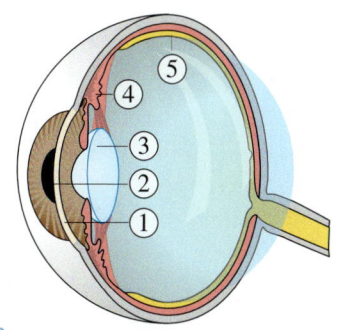

8

9

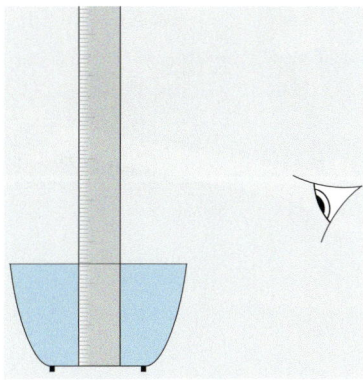

10

11

6 Kamera und Auge

a Nenne – verglichen mit der Lochkamera – den wichtigsten Vorteil und Nachteil einer Linsen-kamera.

b Beurteile das Regentropfenfoto: ▷ 7
… Das ist eine Fotomontage mehrerer Bilder.
… Das ist ein bearbeitetes Foto, denn das Haus ist verzerrt.
… Es ist ein Druckfehler, denn das Foto steht auf dem Kopf.
… Das Foto steht richtig.

c Ordne folgenden Teilen des Auges die Ziffern im Bild zu ▷ 8: Netzhaut, Hornhaut, Ringmuskel, Linse, Pupille.

d Beschreibe die Aufgabe des Ringmuskels.

7 Spiegelbilder

Das Bild ▷ 9 beweist: Der Spiegel vertauscht
… vorne und hinten
… links und rechts
… oben und unten

Die Lösungen findest du im Anhang.

8 Die Lichtbrechung

a An der Grenze zwischen Luft und Glas kann es eine Lichtbrechung geben, aber nur
… wenn das Glas gewölbt ist
… wenn das Licht schräg auftrifft
… wenn das Licht senkrecht auftrifft

b Übertrage die Zeichnung. ▷ 10 Skizziere den Lichtweg vom Anfang des Lineals zum Auge.

9 Lichtfarben

Ein Prisma zerlegt Sonnenlicht in Spektralfarben. Du kennst sie als Regenbogenfarben. ▷ 11

a Schreibe sie in der richtigen Reihenfolge auf. Beginne mit Rot.

b Nenne „unsichtbare" Farben im Sonnenlicht und deren Wirkung.

c Aus welchen drei Lichtfarben entsteht auf dem Monitor weißes Licht?

d Ein weißes Hemd sieht weiß aus,
… weil es schwarzes Licht absorbiert
… weil es keine Spektralfarben reflektiert
… weil es alle Spektralfarben reflektiert
… weil weil es infrarotes Licht reflektiert

Stoffe im Alltag

Stoff – das ist nicht nur der Baumwollstoff deiner Jeans.
Im Haushalt begegnen uns weit über 3000 verschiedene Stoffe.
Dazu gehören Farbstoffe, Klebstoffe, Putzmittel, Medikamente,
Kunststoffe, Werkstoffe, Lebensmittel … Die ganze Welt besteht
aus Stoffen: Sand und Silber, Erdöl und Eichenholz, Zucker und
Zitronensaft. Noch niemand hat gezählt, wie viele verschiedene
Stoffe es gibt.
Aber man hat sie in Gruppen geordnet: Metalle, Hölzer und
Kunststoffe. Jede Stoffgruppe, ja jeder einzelne Stoff hat ganz
bestimmte Eigenschaften.
Du wirst Stoffe an ihren Eigenschaften unterscheiden lernen,
Gemische aus unterschiedlichen Stoffen voneinander trennen,
Salz und Trinkwasser aus Meerwasser gewinnen, aus einem
Werkstoff etwas herstellen.

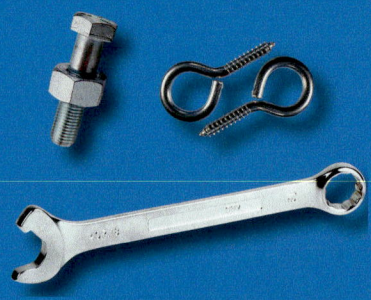

2 Stoff für viele Werkzeuge

3 Stoffe mit besonderen Eigenschaften

1 Wie schafft man es, Glas zu formen?

5 „Klein = leicht" und „groß = schwer"? …

4 Wie entstehen Wolken?

6 Wird das Wasser wieder sauber?

7 Was passiert mit unserem Abfall?

8 Stoffe, die Leben retten

9 Neues aus Altem

Stoffe und ihre Eigenschaften

Den Stoffen auf der Spur

Bin ich biegsam?

Nein!

1 Anne versucht den Stoff auf ihrem Stirnband zu erraten.

1

Stoffe raten

a Einer Schülerin (oder einem Schüler) wird ein Stoff „an die Stirn geschrieben": Glas, Holz, Eisen, Kunststoff, Gold, Baumwolle … ▷ 1 Sie weiß nicht, um welchen Stoff es sich handelt. Durch Fragen soll sie ihn herausfinden. Ihre Mitschüler dürfen nur Ja oder Nein antworten.

b Notiert Eigenschaften, nach denen gefragt wurde. Vielleicht könnt ihr einige Eigenschaften unter passenden Überschriften zusammenfassen (z. B. Farbe).

2

Verwendung von Stoffen

a Schreibt die erratenen Stoffe in einer Tabelle auf. Was wird aus den Stoffen hergestellt?

Stoff (Material)	Was daraus hergestellt wird
Holz	Stuhl
?	?

b Derselbe Gegenstand kann aus verschiedenen Stoffen hergestellt werden. ▷ 2 Sammelt dazu Beispiele in einer Tabelle.

Gegenstand (Körper)	Hergestellt aus (Stoff)
Tisch	Holz, Stahl, Plexiglas

2

3

Mehl oder Puderzucker?

Wie kannst du es herausbekommen, ohne zu schmecken?

3

4

Stoffe erkennen – mit den Sinnen

a Versucht Stoffe mit den Sinnesorganen zu unterscheiden. Nicht probieren oder schmecken! Wählt aus jeder Gruppe einen Stoff aus.
   – Mehl, Puderzucker, Salz, Grieß, Reis, Brausepulver
   – Zitronensaft, Apfelsinensaft, Apfelsaft, Salzwasser, Essigwasser
   – Eisen, Kupfer, Aluminium, Silber
   – Seide, Wolle, Glaswolle
   – Holz, Kohlenstoff
   – Styropor, Glas
   Beschreibt, an welchen Eigenschaften ihr den Stoff erkennt und welche Sinnesorgane ihr jeweils einsetzt. *Beispiel Glas:* durchsichtig, hart; Auge, Tastsinn

b Versucht für die Stoffgruppen Namen zu finden.

c Sammelt weitere Stoffe für eure Stoffgruppen.

5

Stoffe erkennen – durch
Versuche (s. auch die Folgeseite)
Ihr braucht: verschiedene Geräte
▷ 4 und Proben von Stoffen:
Glas, Eisen, Holz, Papier, Kunst-
stoff, Aluminium, Zucker,
Wachs, Salz …

a Überlegt euch Versuche zu
folgenden Stoffeigenschaften:
– hart/weich
– schmelzbar/nicht
  schmelzbar
– magnetisch/nicht
  magnetisch
– in Wasser löslich/in Wasser
  nicht löslich
– brennbar/nicht brennbar
– elektrisch leitend/nicht
  leitend

b Schreibt zu *einem* der
Versuche ein Protokoll.

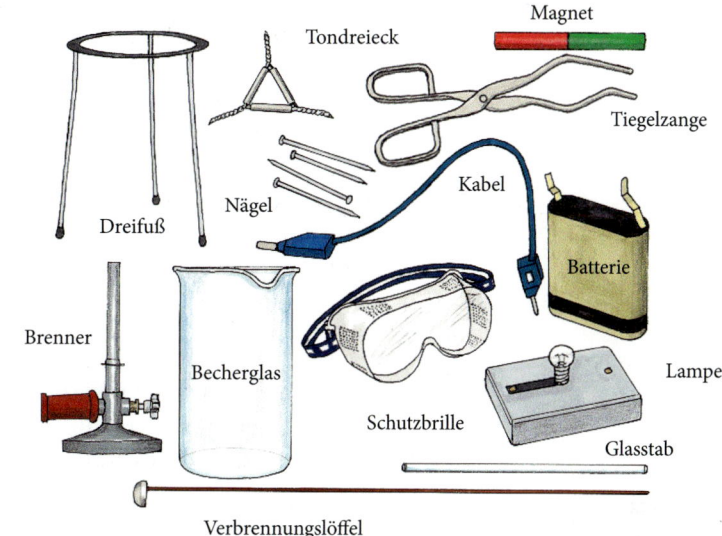

4 Mögliche Versuchsgeräte

6

Bei welcher Temperatur
schmilzt/erstarrt …?

a Zündet ein halbvolles Teelicht an.
Wartet, bis der größte Teil
des Wachses geschmolzen ist.
Pustet die Flamme dann aus
und taucht die Spitze eines
elektronischen Thermome-
ters in das flüssige Wachs.
Beobachtet die Temperatur-
anzeige!

b Bei welcher Temperatur
erstarrt das Wachs wieder?

7

Gesucht wird …
Wählt einen Stoff aus. Schreibt
über ihn auf OH-Folie einen
ausführlichen Steckbrief.
Dann deckt einer von euch
die Folie auf dem OH-Projektor
schrittweise auf. ▷ 5
Wer errät den Stoff als Erster?

Steckbrief
Gesucht wird ein Stoff mit
folgenden Eigenschaften:
Farbe   weiß
Zustand bei
Raumtemperatur   fest
Oberfläche   glatt
Härte   gering
Verhalten
gegen Wasser
Verhalten
beim Erhitzen
Brennbarkeit
Leitung des
elektrischen

5

Stoffe und ihre Eigenschaften – Lernen an Stationen

1

Welcher Stoff ist brennbar?

Materialien: Schutzbrille, Brenner, feuerfeste Unterlage, Tiegel-
zange, Verbrennungslöffel, Messer (zum Säubern); *Proben:* Wolle,
Alufolie, Watte, Stahlwolle, Kunststoffe (mit den Zeichen PE oder
PS), Grafit (Bleistiftmine), Holzkohle, Salz, Mehl, Reis

Versuchsdurchführung:

1. Haltet den Stoff in die Spitze der Flamme oder legt eine kleine
   Menge davon in den Verbrennungslöffel. Beginnt der Stoff zu
   brennen? Brennt er außerhalb der Flamme weiter?
2. Legt danach die Reste auf die feuerfeste Unterlage und schaut
   sie euch an.
3. Säubert die Zange und den Verbrennungslöffel mit dem Messer.

Versuchsauswertung:

Schreibt eure Beobachtungen in eine Tabelle nach diesem Muster:

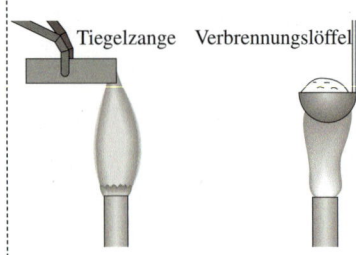

Tiegelzange   Verbrennungslöffel

Stoff	Brennt/Brennt nicht	Brennt ohne Brenner weiter	Verbrennungsreste (Aussehen)
Papier	brennt	ja	Papierreste und Asche, schwarz, grau
...	...	...	...
...	...	...	...

2

Welcher Stoff löst sich in Wasser?

Materialien: Bechergläser mit Wasser, Glasstäbe zum Umrühren,
Papierhandtücher; *Proben:* Papier, Eisenpulver, Würfelzucker,
Kreide, Holzkohlepulver, gemahlener Kaffee, Instantkaffee, Tee,
Hartschaum (Styropor) …

Versuchsdurchführung:

Gebt jeweils *kleine* Mengen der Proben in Wasser und rührt um.

Versuchsauswertung:

Notiert eure Beobachtungen in einer solchen Tabelle.

Körper	Stoff	Löst sich in Wasser auf?		
		vollständig	teilweise	nicht
Salzkrümel	Salz	...	...	...
...	...	...	...	...
...	...	...	...	...

3

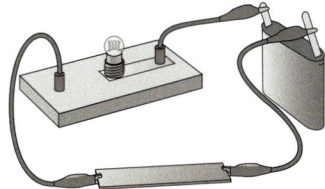

Leiter oder Nichtleiter?

Material: Batterie oder Trafo, Experimentierkabel, Lampe;
Proben: Eisen, Kupfer, Aluminium, Zink, Glas, Kunststoff,
Kohlenstoff (Bleistiftmine, Kohlestab)

Versuchsdurchführung:

1. Klemmt die Körper aus den unterschiedlichen Stoffen
   nacheinander zwischen die Krokodilklemmen.
2. Beobachtet die Lampe: Wenn die Glühlampe leuchtet, leitet
   der untersuchte Stoff den elektrischen Strom. Er ist ein
   elektrischer Leiter.

Versuchsauswertung:

Schreibt eure Beobachtungen auf. Sammelt sie am besten in einer
solchen Tabelle:

Körper	Stoff	Leuchtet die Lampe?	Leiter oder Nichtleiter?
Nagel	Eisen	ja	Leiter
...	...	...	...

Erweiterung: Wenn ihr Zeit habt, prüft weitere Körper (Schmuck-
stücke …). Überlegt, aus welchem Stoff sie bestehen könnten.

4

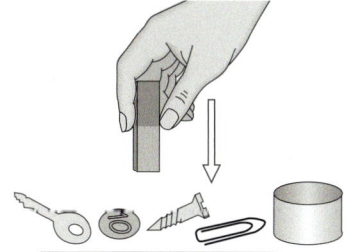

Welcher Stoff ist magnetisch?

Material: Magnete; *Proben:* unterschiedliche Büroklammern,
Nägel, Eisenblech, Kupferblech, Aluminiumblech (Teelichtbecher),
unterschiedliche Stricknadeln, Schmuck, Münzen, verschiedene
Stifte, Lineale

Versuchsdurchführung:

1. Prüft mit dem Magneten, welche Körper angezogen werden.
2. Ordnet die *Körper* dann zu zwei Haufen an und tragt sie in
   eine Tabelle ein (siehe Muster).
3. Wenn ihr die *Stoffe* erkennt, aus denen die Körper bestehen,
   schreibt sie in die zweite Spalte der Tabelle.

Versuchsauswertung:

Schreibt eure Beobachtungen auf.

Sammelt sie am besten in einer solchen Tabelle:

Körper	Stoff	Wird angezogen?	Magnetisch?
Lineal	Kunst-stoff	nein	nein
...	...	...	...

Die untersuchten Körper, die vom Magneten angezogen wurden,
können unterschiedlich aussehen. Sie bestehen aber alle aus ein
und demselben Stoff. Wie heißt dieser Stoff?

Körper und Stoff – zur Erinnerung

Erinnerst du dich noch? In der Naturwissenschaft haben viele Wörter eine andere Bedeutung als in der Alltagssprache. Dazu gehören auch die Begriffe *Körper* und *Stoff*.

Als Körper bezeichnet man nicht nur alle Gegenstände sondern auch alle Lebewesen (Menschen, Tiere, Pflanzen).

Alles, was einen Raum einnimmt, nennt man Körper.

Als Stoffe bezeichnet man nicht nur das, woraus z. B. Kleider, Hosen, Hemden,… hergestellt werden. Viele Körper bestehen nicht nur aus einem, sondern aus mehreren Stoffen ▷ 1–4

Stoffe nennt man alles, woraus Körper bestehen.

Körper: Becher
Stoff: Keramik

1

Körper: Becher
Stoff: Kunststoff

2

Körper: Luftballon
Stoffe: Gummi (Hülle), Luft (Inhalt)

3

Körper: Limonadenflasche
Stoffe: verschiedene Kunststoffe (Flasche, Deckel), Luft, Limonade, Papier, Druckfarbe und Klebstoff (Etikett)

4

Stoffgruppen Es gibt unendlich viele verschiedene Stoffe. Um sie unterscheiden zu können, teilt man sie in Gruppen ein. Alle Stoffgruppen haben gemeinsame Eigenschaften. Das gilt für feste Stoffe, aber auch für Flüssigkeiten und Gase:

– *Feste Stoffe:* die *Stoffgruppe der* Metalle (Eisen, Kupfer, …) sowie der Stoffe, die keine Metalle sind (Glas, Kunststoff, Holz, …) Diese beiden Gruppen lassen sich leicht voneinander unterscheiden: die Metalle leiten alle den elektrischen Strom.
– *Flüssigkeiten:* Wasser, Öl, Spiritus, …
– *Gase:* Luft, Sauerstoff, Biogas, …

Aufgaben

1 Jede Schülerin/Jeder Schüler der Klasse hat einen „Stoff" an die Tafel geschrieben. ▷ 5

a Da ist nicht alles richtig! Schreibe die Wörter auf, die wirklich Stoffe sind.

b Suche drei Stoffe heraus und schreibe auf, welche Körper man daraus herstellen kann.

c Teile die Stoffe in sinnvolle Gruppen ein und suche dazu Überschriften. Beispiel: Metalle …

d Suche noch weitere Stoffe, die zu den Gruppen gehören.

> Eisen Glas Essig Holz Papier Blech
> Styropor Büroklammer Apfelsaft Brett Watte
> Wasser Kupfer Kette Silber Benzin Mehl Baum
> Zinn Seifenlauge Diamant Draht Butter
> Baumwolle Kerze

5

2 Beschreibe, was man im Alltag und in der Fachsprache unter Stoff versteht.

Stoffeigenschaften Wir können die unterschiedlichen Eigenschaften der vielen Stoffe mit unseren Sinnen ▷ 6 erkennen oder durch Versuche herausfinden: ▷ 7

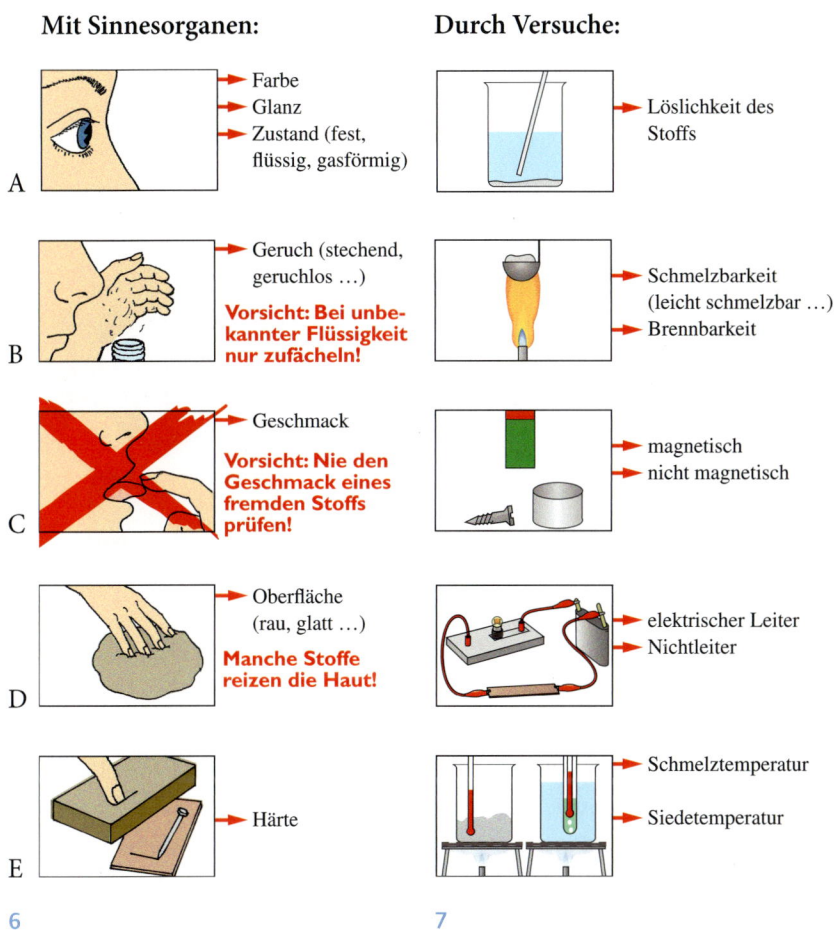

Mit Sinnesorganen:

→ Farbe
→ Glanz
→ Zustand (fest, flüssig, gasförmig)

A

→ Geruch (stechend, geruchlos …)

Vorsicht: Bei unbekannter Flüssigkeit nur zufächeln!

B

→ Geschmack

Vorsicht: Nie den Geschmack eines fremden Stoffs prüfen!

C

→ Oberfläche (rau, glatt …)

Manche Stoffe reizen die Haut!

D

→ Härte

E

Durch Versuche:

→ Löslichkeit des Stoffs

→ Schmelzbarkeit (leicht schmelzbar …)
→ Brennbarkeit

→ magnetisch
→ nicht magnetisch

→ elektrischer Leiter
→ Nichtleiter

→ Schmelztemperatur
→ Siedetemperatur

6

7

Aufgaben

3 Welche Sinne werden hier genutzt, um Stoffeigenschaften zu erkennen? ▷ 6
Schreibe z. B. so: „Mit den Augen kann man …"

4 Was wird in den Versuchen untersucht? ▷ 7
Beispiel: „Es wird untersucht,
– ob sich ein Stoff in Wasser löst,
– ob ein Stoff …"

5 Nenne jeweils zwei Stoffe mit folgenden Eigenschaften:
fest/brennbar, fest/leitet elektrischen Strom, fest/kein Metall, flüssig/trinkbar, flüssig/brennbar, gasförmig/brennbar.

6 Es gibt eine kaum zählbare Menge von Stoffen. Sie unterscheiden sich in ihren Eigenschaften: hart, grün, flüssig, magnetisch, salzig, glatt, gasförmig, elektrisch leitend, glänzend, rau, brennbar, löslich (in Wasser), schmelzbar …

a Benenne unsere fünf Sinne.

b Welche von diesen Eigenschaften könnt ihr mit euren Sinnen erkennen?

c Ordnet den Eigenschaften die jeweiligen Sinne zu. Schreibt z. B. so: hart – Tastsinn.

d Für welche Eigenschaften benötigt man Hilfsmittel? Schreibt z. B.: schmelzbar → Behälter und Gasbrenner …

Wir messen Volumen, Masse und Dichte

Ein Sprichwort sagt: „Die dümmsten Bauern haben die dicksten Kartoffeln."
Aber wessen Kartoffeln sind denn nun am größten? ▷ 1
Das müsste man eigentlich durch Messen herausbekommen …

1

1

**Welches ist
die „dickste" Kartoffel?**
Überlegt euch einen Versuch,
mit dem ihr verschiedene
Kartoffeln vergleichen könnt.
Vielleicht helfen euch die folgenden beiden Zeichnungen. ▷ 2

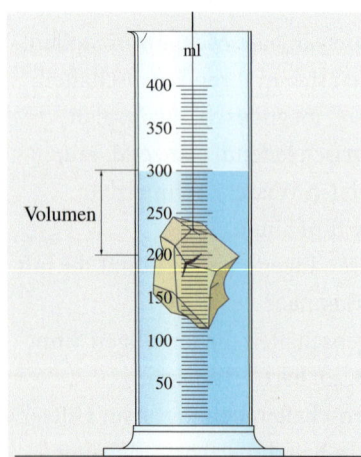

2

Wir messen das Volumen
Messt das *Volumen* (den Raum-
inhalt) verschiedener Körper:
volle Zahnpastatube, Radiergummi, Legostein usw.
Haltet eure Messergebnisse
in einer Tabelle fest.

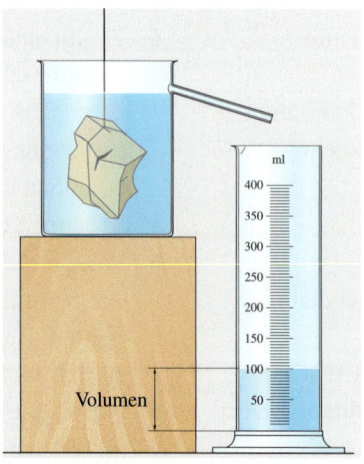

2 Zwei Verfahren zur Volumenmessung

3

**Ist die dickste Kartoffel auch
die schwerste?**
a Messt das Gewicht einiger
Kartoffeln mit der Haushaltswaage. ▷ 3 (Physiker sagen
Masse statt Gewicht.)
Schätzt ihre Masse jeweils vor
dem Wiegen.
b Messt auch die Masse anderer
Körper.

3 Haushaltswaage

4

Hat Luft ein Volumen?

Luft ist unsichtbar. Ihr könnt sie aber in einem Gefäß auffangen.

▷ 4

Auf diese Weise könnt ihr feststellen, wie viel Luft ihr mit einem Atemzug ausatmet.

4

Hinweise zur Versuchsdurchführung:
Den Messbecher zuerst ganz mit Wasser füllen – Deckel draufhalten – umdrehen und *unter Wasser* den Deckel wegnehmen.

5

Wiegt Luft etwas?

a Ob Luft etwas wiegt, also eine Masse hat?
Plant dazu einen Versuch mit einem Fußball.

b Auch der abgebildete Versuch zeigt, ob Luft eine Masse hat und wie viel diese wiegt. ▷ 5
Die Bilder sind allerdings vertauscht. Nur das erste steht an der richtigen Stelle.
Beschreibt, wie der Versuch durchgeführt werden müsste.

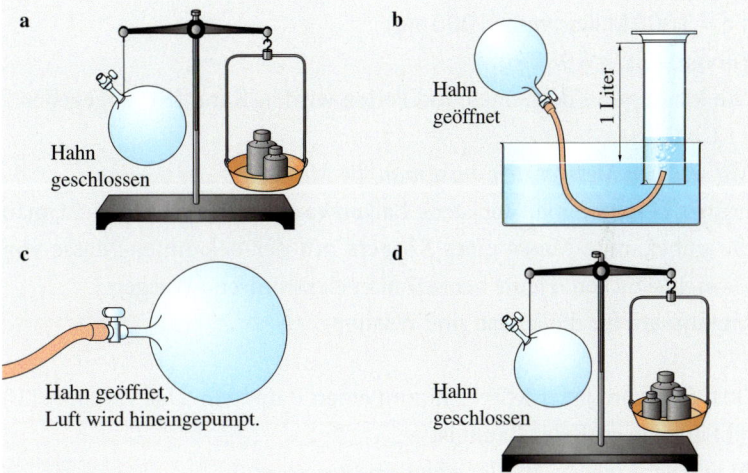

a Hahn geschlossen

b Hahn geöffnet · 1 Liter

c Hahn geöffnet, Luft wird hineingepumpt.

d Hahn geschlossen

5

6

**Was ist schwerer:
Salz, Zucker oder Mehl?**

Plant einen Versuch mit Geräten aus dem Haushalt. Ihr braucht einen leeren Joghurt- oder Margarinebecher.

7

**Wie schwer ist
ein Liter Wasser?**

Auch diese Frage könnt ihr mit Haushaltsgeräten untersuchen.

8

**So ermittelt ihr die Dichte
eines unregelmäßigen Körpers**

Ihr müsst zunächst die Masse und das Volumen des Körpers (Steins) messen.
Geht nach der Zeichnung vor.
▷ 6

1. Die Waage wird ins Gleichgewicht gebracht.

2. Das Volumen wird ermittelt.

3. Berechnung der Dichte

Masse des Steins: 180 g
Volumen des Steins: 60 cm³

180 : 60 = 3
Die Dichte beträgt 3 g pro cm³.
Also wiegt 1 cm³ des Steins 3 Gramm.

6 Drei Schritte, um die Dichte zu ermitteln

Masse – Volumen – Dichte

Die Masse und ihre Einheit In der Umgangssprache sagt man: „Ein Körper *wiegt* 2 Kilogramm" oder „Er hat ein *Gewicht* von 2 Kilogramm". In der Sprache der Physik benutzt man für das Wort „Gewicht" den Begriff *Masse*. Man sagt also: „Die Masse des Körpers beträgt 2 Kilogramm."

In welcher Einheit gibt man die Masse an? 1 Liter Wasser (von 4 °C) hat eine Masse von genau 1 Kilogramm.

Die Einheit der Masse m ist 1 Kilogramm (1 kg).

1 kg = 1000 Gramm (1000 g)

1 g = 1000 Milligramm (1000 mg)

1 Tonne (1 t) = 1000 kg.

Die Masse von Edelsteinen und Perlen wird in Karat (Kt) angegeben.

1 Kt = 0,2 g. ▷ 1

Mit welchen Messgeräten misst man die Masse?

Früher benutzte man meistens Balkenwaagen. Dabei vergleicht man die unbekannte Masse eines Körpers mit der bekannten Masse von Gewichtsstücken. Heute benutzt man elektronische Waagen.

Messgeräte für die Masse sind Waagen. ▷ 2

1 Der große „Stern von Afrika" ziert das englische Königszepter. Er hat eine Masse von 530 Kt (= 106 g).

Das Volumen Jeder Körper nimmt einen Raum ein. Das *Volumen* (V) gibt an, wie groß der Raum ist.

In welcher Einheit wird das Volumen gemessen?

Die Einheit des Volumens ist 1 Kubikmeter (1 m³).

Das Volumen von Flüssigkeiten und Gasen gibt man meistens in Liter (1 L) an: ▷ 3

1 L = 1 dm³ (ein Würfel von 10 cm Kantenlänge); 1 m³ = 1000 L

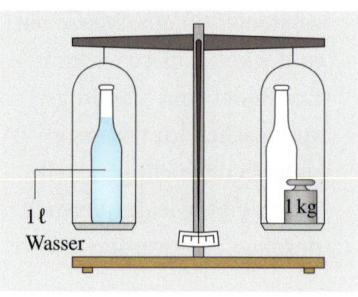

2 Balkenwaage

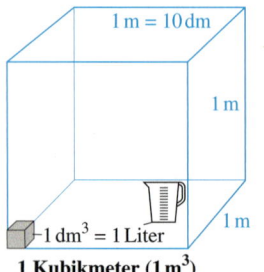

1 Kubikmeter (1 m³)

Das Volumen misst man in der Einheit **Kubikmeter (m³)**.

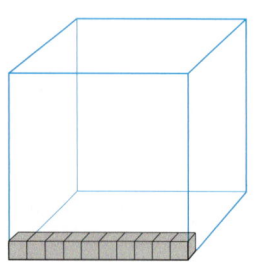

1 Reihe
von dm³-Würfeln
= 10 · 1 dm³
= 10 dm³
= 10 Liter

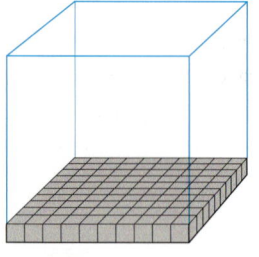

1 Schicht
10 Reihen
= 10 · 10 · 1 dm³
= 100 dm³
= 100 Liter

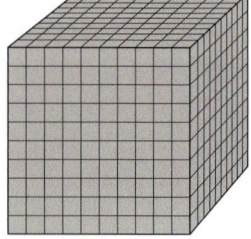

10 Schichten
10 · 10 Reihen
= 10 · 10 · 10 · 1 dm³
= 1000 dm³
= 1000 Liter

3

Auf Messbechern und Spritzen ist die Einheit Milliliter (1 mL) angegeben:

1 mL = 1 cm³. ▷ 4

Beispiel: Ein kleiner Spielwürfel hat ein Volumen von

1 cm . 1 cm . 1 cm = 1 cm³.

4

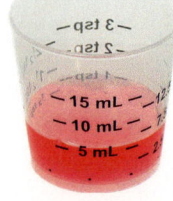

Wie misst man das Volumen? Das Volumen von Flüssigkeiten misst man mit Messbechern.

Das Volumen von unregelmäßigen Körpern wird mit der *Verdrängungsmethode* gemessen. ▷ 5

Die Dichte Die Stoffgruppe der Metalle hat gemeinsame Eigenschaften: Alle Metalle sind elektrische Leiter und haben eine glänzende Oberfläche. In anderen Eigenschaften unterscheiden sie sich voneinander, sie sind z. B. unterschiedlich schwer.

Um herauszufinden, ob Gold schwerer ist als Silber, kann man Körper mit gleichem Volumen wiegen. ▷ 6 Man sagt:

Gold hat eine größere Dichte als Silber, weil 1 cm³ Gold mehr Masse hat als 1 cm³ Silber.

1 cm³ Gold wiegt 19,3 g;

seine *Dichte* beträgt 19,3 g pro cm³ ($19{,}3\,\frac{g}{cm^3}$).

1 cm³ Silber wiegt 10,5 g;

seine *Dichte* beträgt 10,5 g pro cm³ ($10{,}5\,\frac{g}{cm^3}$).

Jeder Stoff hat eine andere Dichte. Sie ist also ein wichtiges Erkennungsmerkmal für einen Stoff.

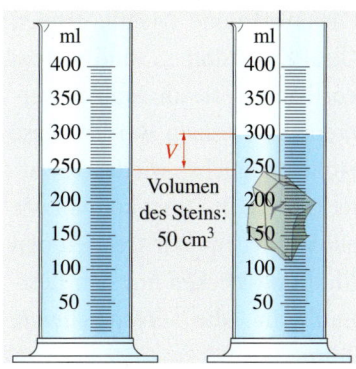

5

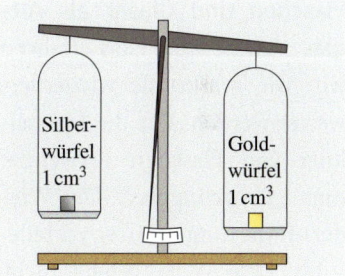

6 Vergleich der Dichte

						Gold 19,3 g	Silber 10,5 g
2,7 g	7,9 g	8,9 g	11,3 g	8,6 g	7,1 g		

7 Würfel (1 cm³) aus Aluminium, Eisen, Kupfer, Blei, Messing und Zink

Aufgaben

1 Auf einer Balkenwaage liegt ein 244 g schwerer Körper. Die Waage soll mit folgenden Wägestücken ins Gleichgewicht gebracht werden: 1 g, 2 g, 5 g, 50 g und 200 g. Was ist zu tun? Zeichne!

2 Auf vielen Flaschen ist das Volumen angegeben. Wie viel Kubikzentimeter passen in Flaschen mit den Angaben „0,7 Liter", „1 Liter", „0,5 Liter", „0,25 Liter", „1,5 Liter" bzw. „2 Liter"?

3 Eine Kugel aus Aluminium und eine aus Blei haben das gleiche Volumen. Sie werden nacheinander in ein Glas Wasser gelegt. Bei welcher Kugel steigt der Wasserspiegel höher? Erklärt!

4 Die Dichtetabelle rechts gibt für Holz keinen bestimmten Wert an. Warum nicht?

5 Vergleiche die Dichte von Eis mit der von Wasser. Wie wirkt sich der Unterschied beim Gefrieren von Wasser aus?

6 Sandra hat 3 gleich große Kugeln. Zwei wiegen je 100 g, eine wiegt 90 g. Durch eine einzige Wägung mit der Balkenwaage soll Sandra herausbekommen, welches die Kugeln gleicher Masse sind. Wie könnte sie vorgehen?

Stoffe	Dichte in $\frac{g}{cm^3}$
Kork	0,2–0,4
Holz	0,4
Alkohol	0,9
Eis (bei 0 °C)	0,9
Gummi	0,9–1,0
Wasser (bei 4 °C)	1,0
Kunststoff (PVC)	ca. 1,4
Glas	ca. 2,4
Aluminium	2,7
Zink	7,1
Zinn	7,3
Eisen	7,9
Messing	8,6
Kupfer	8,9
Silber	10,5
Blei	11,3
Gold	19,3
Platin	21,5
Luft	1,3 $\frac{g}{L}$

Werkstoffe sind Wertstoffe

Die Werkstoffe Metall, Papier, Glas, Kunststoff … sind viel zu kostbar, um sie als Müll zu verbrennen. Deshalb werden diese Stoffe möglichst wiederverwertet (recycelt). Dabei können wir alle mithelfen: Wir trennen den Müll und stecken nur den Restmüll in die entsprechende Tonne. ▷ 1

Flaschen und Gläser als Altglas Am Beispiel Glas erfahren wir, wie Werkstoffe wiederverwertet werden. Für die Herstellung von Flaschen verwendet man „Recyclingglas". Die Wiederverwertung hat drei Vorteile:

– Das viele Altglas gelangt nicht in den Hausmüll und vergrößert nicht die Müllberge.

– Man spart Rohstoffe.

– Zum Recyceln von Altglas braucht man weniger Energie als für die Herstellung von neuem Glas.

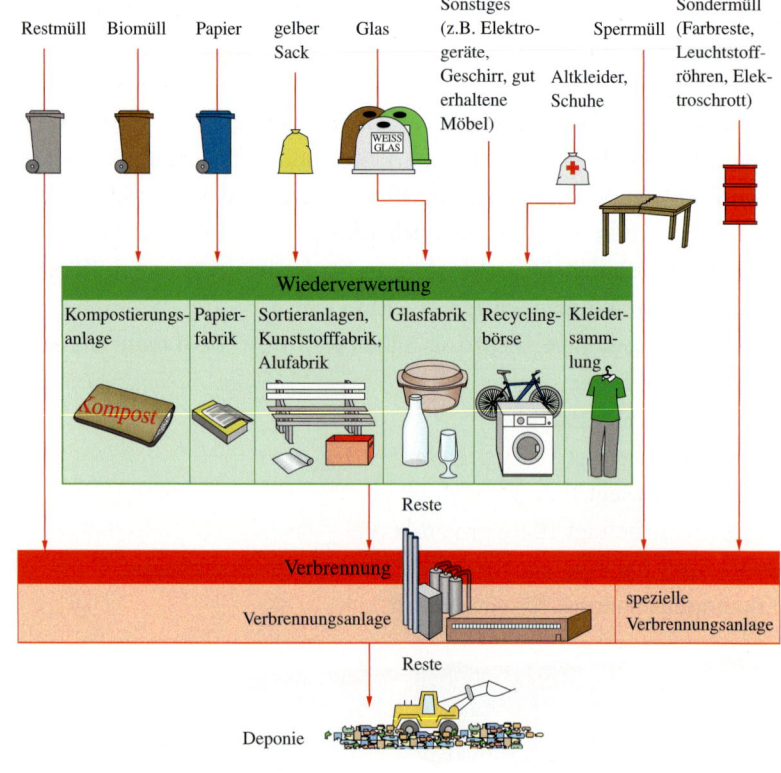

1 Müllentsorgung – nach Stoffgruppen getrennt

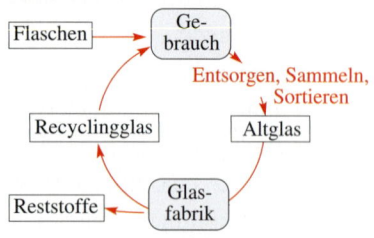

2 Aus Altglas wird Recyclingglas

Daher stehen fast überall die Sammelbehälter. Das dort gesammelte Glas wird in Wiederverwertungsanlagen zu Recyclingglas aufgearbeitet. ▷ 2–3 Das Recyclingglas wird dann zusammen mit anderen Stoffen in einem Schmelzofen erhitzt. So lassen sich aus dem Glas neue Flaschen formen. Eine grüne Flasche enthält zu 9 von 10 Teilen Altglas.

3

1 Müll, der nicht recycelt werden kann, wird in der Müllverbrennungsanlage verbrannt. Das Bild unten zeigt auf lustige Weise die Stationen einer solchen Anlage. ▷ 4

a Schreibe zu den Ziffern in Bild ▷ 4 die folgenden Begriffe: *Müllbunker, Rauchwaschanlage, Kran, Dynamo (Generator), Dampfkessel, Blasebalg, Verbrennungsraum, Dampfturbine, Schlackenwagen, Schornstein.*

Beispiel: 1. Müllbunker, 2. …

Wenn du die Begriffe richtig geordnet hast, ergeben die fett gedruckten Buchstaben zwei Wörter. Sie sagen dir, was besser ist als „Müll verbrennen". (Das erste Wort beginnt mit „M", das zweite mit „v".)

b Beschreibe jeweils *zusätzlich*, was dort geschieht. Beispiel:
Rauchwaschanlage: Der Rauch wird mit Kalk und Wasser von schädlichen Abgasen gereinigt.

2 Es ist besser, Müll zu vermeiden als Müll zu verbrennen. Wie kannst du Müll vermeiden?

3 Wiederverwertung

a Malt Plakate für die Klasse (Schule, Küche): Was kommt in die graue (gelbe, blaue …) Tonne?

b Wenn ihr nicht weiter wisst, dann holt euch Hilfekärtchen bei eurem Lehrer oder eurer Lehrerin.

c Informiert euch dazu genau bei eurer Stadt- oder Gemeindeverwaltung.

4 Informiert euch, wie andere Werkstoffe wiederverwertet werden: Papier, Metalle, Kunststoff …

5 Fertige eine Zeichnung für den Stoffkreislauf von Papier an.

4 So hat sich der Zeichner eine Müllverbrennungsanlage vorgestellt.

Wir erkunden einen Betrieb

In eurer Stadt oder Gemeinde gibt es Betriebe, die mit Metallen, Kunststoffen,
Holz, Glas oder Textilien arbeiten – unseren wichtigsten Werkstoffen.
Vielleicht könnt ihr einen solchen Betrieb besuchen.
Fragt an, ob eure Klasse den Betrieb besichtigen darf.
Wenn ja, vereinbart einen Termin,
an dem euch jemand für Fragen
zur Verfügung steht

1

Schritt 1 **Vorbereitung**

Der Besuch eines Betriebs ist etwas Besonderes.
Fertigt dazu eine Wandzeitung an. Je nachdem,
welchen Betrieb ihr ausgesucht habt, könnte die
Überschrift lauten:
„*Besuch eines metallverarbeitenden Betriebs*",
„*Besuch eines holzverarbeitenden Betriebs*" oder
„*Besuch eines glasverarbeitenden Betriebs*".
Vor der Betriebserkundung solltet ihr euch Fragen
überlegen, z. B.:
– Was stellt der Betrieb her?
– Wo kommt der Werkstoff her?
– Wie wird der Werkstoff bearbeitet? Welche seiner
 Eigenschaften werden dabei genutzt?
Bildet zur Erarbeitung eurer Fragen Gruppen.

Schritt 2 **Informationen beschaffen
und dokumentieren**

Schon vor der Erkundung solltet ihr Informationen
zu dem ausgewählten Betrieb sammeln. Nur dann
könnt ihr fachkundige Fragen stellen. Solche Informationen erhaltet ihr aus dem Internet, aus Werbe-
materialien des Betriebs und durch Befragungen,
z. B. im Bekanntenkreis.
Überlegt euch nun, welche Gruppe welche Fragen
stellt.
Bei der Betriebserkundung solltet ihr euch unbedingt Notizen machen. Mit einer Kamera könnt ihr
Bilder für eure Wandzeitung festhalten.

Schritt 3 **Informationen ordnen**

Nach eurem Besuch müsst ihr euch in eurer
Gruppe überlegen, wie ihr die gesammelten
Notizen, Bilder und Texte ordnen wollt. Wie soll
euer Teil der Wandzeitung aussehen?

Aufgabe

1 Denkt euch weitere Fragen zur Betriebserkundung aus.

2 Bohren in Stahl

3 Ausbildung zum Schweißer

4 Bohren in Holz

5 Metallarbeiten

6 Glasbläser

Körper und Stoff

Unter „Körper" versteht man alle Gegenstände und Lebewesen.
Die Materialien, aus denen sie bestehen, heißen „Stoffe". ▷ 1

Körper: Wasserkocher
Stoff: Stahl

1

Stoffeigenschaften

Stoffe unterscheiden sich in ihren *Eigenschaften*.
Stoffe mit ähnlichen Eigenschaften fasst man zu *Stoffgruppen*
zusammen,
z. B. feste *Stoffe, Flüssigkeiten* und *Gase* oder
– *Metalle* ▷ 2
– *Nichtmetalle*

Steckbriefe einiger Metalle					
Metalle	Eisen (Stahl)	Aluminium	Kupfer	Blei	Gold
Farbe	grau	silbrig	rötlich	hellgrau	goldgelb
Härte	ziemlich hart	ziemlich hart	ziemlich weich	weich	weich
magnetisch	ja	nein	nein	nein	nein
Schmelz-temperatur	1536 °C	659 °C	1083 °C	327 °C	1064 °C
Dichte	$7,9 \frac{g}{cm^3}$	$2,7 \frac{g}{cm^3}$	$8,9 \frac{g}{cm^3}$	$11,3 \frac{g}{cm^3}$	$19,3 \frac{g}{cm^3}$
Verwendung	Schienen, Brücken	Fensterrahmen, Fahrrad	elektrische Kabel	Autoakku, Tauchergürtel	Schmuck, Zahnkronen

Dichte und Schmelztemperatur

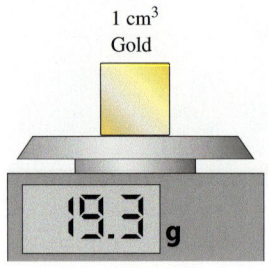

1 cm³ Gold

19.3 g

Dichte und *Schmelztemperatur* sind wichtige mess-
bare Eigenschaften von Stoffen
– Die Dichte gibt an, wie viel 1 Kubikzentimeter
  eines Stoffes wiegt. ▷ 3
– Die Schmelztemperatur gibt an, bei welcher
  Temperatur ein Stoff schmilzt. ▷ 4

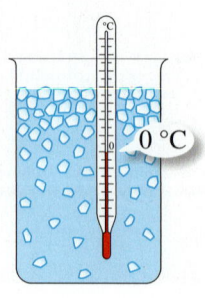

0 °C

3 4

Alles klar?

1 Körper oder Stoff?

a Lege eine Tabelle mit den Spalten „Körper" und „Stoff" an. Ordne die folgenden Wörter in die Tabelle ein: Wasser, Kleid, Eisen, Glas, Blech, Fenster, Holz …

b Schreibe in jede Spalte noch 3 weitere Beispiele.

2 Nenne drei Metalle und drei Stoffe, die keine Metalle sind. Gib jeweils ein Beispiel an, wozu sie benutzt werden, z. B. so:
Kein Metall: Holz für Möbel, Brennholz …

3 Ein „Fahrrad" besteht aus vielen Teilen:
Rahmen, Sattel … ▷ 5

5

a Schreibe auf, aus welchen Stoffen die Teile bestehen. (Tabelle!)

b Die meisten Rahmen sind heute aus Aluminium und nicht mehr aus Stahl (Eisen). Welche Vorteile hat das? Findest du auch Nachteile?

c Wie kannst du schnell herausfinden, ob die einzelnen Teile aus Aluminium oder Eisen hergestellt sind – auch wenn sie lackiert sind?

4 Beschreibe einen Versuchsaufbau, mit dem man feststellen kann, ob ein fester Stoff elektrisch leitet. Lege auch eine Skizze an.

5 Das Körper-Stoff-Kreuzworträtsel: ▷ 2
Zeichne das Rätsel auf Kästchenpapier (oder lass dir ein Arbeitsblatt geben). Die farbig markierten Buchstaben ergeben ein Metall, das auch vom Magneten angezogen wird.

6 Martina hat im Vorratsschrank eine Tüte mit einem weißen Stoff gefunden – ohne Beschriftung. Sie vermutet, dass es sich um Salz oder Zucker handelt.
Wie könnte sie – ohne zu kosten – feststellen, was für ein Stoff es ist?

7 Beschreibe und zeichne einen Versuch, durch den man das Volumen einer Eisenkugel feststellen könnte.

8 Hier siehst du Würfel einiger Stoffe mit 1 cm Kantenlänge. ▷ 7

a Stell dir vor, du hättest *gleich große* Kugeln aus Aluminium, Eisen, Blei, Zink, Kupfer und Messing. Ordne sie nach ihrer Masse.

b Angenommen, du hättest *gleich schwere* Kugeln dieser Metalle. Ordne die Kugeln nach ihrem Volumen.

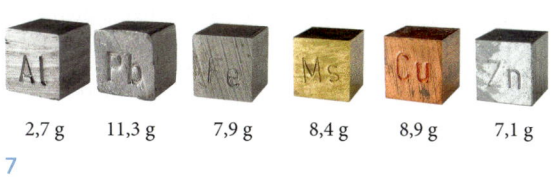

| 2,7 g | 11,3 g | 7,9 g | 8,4 g | 8,9 g | 7,1 g |

7

Waagerecht: 2 Daraus werden elektrische Leitungen gemacht. **4** Dieser Stoff ist auch ein Körper. **5** Diesen Stoff kann man mit einem Magneten schnell finden.
7 Daraus werden teure Hemden, Blusen, Tücher und Krawatten hergestellt. **8** Dieser Stoff brennt und macht süchtig. **10** Daraus stellt man Schuhe und Taschen her.
12 Alle Stoffe dieser Gruppe leiten den elektrischen Strom (Einzahl). **13** Durch diesen Körper kann man hindurchgehen. **14** Diesen Stoff braucht man fast immer zum Kochen.
Senkrecht: 1 Der Körper schützt vor Regen.
3 Aus diesem Körper kann man trinken.
6 Diesen Stoff braucht man in Küche und Werkstatt. **9** Manche Leute tragen diesen teuren Stoff im Mund.
10 Dieser Stoff ist unsichtbar, aber lebenswichtig.
11 Auf diesem Körper kann man sitzen.

Wir untersuchen Werkstoffe

… zum Beispiel: Metalle

Aus vielen Stoffen werden Gebrauchsgegenstände hergestellt.
Man bezeichnet sie als *Werkstoffe*.
Metalle, Holz, Glas und Textilien gehören zu
unseren wichtigsten Werkstoffen.

Projektarbeit

Auf den folgenden Seiten findet ihr Vorschläge für Projektthemen,
mit deren Hilfe ihr Werkstoffe möglichst selbstständig erkunden
könnt.

Bildet Gruppen, die sich mit jeweils einem Werkstoff ihrer Wahl
beschäftigen werden. Zu den Werkstoffen findet ihr Informationen
und Anregungen im Buch. Ihr solltet aber auch andere Quellen wie
Bücher und Internet nutzen oder Experten (Handwerker) befragen.
Stellt eure Arbeitsergebnisse zu einer Ausstellung zusammen.
Sie könnte so aussehen:

– ein Plakat „Vor- und Nachteile unseres Werkstoffs"
– eine Collage „Unser Werkstoff ist sehr vielfältig verwendbar"
– selbst gemachte Gegenstände aus eurem Werkstoff

1 Metalle für verschiedene Zwecke

1

Sammlungen

Sammelt Metallproben und
Gegenstände, die aus dem Metall
bestehen (oder Bilder davon).
Benennt die Metalle.

2

Untersuchungen

Wollt ihr euch mit Eisen, Kupfer
und Aluminium beschäftigen
oder interessieren euch andere
Metalle mehr?
Versucht Unterschiede und
Gemeinsamkeiten der einzelnen
Metalle festzustellen. Stellt eure
Ergebnisse z. B. auf einem
großen Plakat in Form einer
Tabelle dar. ▷ 2

	Eisen	Kupfer	Aluminium
Farbe	?	?	?
Oberfläche	?	?	?
Dichte	?	?	?
Veränderungen	?	?	?
an der Luft	?	?	?
im Wasser	?	?	?

2 Beispieltabelle

3

Arbeiten mit Metall

a Ihr könnt die „Zitterhand-Schaltung" bauen. ▷ 3
Der Ring muss über den Draht geführt werden, ohne den Draht zu berühren. Ein Summer meldet, wenn die Hand zittert.

b Aus Metallresten und Metallschrott könnt ihr auch „Kunstgegenstände" herstellen. Lasst eurer Fantasie freien Lauf! ▷ 4

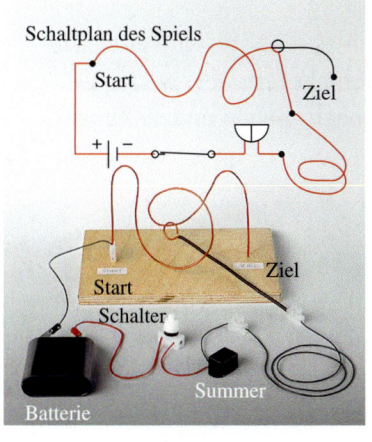

3 Die „Zitterhand-Schaltung"

4 Lokomotive aus Metalldosen

Die Stoffgruppe der Metalle

Eigenschaften der Metalle Zur Gruppe der Metalle gehören als wichtigste Werkstoffe: Eisen (Stahl), Aluminium und Kupfer. Zu dieser Stoffgruppe gehören auch die „Edelmetalle" Gold und Silber sowie das flüssige Quecksilber. Für Metalle sind zwei Eigenschaften typisch: Sie leiten den elektrischen Strom und haben eine metallisch glänzende Oberfläche (wenn diese gesäubert ist).

In anderen Eigenschaften unterscheiden sich die Metalle: ▷ 5–7
– Eisen ist magnetisch (neben den seltenen Metallen Cobalt und Nickel).
– Farbe und Härte sind verschieden.
– Sie sind unterschiedlich schwer. ▷ 5 So wiegen 1 cm³ Aluminium 2,7 g, 1 cm³ Eisen 7,9 g und 1 cm³ Gold 19,3 g.
– Einige Metalle, wie z. B. Aluminium, bilden an der Oberfläche eine Schicht, wenn sie mit Wasser und Luft in Berührung kommen.

Bronze – eine Legierung Glocken bestehen aus Bronze. Zum Gießen der Glocken werden die Metalle Kupfer und Zinn zusammengeschmolzen und vermischen sich. Bronze ist viel härter und fester als Kupfer und Zinn. In der Bronzezeit wurde es zur Herstellung von Waffen und Werkzeugen benutzt. Solche Metallmischungen nennt man Legierungen.

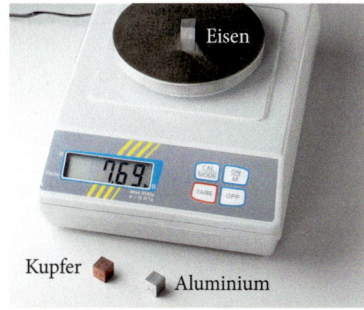

5 Wie schwer sind die Metalle?

6 Welche Metalle lassen sich gut sägen?

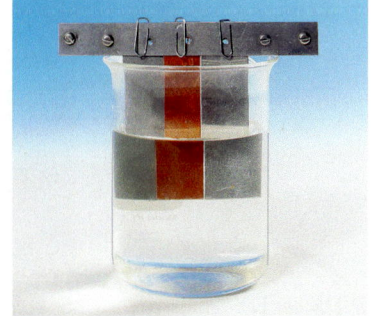

7 Die Metalle im „Wassertest"

… zum Beispiel: Glas

Das Besondere am Glas ist: Wenn man es erwärmt, wird es weich.
Glas ist dann ein Werkstoff, der nicht mehr fest, aber auch
noch nicht flüssig ist. Es lässt sich biegen, ziehen und zu Kugeln
aufblasen.

1 Glas – sehr stabil

2 Glas – zerbrechlich und schön

3 Glas – biegsam

4 Glas – verformbar

1

Arbeiten mit Glas

Tragt beim Arbeiten Schutzbrille
und Handschuhe! Schafft ihr es,
den Anfangsbuchstaben eures
Vornamens aus Glasröhrchen zu
biegen? Eine Anleitung geben
euch ▷ 5–8:

2

Überall Glas

Glas ist ein Werkstoff – nicht nur
für Gläser und Vasen.
Stellt in einer Fotoausstellung die
verschiedenen Verwendungs-
möglichkeiten von Glas vor.

3

Kunstgegenstände aus Glas

Erstellt dazu ein Fotoplakat.

4

**Glasbläser –
ein interessanter Beruf**

Berichtet mithilfe von Bildern
vom Besuch beim Glasbläser.

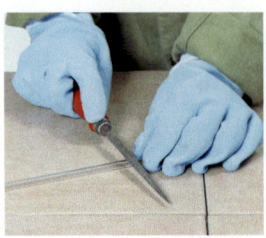

5 Mit der Feile einkerben.

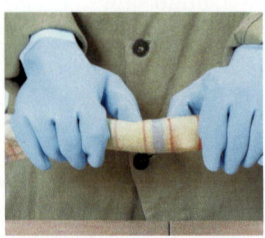

6 Brechen – vom Körper
weg!

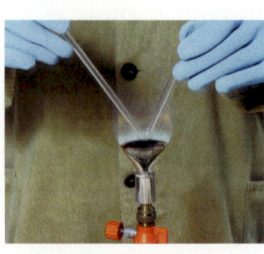

7 Erhitzen und drehen,
dann biegen.

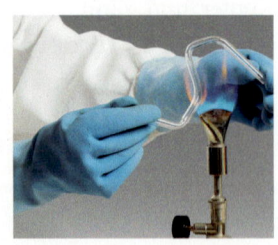

8 Sabine hat es einfach.

Glas – ein uralter Werkstoff

Grabbeigabe der Pharaonen Im alten Ägypten dienten Glaskelche als Grabbeigaben. ▷ 9 Vermutlich wurde Glas aber schon vor mehr als 5000 Jahren durch Zufall „erfunden". In einer Feuerstelle auf sandigem Boden fanden Menschen nach dem Erkalten Glasperlen. Glas besteht hauptsächlich aus geschmolzenem Sand. Trotzdem ist die Glasherstellung nicht ganz einfach. Zum Schmelzen von Sand sind nämlich Temperaturen von fast 2000 °C nötig. Solch hohe Temperaturen waren mit einem Holzfeuer nur sehr schwer zu erreichen.

Zusatzstoffe helfen Im Lauf der Zeit fand man heraus, dass Sand mit Zusatzstoffen (Salze, Asche von salzhaltigen Pflanzen, Kalk …) bei viel niedrigeren Temperaturen schmilzt. So wurde es möglich, Glas in größeren Mengen herzustellen.

Glas hat nicht nur den Vorteil, dass der Rohstoff Sand überall vorhanden ist. Es ist auch viel einfacher zu bearbeiten als etwa Metalle. Das liegt daran, dass Glas nicht bei einer ganz bestimmten Temperatur erstarrt, sondern ganz langsam beim Abkühlen härter wird. Während dieser Zeit lässt es sich leicht formen – durch Blasen, Pressen, Walzen und Ziehen. Mit weiteren Zusatzstoffen erhält man Glas in vielen schönen Farben.

Vom Luxus zum Massenprodukt Glasfenster stellten bereits die Römer vor rund 2000 Jahren her. Sie gossen geschmolzenes Glas in eine nasse Holzform. Nach dem Erstarren lösten sie das Glas vorsichtig aus der Form. ▷ 10 Fenster aus Glasscheiben waren damals ein Zeichen von Reichtum und Luxus.

Bei uns sind Glasscheiben seit dem Mittelalter bekannt. Sie wurden aber nicht gegossen: Ein Glasbläser formte große Zylinder, die aufgeschnitten, geglättet und gewalzt wurden. ▷ 11

Heute werden Glasscheiben im Floatverfahren hergestellt (engl. *float*: fließen). Das flüssige Glas fließt in eine Wanne mit flüssigem Zinn. Dort kühlt es langsam ab, bis es auf Rollen laufen kann. So entsteht ein breites, endloses Glasband, das in verschiedene Größen geschnitten wird. ▷ 12

9 Dieser schöne Glaskelch ist rund 3500 Jahre alt. Er wurde im Grab eines ägyptischen Pharaos gefunden.

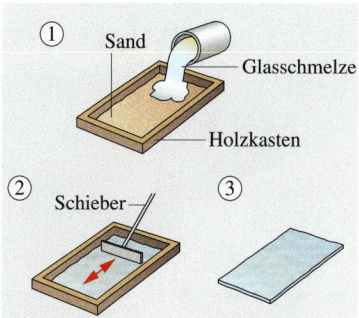

10 Gießen von Glasscheiben (bis ca. 70 cm · 100 cm)

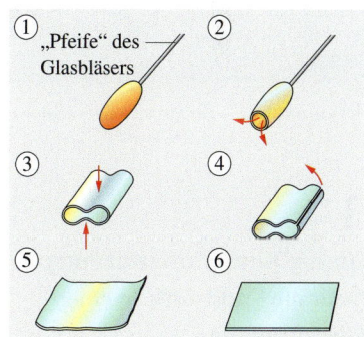

11 Scheiben aus geblasenem Glas

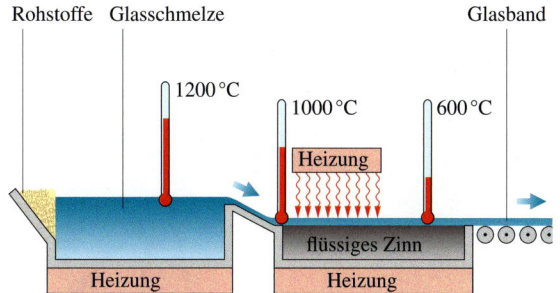

12 Herstellung von Glasscheiben heute

1 Der Rohstoff Sand ist überall vorhanden. Trotzdem war die Glasherstellung zunächst schwierig. Beschreibe das Problem.

2 Warum lässt sich Glas leichter bearbeiten als Metalle?

3 Beschreibe die Herstellung von Glasscheiben bei den Römern (im Mittelalter).

4 Beschreibe die Herstellung von Floatglas. Erkläre den Namen.

… zum Beispiel: Kunststoffe

Je nach Bedarf werden Kunststoffe mit den gewünschten Eigenschaften hergestellt. ▷ 1–4

Harte Kunststoffe werden auch beim Erhitzen nicht weich (Griffe von Töpfen).

Andere Kunststoffe werden weich und schmelzen, wenn man sie erhitzt (Plexiglas®, Verpackungsmaterial Styropor).

Elastische Kunststoffe kann man zusammendrücken – danach nehmen sie wieder ihre ursprüngliche Form an (Schaumstoff).

1 Gegenstände aus Plexiglas

2 Kunststoffe – für unsere Sicherheit

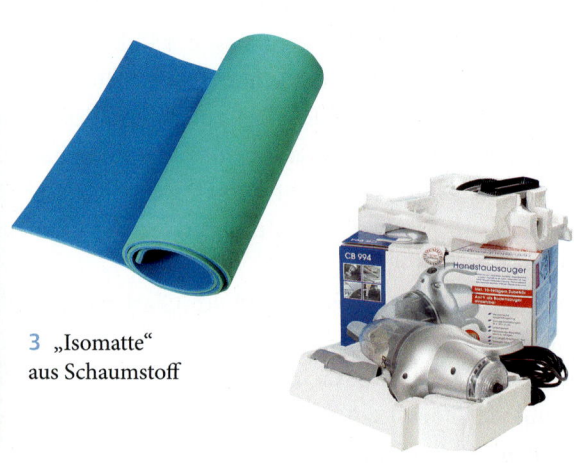

3 „Isomatte" aus Schaumstoff

4 Verpackung aus Styropor und Elektrogerät mit Kunststoffgehäuse

1

Unsere Kunststoffsammlung
Stellt die Kunststoffe in einer Glasvitrine aus.

2

Kunststoffe im Test
Vergleicht die Stoffeigenschaften.
▷ 5–6

3

Selbstgemachtes aus Kunststoff
Sicherlich habt ihr eigene Ideen.
▷ 7

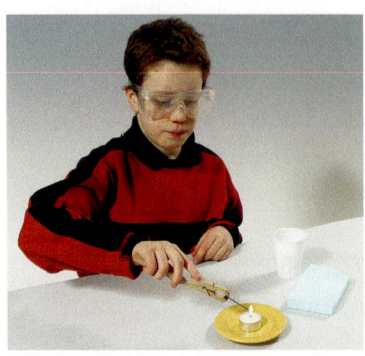

5 Was richtet der heiße Nagel an?

6 Kunststoff wird erwärmt.

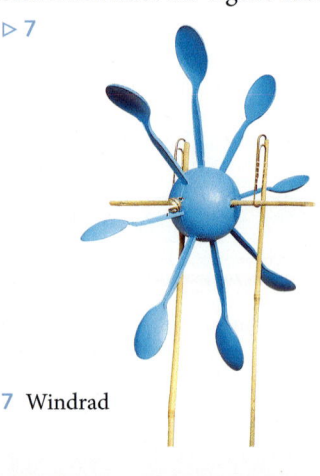

7 Windrad

Kunststoffe im Alltag

Kunststoffe ersetzen in vielen Bereichen natürliche Stoffe. Bei Tüten und Umschlägen ersetzen sie Papier. Für Fußböden, Fenster und Möbel werden sie statt Holz verwendet. Für Wasserrohre, Gehäuse von Geräten wurden früher Metalle verwendet, heute nimmt man Kunststoffe. Manche Kunststoffe haben aber Nachteile: Sie können schädlich für die Gesundheit und für die Umwelt sein.

Die vielen Kunststoffsorten können wir kaum voneinander unterscheiden. Daher werden die unterschiedlichen Gruppen von Kunststoffen mit Symbolen gekennzeichnet. ▷ 8

Die Symbole helfen, die Kunststoffe zu trennen und zu wiederzuverwerten. Nur Kunststoffe aus den gleichen Gruppen können nämlich wieder zu den gleichen hochwertigen Kunststoffen verarbeitet werden.

Aus unsortierten Kunststoffabfällen lassen sich nur minderwertigere Kunststoffprodukte wie Zaunpfähle oder Parkbänke herstellen.

festes und hartes **P**oly**e**then (PE)

Verwendung: Vorratssdosen, Abfalleimer, Getränkekästen, Rohre

Polystyrol

Verwendung: Joghurtbecher, Gehäuse von Geräten, Spielzeug, Schalter, elektrische Isolierungen

Poly**v**inyl**c**hlorid (PVC)
PVC kann die Gesundheit und die Umwelt stark gefährden. Beim Verbrennen wird nämlich das giftige Chlor freigesetzt. Außerdem enthält PVC oft „Weichmacher". Sie gefährden unsere Gesundheit, wenn sie in unseren Körper gelangen. Spielzeug darf deshalb nicht aus PVC hergestellt werden.

Verwendung: Fensterrahmen, Rohre, Flaschen für Chemikalien, Fußbodenbeläge, Dachrinnen, Schlauchboote

Polypropen (PP)

Verwendung: Stoßstangen, Verkleidungen im Autoinnenraum, Sitzbezüge, medizinische Geräte

PET

Verwendung: Folien, Getränkeflaschen, Verpackungen für Lebensmittel

8 Verschiedene Kunststoffe

1 Was bedeutet das Dreieck mit den Pfeilen? ▷ 8
2 Welcher Kunststoff kann gesundheitliche Schäden anrichten? Begründe!
3 Warum sind Kunststoffprodukte mit Symbolen gekennzeichnet?
4 Nenne 10 Produkte aus Kunststoff, die du in eurer Küche findest. Versuche herauszufinden, aus welchem Kunststoff sie hergestellt sind.

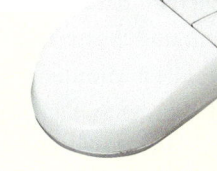

weicheres und weniger festes Polyethen (PE)

Verwendung: Säcke, Folien, Eimer, Taschen

Die Aggregatzustände

Wasser ist nicht immer flüssig

1

2

Viermal Wasser,
das seinen Zustand ändert
oder gleich ändern wird … ▷ 1–4

3

4

2

Wasser und Wasserdampf beim Kartoffelkochen

a Geht Wasser beim Kochen verloren? Messt mit einem Messbecher, wie viel Wasser ihr zum Kartoffelkochen nehmt.

b Warum wird der Deckel angehoben, wenn die Kartoffeln kochen?

c Haltet einen kühlen Spiegel oder Deckel über den Topf.

d Wenn die Kartoffeln gar sind, gießt ihr das Wasser in einen anderen Topf ab. (Vorsicht: Das Wasser ist heiß! Benutzt Topflappen und den Deckel.) Wie viel Wasser ist übrig geblieben? Wo ist das restliche Wasser geblieben?

1

Wie gut kühlen Eiswürfel?

Füllt ein Glas zu drei Vierteln mit Saft von Zimmertemperatur. Messt die Temperatur mit einem Thermometer. Füllt dann einige Eiswürfel ein und messt die Temperatur alle 2 Minuten. Wie stark kühlt der Saft ab? Schreibt eure Messwerte in eine Tabelle.

Zeit	Zu Beginn	Nach 2 min	Nach 4 min	…
Safttemperatur	z.B. 20 °C	?	?	?

3

Wo bleibt das Wasser?

Gebt einen Esslöffel Wasser auf eine Untertasse. Stellt sie an einen warmen Platz.

a Wie lange dauert es, bis alles Wasser verschwunden ist?

b Wo ist es geblieben?

4

Aus Eis wird …?

Wir erhitzen zerkleinertes Eis, bis das entstandene Wasser siedet. ▷ 5

a Beschreibt, was ihr beobachtet: „Zuerst sind nur Eisstückchen im Glas. Dann …"

b Haltet eine brennende Kerze über das siedende Wasser. Was geschieht? Sucht nach einer Erklärung dafür.

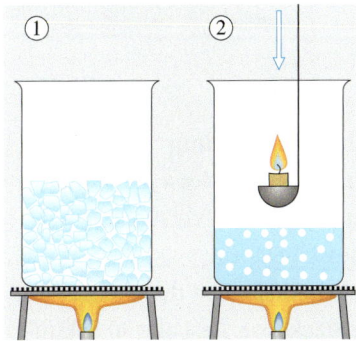

5

5

Nicht nur Wasser verändert seinen Zustand …

Auf keinen Fall die Schutzbrille vergessen!

a Gebt ein kleines Stück Wachs in einen Verbrennungslöffel. Haltet den Löffel über die Brennerflamme.
Das geschmolzene Wachs gießt ihr in ein Schälchen mit Wasser.

b Wiederholt den Versuch mit einem zweiten Wachsstückchen.
Erhitzt es nach dem Schmelzen weiter. Was könnt ihr beobachten?

c Schmelzt etwas Zinn in einer Eisenpfanne. Das Zinn wird auf ein Holzbrett ausgegossen. Beschreibt eure Beobachtung.

6

Bei welcher Temperatur siedet Spiritus?

a Bringt Wasser mit einem Tauchsieder zum Sieden.

b Zieht den Stecker heraus.

c Legt den Tauchsieder auf eine feuerfeste Unterlage. Stellt, wenn das Wasser nicht mehr siedet, ein Reagenzglas mit Spiritus◇ ins Wasser. ▷ 6

d Beobachtet den Spiritus und messt seine Temperatur. Vergleicht mit der des Wassers.

e Warum wird in diesem Versuch kein Brenner eingesetzt?

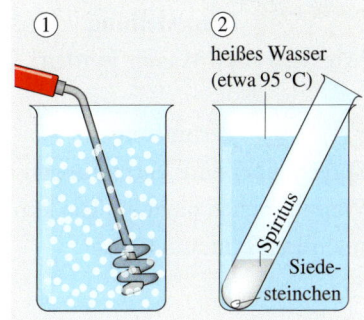

6

7

Die Zustandsänderungen von Wasser

a Vielleicht erhaltet ihr ein Arbeitsblatt. Wenn nicht, übertragt Bild ▷ 7 ins Heft und beschriftet die grauen Pfeile: verdampfen, schmelzen, erstarren, kondensieren.

b Beschreibt, was jeweils mit dem Wasser im Becherglas passiert: (1) „Das Eis …"
(2) … (3) … (4) …

◇ Spiritus Gefahr

7

Versuche geben Antworten

Wenn man Wasser erhitzt, verdampft es.
Wie heiß wird das Wasser dabei? Was vermutet ihr?
Am Anfang eines Versuchs steht eine solche **Frage-stellung**. Eure **Vermutungen** könnt ihr durch
einen geeigneten **Versuch** überprüfen. Bei der
Auswertung von Messreihen hilft oft ein Diagramm.

1 Versuchsaufbau

Schritt 1 **Fragestellung**
Wie heiß kann Wasser werden?

Schritt 2 **Vermutungen**
Sprecht über eure Vermutungen in der Gruppe.
Wenn ihr euch nicht einigen könnt, schreibt
mehrere Vermutungen auf.

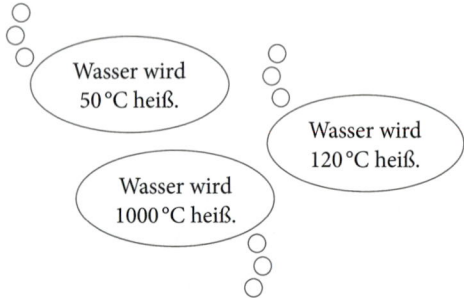

Schritt 3 **Versuchsdurchführung**
Legt ein Versuchsprotokoll an. Messt die Tempe-ratur des Wassers zu Beginn des Versuchs. Tragt
den Wert in eine Messtabelle ein. ▷ 2
Steckt jetzt mit trockenen Händen den Stecker des
Tauchsieders in die Steckdose. Lest alle 30 Sekun-den die Wassertemperatur ab.
Das Wasser siedet schließlich. Erhitzt es trotzdem
weiter und rührt dabei um. Lest weiterhin alle
30 Sekunden die Temperatur ab (2–3 Minuten
lang).

Messung	1	2	3	4	5	6	7	8	9
Zeit in s	0	30	60	90	120	150	180	210	240
Temperatur in °C	16	37	75						

2 Messtabelle

Schritt 4 **Versuchsauswertung**
a Erstellt ein Diagramm (siehe rechte Seite).
b Was könnt ihr aus eurer Darstellung ablesen?
   Diese Fragen helfen euch:
   – Welche Anfangstemperatur hatte das Wasser?
   – Bei welcher Temperatur siedete das Wasser?
   – Welche Endtemperatur habt ihr erreicht?
   – „Je länger man Wasser erwärmt, desto heißer
     wird es." Stimmt das immer?
c Beantwortet die Frage von Schritt 1.

Von der Messtabelle zum Diagramm

Die Werte aus der Messtabelle ▷ 2 könnt ihr auch in ein Diagramm übertragen. Bild ▷ 3 hilft euch zu verstehen, wie das Diagramm ▷ 4 entstanden ist.

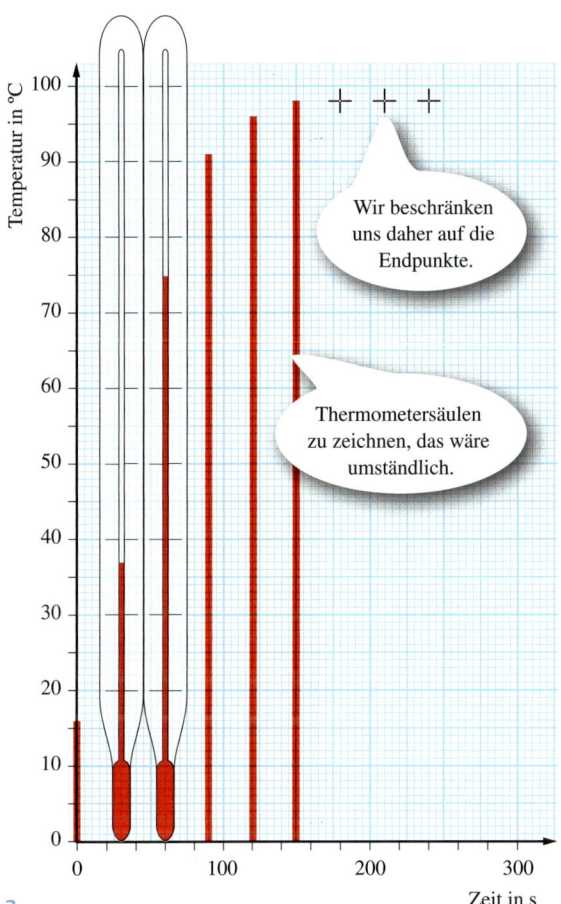

Wir beschränken uns daher auf die Endpunkte.

Thermometersäulen zu zeichnen, das wäre umständlich.

3

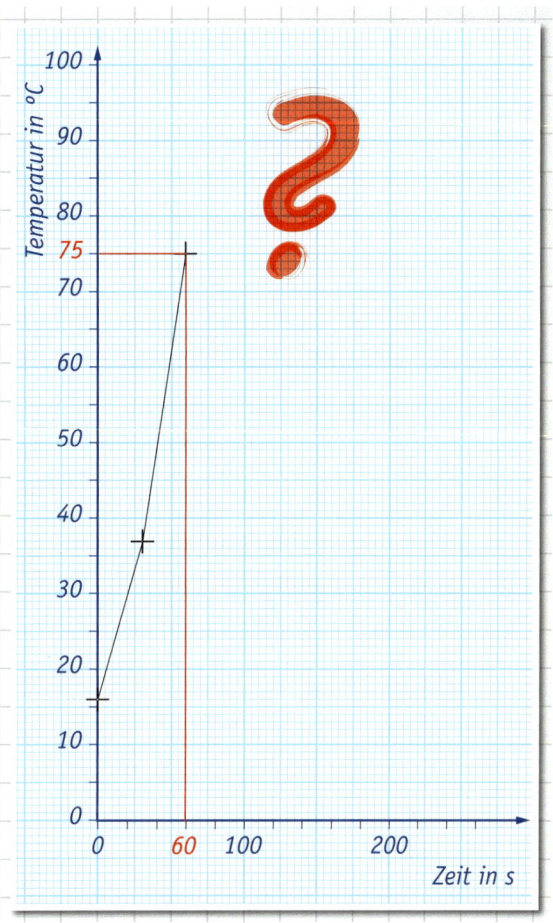

4 Diagramm
Wir lesen ab: Das Wasser wurde in diesem Versuch 98 °C heiß. Dann stieg die Temperatur nicht mehr weiter an. Das Wasser verdampfte.

Schritt 1 **Diagrammachsen zeichnen**
Zeichnet auf mm-Papier beide Achsen mit den Größen und Maßeinheiten aus der Messtabelle. ▷ 4
a Senkrecht: **Temperatur in Grad Celsius** (°C)
b Waagerecht: **Zeit in Sekunden** (s)

Schritt 2 **Messwerte eintragen**
(z. B. Messung 3: 60 s; 75 °C)
a Auf der waagerechten „Zeitachse" sucht ihr den Messwert für die Zeit aus der Tabelle (60 s). Zeichnet mit dem Lineal von dort eine dünne Hilfslinie senkrecht nach oben.

b Auf der senkrechten „Temperaturachse" sucht ihr den Temperatur-Messwert der gleichen Messung aus der Tabelle (75 °C). Zeichnet von dort eine Hilfslinie waagerecht nach rechts.
c Der Schnittpunkt der beiden Hilfslinien ergibt den Messpunkt 60 s; 75 °C.
So tragt ihr auch die anderen Messpunkte ein. Verzichtet auf die Hilfslinien; tragt nur die Punkte ein.

Schritt 3 **Kurve zeichnen**
Verbindet die Messpunkte.. Man nennt diese Verbindungslinie „Kurve".

Aggregatzustände und Teilchenmodell

Aggregatzustände Zahlreiche Stoffe können fest, flüssig oder gasförmig sein. Man nennt diese drei unterschiedlichen Formen der Stoffe *Aggregatzustände.* ▷ 1

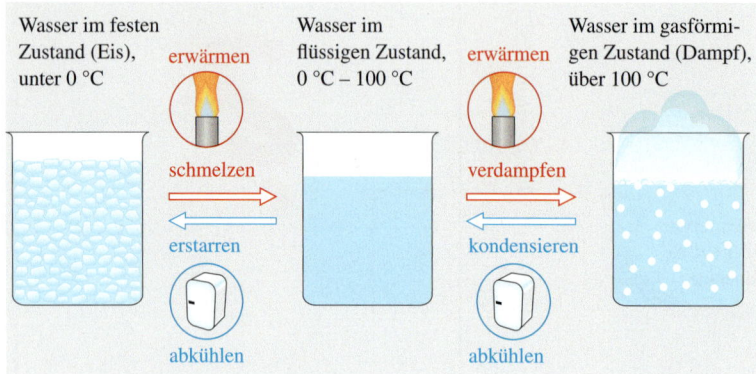

1 Zustandsänderungen von Wasser

Der Aggregatzustand eines Stoffs hängt von dessen Temperatur ab: Wasser ist unterhalb von 0 °C fest. Zwischen 0 °C und 100 °C ist es flüssig. Und oberhalb von 100 °C ist es gasförmig.

Aggregatzustand und Temperatur Die Temperaturen, bei denen Stoffe ihren Zustand ändern, heißen:
– *Schmelztemperatur* (wenn ein fester Stoff flüssig wird),
– *Siedetemperatur* (wenn eine Flüssigkeit gasförmig wird).
Diese Temperaturen sind für jeden Stoff verschieden. ▷ 2
Flüssigkeiten können auch unterhalb ihrer Siedetemperatur gasförmig werden. Man sagt dann: Sie verdunsten.
Wenn Wasser siedet und immer weiter erhitzt wird, steigt die Temperatur nicht mehr an. Trotz Energiezufuhr bleibt die Temperatur des Wassers gleich. Die zugeführte Energie ist nötig, um das flüssige Wasser in Wasserdampf zu verwandeln.
Bei der Schmelztemperatur wird ein fester Stoff flüssig.
Bei der Siedetemperatur wird er gasförmig.

Vom Aufbau der Stoffe aus Teilchen Wasser kann fest, flüssig oder gasförmig sein. Es bleibt aber immer Wasser. Gleiches gilt auch für andere Stoffe.
Mit der *Teilchenvorstellung* (dem *Teilchenmodell*) ist das einfach zu erklären. ▷ 3–5
Wir stellen uns vor, dass alle Stoffe aus kleinsten, für uns unsichtbaren Teilchen aufgebaut sind.
Diese kleinen Teilchen sind so winzig, dass man sie auch mit starken Mikroskopen nicht sehen kann. Wir stellen sie uns als ganz kleine Kügelchen vor.

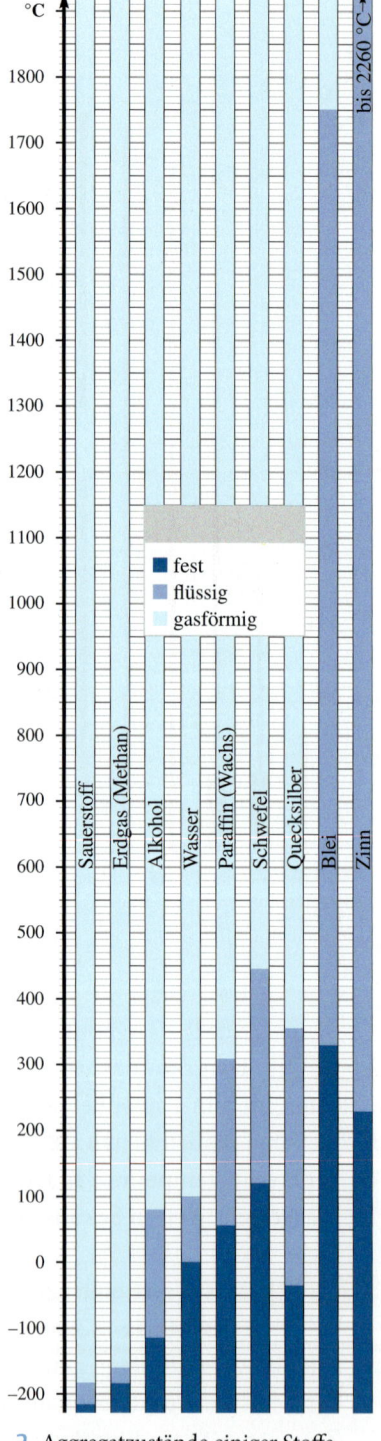

2 Aggregatzustände einiger Stoffe (Darstellung als Säulendiagramm)

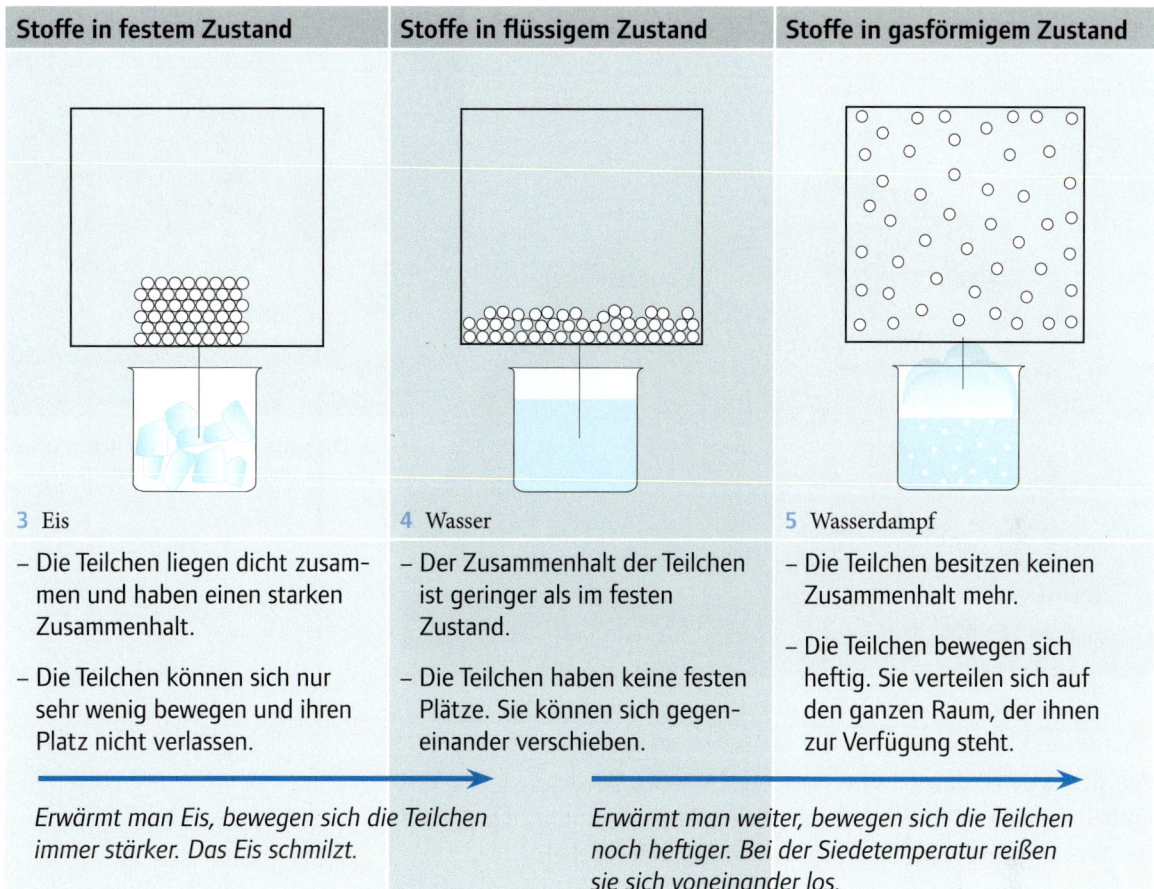

Stoffe in festem Zustand	Stoffe in flüssigem Zustand	Stoffe in gasförmigem Zustand

3 Eis

4 Wasser

5 Wasserdampf

– Die Teilchen liegen dicht zusammen und haben einen starken Zusammenhalt.

– Die Teilchen können sich nur sehr wenig bewegen und ihren Platz nicht verlassen.

– Der Zusammenhalt der Teilchen ist geringer als im festen Zustand.

– Die Teilchen haben keine festen Plätze. Sie können sich gegeneinander verschieben.

– Die Teilchen besitzen keinen Zusammenhalt mehr.

– Die Teilchen bewegen sich heftig. Sie verteilen sich auf den ganzen Raum, der ihnen zur Verfügung steht.

Erwärmt man Eis, bewegen sich die Teilchen immer stärker. Das Eis schmilzt.

Erwärmt man weiter, bewegen sich die Teilchen noch heftiger. Bei der Siedetemperatur reißen sie sich voneinander los.

Aufgaben

1 In welchen Temperaturbereichen sind Wachs und Blei fest, flüssig oder gasförmig? Lies die Werte aus dem Diagramm ab. ▷ 2

2 Welche Stoffe sind bei 110 °C fest, welche sind flüssig? ▷ 2

3 Denk dir ein „Teilchenspiel" aus, in dem Schülerinnen und Schüler je ein Teilchen darstellen. Wie könnten sie die Zustände „fest", „flüssig" und „gasförmig" spielen?

4 Bei welchem Zustand ist der Zusammenhalt zwischen den Teilchen am größten? Wann haben sie den kleinsten Abstand?

5 Wenn man mit einer Brille aus der Kälte in ein warmes Haus kommt, beschlagen die Brillengläser. Erläutere!

6 Wasser in einer Untertasse wird auf die Fensterbank gestellt. Erkläre mit dem Modell, warum es mit der Zeit weniger wird.

7 Unsichtbar – aber trotzdem vorhanden …
In einem Parfümfläschchen ist das Parfüm flüssig. Wenn man es aber auf die Haut tropft, ist es nach kurzer Zeit nicht mehr zu sehen. Es muss aber noch da sein, man riecht es ja.

a Erkläre, weshalb das Parfüm nach kurzer Zeit „verschwunden" ist.

b Welchen Zustand muss das Parfüm jetzt haben?

c Wie können wir uns den Raum vorstellen, in dem wir das Parfüm riechen? Zeichne deine Vorstellung im Teilchenmodell. Vergiss dabei die Luftteilchen nicht.

Wolken und Niederschläge

2 Die winzigen Wassertröpfchen einer kleinen Wolke wiegen ca. 600 Tonnen.

1 Über die Blätter verdunsten hier an einem Sommertag fast 200 Liter Wasser.

Auf der Erde verdunstet und verdampft ständig Wasser. ▷ 1 Die Luft enthält deshalb stets Wasserdampf. Sehen kann man ihn nicht. Wenn der Wasserdampf abkühlt, entstehen Wolken oder Nebel.

Wolken Wolken entstehen, wenn der Wasserdampf mit erwärmter Luft hochsteigt. Er gelangt in kältere Luftschichten und kondensiert dort. Es bilden sich winzige Wassertröpfchen und in größeren Höhen auch kleine Eiskristalle. Sie fallen nicht zur Erde, obwohl Wasser schwerer als Luft ist; sie werden von der aufsteigenden Luft in der Schwebe gehalten. Wir sehen die Wassertröpfchen als Wolken. ▷ 2

Nebel In Flusstälern gibt es im Frühjahr und im Herbst häufig Nebel. Dort verdunstet dauernd viel Wasser. Wenn der Wasserdampf dann in der kühlen Abend- oder Morgenluft abkühlt, wird er flüssig. Er kondensiert zu kleinen Wassertröpfchen. Wir sehen sie als Nebel. ▷ 3

1 Beschreibe, was ein Baum mit der Bildung von Wolken zu tun hat. ▷ 1

2 Wasserdampf ist unsichtbar. Warum sehen wir dann aber Wolken?

3 Nebelschwaden im Flusstal

Regentropfen Sie entstehen erst, wenn viele der winzigen Tröpfchen einer Wolke zu einem großen Tropfen zusammenfließen – wie Fettaugen auf der Suppe. Die Tropfen werden dann so schwer, dass sie als Regen zur Erde fallen. ▷ 4

Dicke Regentropfen bilden sich nur dann, wenn in der Wolke neben den Wassertröpfchen auch Eiskristalle vorhanden sind. Sie ziehen die kleinen Wassertröpfchen an und wachsen schließlich zu Hagelkörnern. ▷ 5

Bei ihrem tiefen Fall zur Erde tauen sie in wärmeren Luftschichten auf. Sie gelangen dann als dicke Regentropfen auf die Erde.

Hagel Wenn die Hagelkörner sehr dick sind, tauen sie auf dem Weg zur Erde nicht mehr ganz auf. Dann hagelt es.

In Gewitterwolken werden Hagelkörner durch starke Aufwinde immer wieder hochgerissen. Es lagert sich immer mehr Wasser an und die Hagelkörner werden immer größer. Sie können so groß wie Tennisbälle werden und schwere Schäden anrichten.

Schnee In großen Höhen liegen die Lufttemperaturen meist weit unter 0 °C. Dort bilden sich aus dem kondensierten Wasserdampf keine Wassertröpfchen, sondern sofort Eiskristalle. Das verdunstete (gasförmige) Wasser geht direkt in den festen Zustand über. Der flüssige Zustand wird hierbei übersprungen.

Eiskristalle wachsen in unterschiedlichen Formen. ▷ 6 Viele kleine Eiskristalle vereinen sich schließlich zu Schneeflocken. Wenn die Flocken schwer genug sind, rieseln sie als Schnee zur Erde herab. Oder sie tauen vorher in tieferen Luftschichten auf.

4 Regenwolke

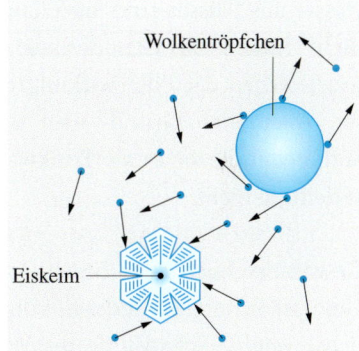

5 Das Wassertröpfchen schrumpft, der Eiskristall wächst.

6 Eiskristalle in verschiedenen Formen

3 Beschreibe, wie sich aus Wasserdampf Hagel oder Schnee bildet.

4 Vor allem im Sommer sieht man auf Pflanzen und Gras oft Tau. Warum entsteht er nachts und nicht am Tage?

5 Flugzeuge fliegen meist über den Wolken.

a Informiere dich über die Flughöhe und die dortige Lufttemperatur.

b Woraus bestehen wohl die Kondensstreifen, die man häufig am Himmel sieht?

Der Wasserkreislauf

Einfluss der Menschen Der Mensch greift auf vielfältige Weise in den natürlichen Wasserkreislauf ein. ▷ 2

– Beim Bau von Straßen und Häusern wird der Boden „versiegelt", also durch wasserundurchlässige Stoffe abgedeckt.
– Industrieanlagen, Haushalte und Kraftfahrzeuge erwärmen Luft und Wasser, das Wasser verdunstet schneller.
– Flussläufe werden begradigt, Moore trockengelegt und Wälder abgeholzt.
– Wasser wird aus Flüssen, Seen oder Grundwasserschichten entnommen.
– Mineralstoffe, Jauche, Gülle und Öl verschmutzen das Wasser. ▷ 3
– In die Luft werden Abgase und Schadstoffe eingeleitet. Der Regen bringt sie zurück ins Wasser.

Folgen für die Wasserqualität Das Oberflächenwasser aus Flüssen und Seen kann man heutzutage nicht trinken. Das Grundwasser ist zwar normalerweise wegen der Filterwirkung des Bodens sauberer. Aber auch Grundwasser wird erst mühsam aufbereitet, bevor es als Trinkwasser aus der Wasserleitung fließt.

Gewässerschutz Die beste Methode für den Gewässerschutz ist deshalb, von Anfang an möglichst wenige Schadstoffe ins Wasser gelangen zu lassen. Dazu tragen auch gesetzliche Maßnahmen bei – wenn sie eingehalten werden.

Giftige Abfälle müssen sachgerecht gelagert werden, sonst können sie mit dem versickernden Regenwasser ins Grundwasser gelangen.

Giftmüll darf weder in fester noch in flüssiger Form ins Meer gelangen („verklappt" werden). In der Natur geht nämlich nichts verloren. Auch die riesigen Meere sind nur begrenzt belastbar.

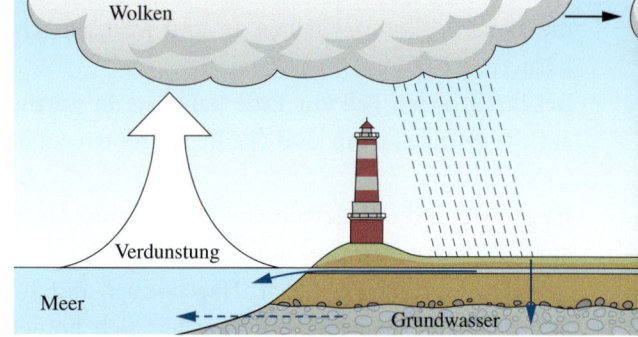

1 Natürlicher Wasserkreislauf

2 Eingriff des Menschen in den Wasserkreislauf

3

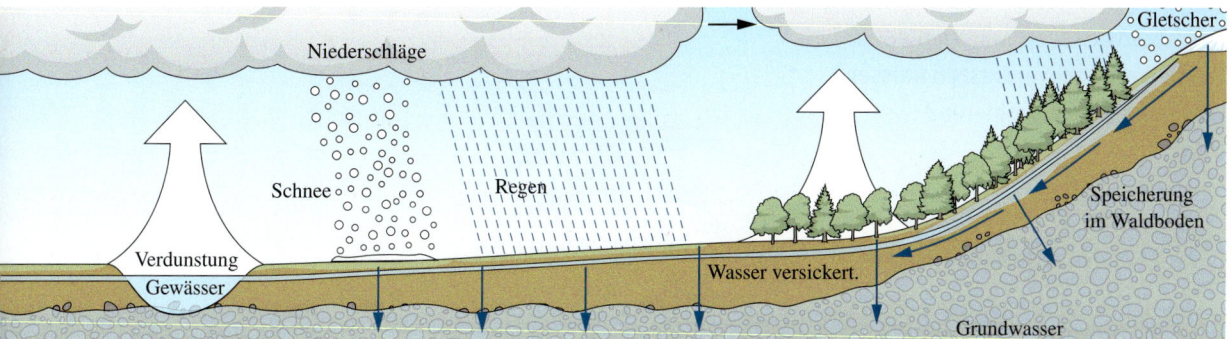

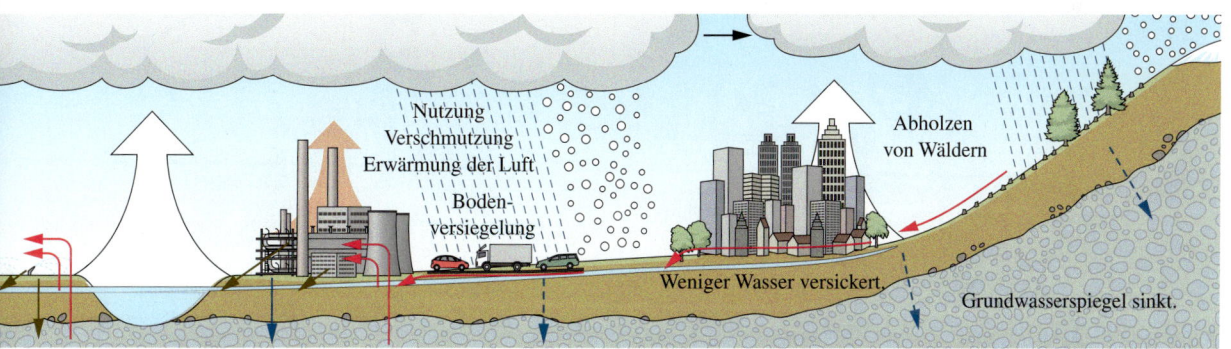

1 Beschreibe den natürlichen Wasserkreislauf.

2 Trinkwasser kann auch aus Flusswasser gewonnen werden. Die Reinigung des Wassers ist aber sehr aufwendig. Warum ist Grundwasser sauberer?

3 In Wasserschutzgebieten wird Trinkwasser gewonnen. Verkehrszeichen verbieten die Durchfahrt z. B. für Tankfahrzeuge ▷ 4 oder mahnen zu vorsichtigem Verhalten.
Was ist in Wasserschutzgebieten zu beachten?

4 Vergleiche den natürlichen Wasserkreislauf ▷ 1 mit dem durch Menschen veränderten Kreislauf. ▷ 2

a Die roten Pfeile im zweiten Bild machen Veränderungen deutlich. Beschreibe diese.

b Welchen Einfluss haben diese Veränderungen auf das Grundwasser?

4

Stoffe trennen

Trinkwasser aus Meerwasser?

Gestrandet auf einer Insel – ohne Trinkwasser!
Das Meerwasser ist ja ungenießbar …
Werden die drei verdursten müssen?
Was könnten sie probieren?

1

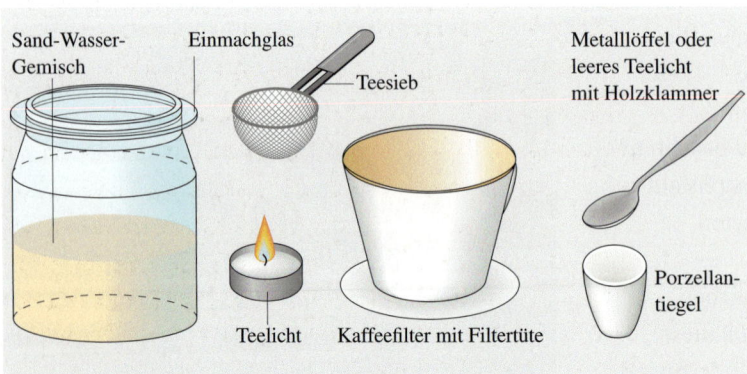

2 Versuchsgeräte

Sand-Wasser-Gemisch — Einmachglas — Teesieb — Teelicht — Kaffeefilter mit Filtertüte — Metalllöffel oder leeres Teelicht mit Holzklammer — Porzellantiegel

1

„Meerwasser" reinigen

a Schüttet in reines Wasser etwas sauberen Sand und Salz. Rührt alles kräftig um und stellt so ein Wasser-Sand-Salz-Gemisch her. Welche Gruppen schafft es, die drei Stoffe wieder voneinander zu trennen? Die abgebildeten Geräte können euch beim Experimentieren nützlich sein. ▷ 2

b Beschreibt genau, wie ihr die Aufgabe gelöst habt.

2

Stoffe trennen durch Destillation

a „Meerwasser" entsalzen:
- Entwerft eine einfache „Wasserentsalzungsanlage" mit diesen Geräten. ▷ 3
- Überlegt, wie ihr möglichst viel reines Wasser erhaltet.
- Fertigt eine Versuchsskizze an.
- Beschreibt, wie eure „Entsalzungsanlage" funktioniert.

b Mit dieser „Profianlage" geht es noch besser. ▷ 4
- Erklärt, wie die Anlage funktioniert.
- Warum ist es besser, das Kühlwasser von unten einströmen zu lassen?
- Was bleibt im Kolben zum Schluss übrig?

c Wasser und Farbstoffe sollen voneinander getrennt werden. (Im Meerwasser können neben Salz auch noch Farbstoffe enthalten sein.)
- Färbt Wasser mit Tinte an.
- Versucht aus dem gefärbten Wasser wieder farbloses Wasser zu gewinnen.

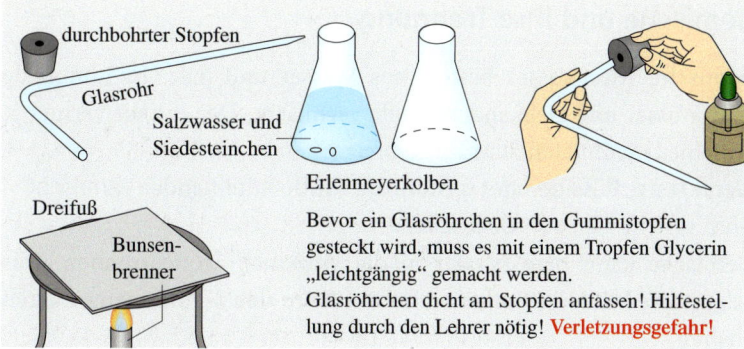

3 Einige Versuchsgeräte

durchbohrter Stopfen

Glasrohr

Salzwasser und Siedesteinchen

Erlenmeyerkolben

Dreifuß

Bunsenbrenner

Bevor ein Glasröhrchen in den Gummistopfen gesteckt wird, muss es mit einem Tropfen Glycerin „leichtgängig" gemacht werden.
Glasröhrchen dicht am Stopfen anfassen! Hilfestellung durch den Lehrer nötig! **Verletzungsgefahr!**

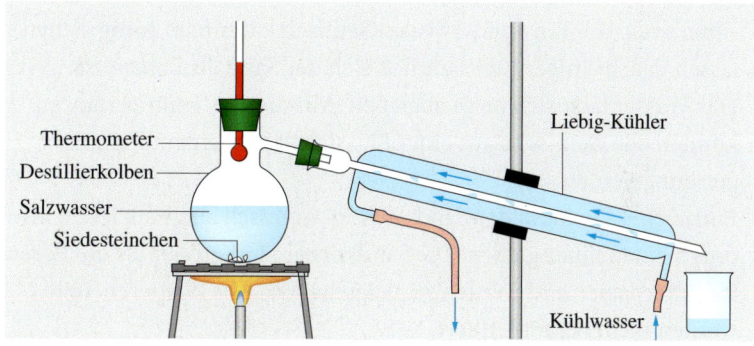

4 Destillation mit Liebigkühler

Thermometer

Destillierkolben

Salzwasser

Siedesteinchen

Liebig-Kühler

Kühlwasser

Rezept für eisgekühlte Limonade

Zutaten: 0,3 L Leitungswasser,
Zucker (nach Geschmack),
1 Teelöffel Zitronensaft (Citronensäure),
etwas Backpulver, Eiswürfel

Zubereitung: Der Zitronensaft und der Zucker werden in das Wasser eingerührt. Anschließend gibt man eine Messerspitze Backpulver hinzu. Vor dem Trinken wird die Limonade mit Eiswürfeln gekühlt.

5

3

Limonaden und Colagetränke – fast nur aus Wasser? ▷ 5

a Überlegt euch zur Beantwortung dieser Frage ein Experiment mit den folgenden Materialien:
Gasbrenner, Vierbein, Ceranplatte, (Dreibein mit Drahtnetz), Konservendose und jeweils 50 ml verschiedene Limonaden und Colagetränke.

b Was bleibt zurück? Stellt Vermutungen an und vergleicht sie mit den Angaben auf den Etiketten.

c Welche Aufgabe hat das Backpulver in euren Rezepten?

Gemische und ihre Trennung

Gemische Meerwasser besteht aus Wasser und Salz. In Limonade sind Wasser und viele andere Stoffe vermischt. Der Bäcker vermengt verschiedene Zutaten zum Kuchenteig.

Wenn feste, flüssige oder gasförmige Stoffe miteinander vermischt sind, spricht man von *Gemischen*.

Gemische kann man wieder in die einzelnen Stoffe trennen. Das gelingt, weil die Eigenschaften der Stoffe in den Gemischen erhalten bleiben.

Trennverfahren für Gemische

– *Absetzenlassen:* Ein Sand-Wasser-Gemisch kann man ruhig stehen lassen. Nach einiger Zeit sammelt sich der Sand als *Bodensatz*. Das Wasser lässt sich dann abgießen. Mit diesem Trennverfahren können alle Gemische aus einer Flüssigkeit und einem Feststoff getrennt werden. ▷ 1

– *Filtrieren:* Man kann das Sand-Wasser-Gemisch auch filtrieren, also durch einen Filter gießen. Die Sandkörner sind größer als die Poren im Filterpapier und werden zurückgehalten. Alle kleineren Teile werden nicht herausgefiltert. ▷ 2

– *Eindampfen:* Im Salzwasser hat sich das Salz im Wasser aufgelöst. Man erhält das Salz zurück, wenn man das Salzwasser eindampft. ▷ 3 Dann bleibt das Salz zurück und das Wasser verdampft; es wird zu Wasserdampf. Auch die festen Stoffe, die z. B. in Limonaden gelöst sind, kann man mit dieser Methode gewinnen.

– *Destillieren:* Beim Eindampfen von Salzwasser kannst du ein kaltes Gefäß in den Wasserdampf halten. ▷ 4 An der kalten Gefäßwand tropft dann salzfreies Wasser herab. Man nennt es *destilliertes Wasser*.
Bei einem entsprechenden Verfahren im Labor leitet man den Wasserdampf durch einen Kühler. In der Fachsprache bezeichnet man dieses Trennverfahren als *Destillation*.

Reinstoffe Stoffe, die man mit den Trennverfahren nicht weiter in verschiedene Stoffe trennen kann, nennt man *Reinstoffe*, z. B. Zucker, Salz, Wasser, Öl …

1 Absetzenlassen

Rückstand (Sand)

Filtrat (Wasser)

2 Filtrieren

3 Salzwasser wird eingedampft.

kaltes Glasgefäß

4 Salzwasser wird destilliert.

das Gemisch
das Trennverfahren
der Reinstoff

Aufgaben

1 Beschreibe, wie man aus Leitungswasser destilliertes Wasser erhält.

5

2 Gemisch oder Reinstoff?

a Begründe, warum das Getränk Kaffee ▷ 5 ein Gemisch ist und kein Reinstoff.

b Beschreibe einen Versuch, mit dem du das beweisen kannst.

c Flüssige Gemische nennt man auch *Lösungen*. Welche der folgenden Flüssigkeiten sind Lösungen und welche Reinstoffe? Zuckerwasser, Öl, Essig, Tee (im Glas)? Versuche deine Entscheidung zu begründen.

3 Stofftrennung durch Absetzenlassen

a Welche der drei folgenden Gemische lassen sich durch diese Methode trennen? Zuckerwasser, Wein, Wasser-Kies-Gemisch, Zitronensprudel

b Versuche zu begründen, wie diese Methode funktioniert.

4 Der Werkraum wird gefegt. Wie kannst du kleine Eisenschrauben vom Kehricht trennen, ohne dir die Finger schmutzig zu machen? ▷ 6

6 Kehricht im Werkraum

5 Bei uns wird Salz meistens aus Steinsalz gewonnen. Es kommt aus Bergwerken und ist stark mit Sand und Steinen verschmutzt. Beschreibe, wie man daraus reines Salz gewinnen kann.

6 Du kennst den Wasserkreislauf.

a An welcher Station dieses Kreislaufs entsteht destilliertes Wasser?

b Wie gelangen die Mineralsalze ins Trinkwasser?

7 Reinstoffe und Gemische in der Küche

a Nenne jeweils zwei.

b Begründe, warum es Reinstoffebzw. Gemische sind.

8 Rotwein ist ein Gemisch aus Wasser, Geschmacksstoffen, Farnstoffen und Alkohol.

a Beschreibe eine Methode, wie du den Alkohol herausholen könntest. (Tipp: Sieh nach, welchen Siedepunkt der Alkohol hat.)

9 Stoffgemisch Salzwasser

a Ordne die folgenden Beschreibungen den Bildern zu: ▷ 7–9
  – Salzwasser verdunstet.
  – Salzwasser wird hergestellt.
  – Festes Salz liegt in einem Schälchen.

b Beschreibe mithilfe des Begriffs „Teilchen", was in den Bildern dargestellt ist.

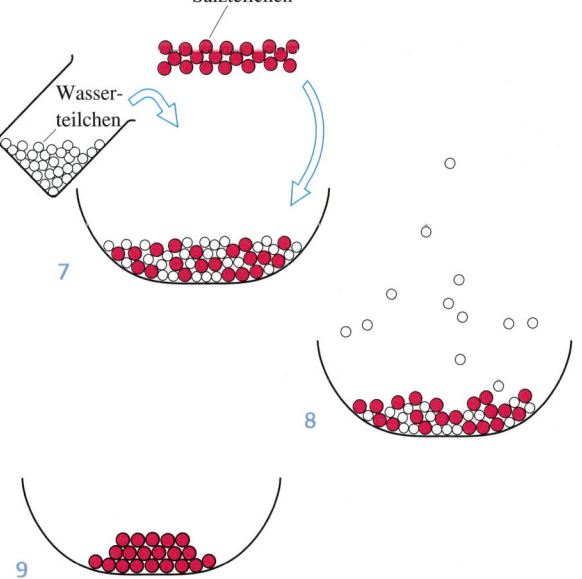

Entsalzung von Meerwasser

Trinkwasser durch Destillation Auf vielen Inseln und an mehreren Küstenabschnitten des Mittelmeers wird in großen Anlagen Trinkwasser aus Meerwasser gewonnen.

Einige dieser Anlagen gleichen Gewächshäusern. ▷ 1 Schräge Glasdächer überspannen lange Becken mit Meerwasser. Alle zwei Tage wird es abgelassen und ersetzt.

Außen am Glasdach ist eine Sammelrinne angebracht. Wenn es einmal regnet, läuft hier das Regenwasser ab. Es kann dann ebenfalls als Trinkwasser genutzt werden. Dem destillierten Wasser werden dann noch die nötigen Mineralsalze hinzugefügt – und fertig ist das Trinkwasser.

Täglich gewinnt man hier von jedem Quadratmeter Wasserfläche drei Liter destilliertes Wasser. Wie in einem Treibhaus staut sich unter den Glasflächen so viel Wärme, dass die Destillation sogar nachts erfolgt.

Dieses Verfahren benötigt viel Energie. Es eignet sich nur für Länder, in denen die Sonne als Energiequelle genutzt werden kann und ausreichend große Flächen zur Verfügung stehen.

In den arabischen Ölstaaten wird allerdings auch Öl als Wärmequelle für die Destillation von Meerwasser genutzt.

Trinkwasser durch Filterung Eine andere „Entsalzungsmethode" arbeitet mit Filtern aus Kunststoff: Mit sehr hohem Druck wird das Salzwasser gegen die Filter gepresst. ▷ 2 Die großen Salzteilchen werden fast vollständig vom Filter zurückgehalten. Die kleineren Wasserteilchen passen dagegen durch die winzigen Poren der Filter und gelangen so auf die andere Seite. So erhält man fast salzfreies Wasser, das sich gut als Trinkwasser eignet.

Auf der Insel Helgoland in der Nordsee wird auf diese Weise Trinkwasser aus Meerwasser hergestellt.

Das Filtrieren verbraucht im Vergleich zum Destillieren von Meerwasser nur ungefähr ein Drittel der Energie.

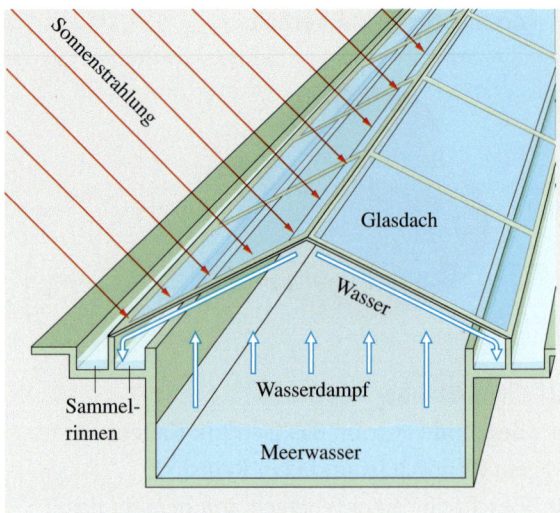

1

Filter aus Kunststoff

① Salzteilchen, Wasserteilchen, Meerwasser, reines Wasser

②

2

1 Beschreibe die beiden Möglichkeiten, wie aus Salzwasser Trinkwasser hergestellt wird:
a Destillation: ▷ 1 „Das kalte Meerwasser …"
b Filterung: ▷ 2 „Das Meerwasser wird mit hohem Druck …"
c Warum wäre es kaum sinnvoll, mit der Anlage von Bild ▷ 1 aus Nordseewasser Trinkwasser zu gewinnen?
2 In welchen Gegenden ist es sinnvoll, Entsalzungsanlagen wie in Bild ▷ 1 zu bauen?

Auf der Suche nach Gold

Ab Mitte des 19. Jahrhunderts erlebt Nordamerika mehrfach
einen „Goldrausch". Nach ersten Goldfunden in Kalifornien versuchen
viele Menschen ihr Glück im Goldwaschen: ▷ 3

3

Jack London schrieb über einen Goldwäscher: …
Dort, wo der Steilhang das Ufer des Teiches bildete, blieb er stehen, hob seine Schaufel voll Erde aus und schüttete die Erde in die Pfanne. Dann hockte er sich am Bach nieder, tauchte das Gefäß halb unter das Wasser und schwenkte es sacht hin und her. Schneller und schneller wurden die kreisenden Bewegungen der Pfanne. Kleinere und größere Erd- und Kieselteilchen kamen an die Oberfläche und glitten über den Rand des Gefäßes hinweg.

Um den Prozess des Auswaschens zu beschleunigen, hielt der Mann manchmal inne und suchte die größeren Steine mit den Fingern heraus.

Mit unendlicher Vorsicht setzte der Goldgräber seine Arbeit fort. Seine Bewegungen wurden langsamer und behutsamer. … Der Boden des Gefäßes war mit einer dünnen schwarzen Schicht überzogen, die der Mann einer sorgfältigen Untersuchung unterzog.

Da! Ein winziger, goldig flimmernder Punkt fesselte seine ganze Aufmerksamkeit. Noch mal spülte eine Flut von Wasser über den Boden des Gefäßes hinweg. Er kehrte die Pfanne um, ließ ihren Inhalt auf den Boden gleiten und entdeckte unter den schwarz schimmernden Sandkörnern einen neuen goldenen Punkt.

Der Mann unterzog sich seiner Aufgabe mit der größten Genauigkeit. Immer kleiner wurde die Menge schwarzen Sandes, die er auf den Rand der Pfanne gleiten ließ, um sie dort auf ihren Goldgehalt zu prüfen. Kein noch so kleines Sandkörnchen entging seinen Blicken. … Schließlich befanden sich nur noch Goldkörnchen auf dem Boden des Gefäßes.

Nur seine Augen verrieten die Erregung, in der er sich befand, als er sich nach getaner Arbeit vom Boden aufrichtete. „Sieben", murmelte er beglückt vor sich hin, „sieben." Er konnte sich nicht genug daran tun, die Zahl zu wiederholen.

1 Versuche ein Gemisch aus 10 g Kupferspänchen und 100 g feinem Sand mit der Methode der Goldwäscher zu trennen.
Wie viel Gramm Kupfer erhältst du? Vergleiche mit dem Ausgangsgemisch.

2 In Freizeitparks kann man heute selbst Gold waschen. Erkundige dich, ob es auch in deiner Nähe einen ähnlichen Park gibt.

„Was ist da drin?"

Sieht fast wie ein mehrfarbiger
Halbedelstein aus. ▷ 1
Aus welchen verschiedenen Stoffen
besteht dieser unbekannte Gegenstand?

1

1

**Smarties und Schokolade –
was ist drin?**
Informiert euch über die Inhalts-
stoffe von Smarties und von
Vollmilchschokolade. Schaut
z. B. auf der Verpackung nach.

2

Wir zerlegen Smarties
Wir versuchen das Stoffgemisch
„Smartie" zu zerlegen – nur
durch Lösen in Wasser und
anschließendes Eindampfen. ▷ 2

a Schwenkt ein unzerdrücktes
blaues Smartie in sehr wenig
kaltem Wasser (ein Esslöffel
voll). Wendet es gegebenen-
falls, bis der Farbstoff sich
vollständig gelöst hat.
Durch vorsichtiges Abgießen
wird das überstehende Wasser vom Smartie abgetrennt.

b Schwenkt das Smartie kurz
in etwas heißem Wasser, bis
es seine weiße Farbe verliert.
Gießt die Lösung ab und
dampft sie vorsichtig ein.
Welcher Stoff bleibt zurück?

3

**Wir trennen Schokolade in
ihre Bestandteile**

a So trennt ihr das Fett ab:
Rührt ein Stück Schokolade
so lange in 50 ml warmem
Nagellackentferner◇, bis
keine Stückchen mehr zu
sehen sind. Filtriert dann das
Gemisch in ein Becherglas.
▷ 3
Lasst das Becherglas einige
Tage offen stehen. Der Nagel-
lackentferner verdunstet, das
Fett bleibt übrig.

b Enthält auch die Schokolade
Zucker?
Haltet den Filter mit dem
Rückstand über ein zweites
Becherglas. Gebt langsam
und in kleinen Schritten
50 ml warmes Wasser durch
den Filter. Dabei wird der
Zucker gelöst. Wenn das
Wasser verdunstet ist, bleibt
der Zucker im Becherglas.
Den nicht gelösten Rück-
stand im Filter lassen wir
trocknen. Dies ist das Kakao-
pulver.

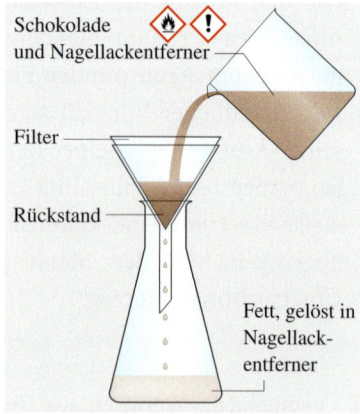

3 Versuchsdurchführung

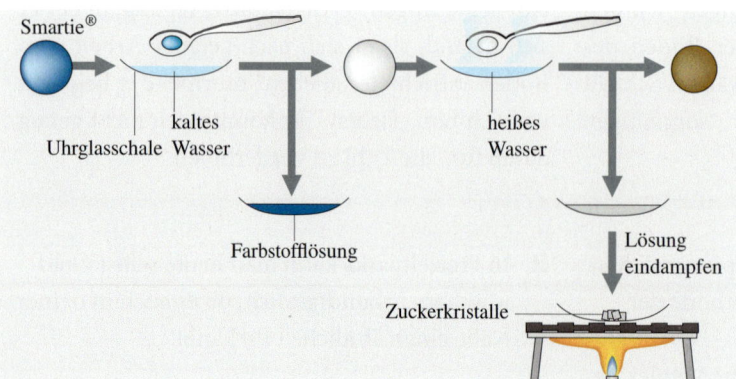

2

Ihr könnt die Farbstofflösung aus dem Smartie weiter untersuchen. Um das Verfahren kennenzulernen, verwenden wir Farbstoffe von Filzstiften.

4

Dem Täter auf der Spur

Jemand hat eurem Freund mit Filzstift in sein Tagebuch gekritzelt. Mit der *Chromatografie* könnt ihr herausfinden, mit welcher Sorte Filzstift der Täter geschrieben hat.

Ihr braucht:

2 farbige Filzstifte unterschiedlicher Hersteller, 3 runde Filterpapiere (Rundfilter), 2 flache Gefäße, Wasser, Spiritus◇.

So wird's gemacht:

- Malt mit einem Filzstift einen dicken Punkt auf einen Rundfilter. Mit dem anderen Stift malt ihr den Punkt auf den anderen Filter. ▷ 4
- Schneidet den dritten Rundfilter in der Mitte durch. Rollt die beiden Hälften zu je einem „Docht" auf.
- Steckt die selbst gefertigten „Dochte" durch die farbigen Punkte hindurch in die Rundfilter. ▷ 5
- Legt die Rundfilter mit den darin steckenden „Dochten" auf die Gefäße mit Wasser. Die „Dochte" sollen ins Wasser eintauchen, die Filter nicht. ▷ 6
- Wiederholt den Versuch mit Spiritus statt Wasser.

5

Wir untersuchen Blattgrün

Grüne Gummibärchen enthalten den Farbstoff „Blattgrün", abgekürzt „E 140".

a Enthalten auch Pflanzenblätter diesen Farbstoff? Oder färbt vielleicht ein Gemisch aus blauen und gelben Farbstoffen die Blätter grün? Haltet euch bei eurer Untersuchung genau an die dargestellten Schritte. ▷ 7

b Vergleicht die Wirksamkeit verschiedener Lösemittel. Ersetzt in Schritt 1 Spiritus◇ durch Wasser.

c Verfasst eine Versuchsbeschreibung.

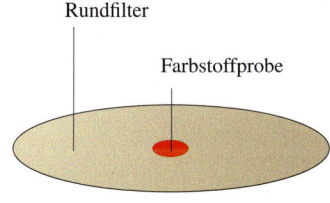

Rundfilter

Farbstoffprobe

4

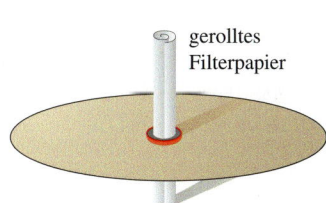

gerolltes Filterpapier

5

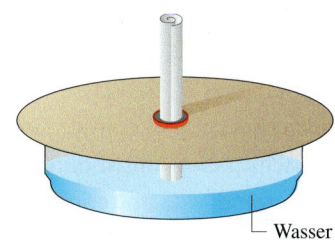

Wasser

6

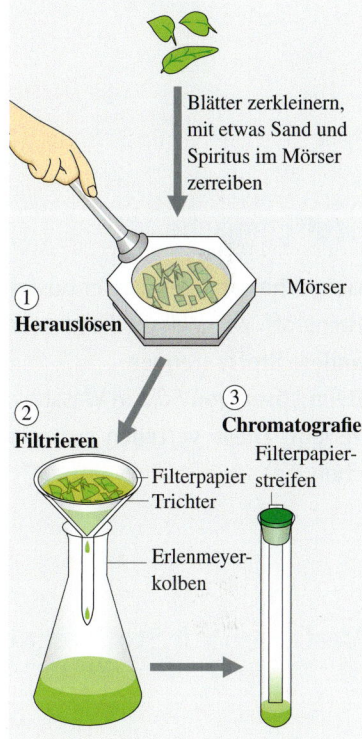

Blätter zerkleinern, mit etwas Sand und Spiritus im Mörser zerreiben

① **Herauslösen**

Mörser

② **Filtrieren**

③ **Chromatografie**

Filterpapierstreifen

Filterpapier
Trichter

Erlenmeyerkolben

7 Farbstoffuntersuchung

◇ Nagellackentferner

Gefahr

◇ Spiritus

Gefahr

Zustandsformen (Aggregatzustände)

Viele Stoffe können fest, flüssig oder gasförmig sein. Der Aggregatzustand ist abhängig von der Temperatur. ▷ 1

Im Teilchenmodell kann man sich ein und denselben Stoff in verschiedenen Aggregatzuständen vorstellen. ▷ 2

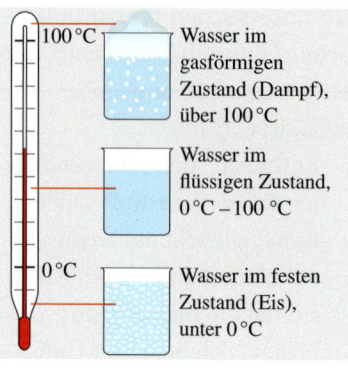

Wasser im gasförmigen Zustand (Dampf), über 100 °C

Wasser im flüssigen Zustand, 0 °C – 100 °C

Wasser im festen Zustand (Eis), unter 0 °C

1

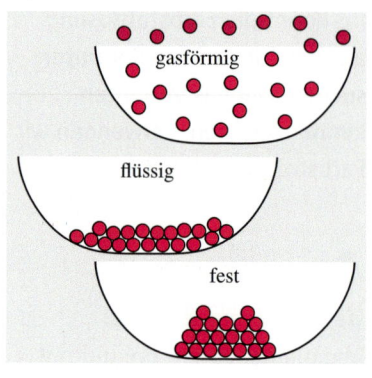

gasförmig

flüssig

fest

2

Stoffgemische

Gemische wie Meerwasser bestehen aus mehreren Reinstoffen. Einen Reinstoff wie Wasser kann man mit einfachen Verfahren nicht in andere Stoffe trennen.

Beim Lösen von Salz in Wasser wird das Salz in einzelne Salzteilchen zerlegt. Diese verteilen sich gleichmäßig zwischen den Wasserteilchen. ▷ 3

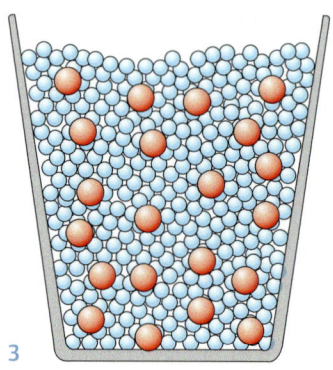

3

Verfahren zur Stofftrennung

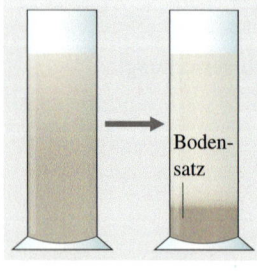

Boden-satz

4

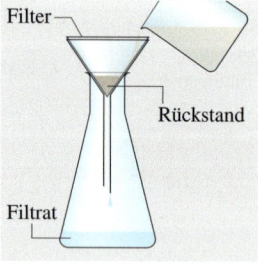

Filter

Rückstand

Filtrat

5

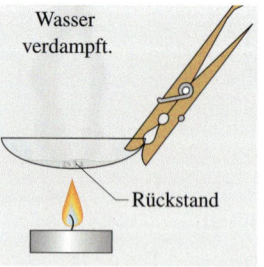

Wasser verdampft.

Rückstand

6

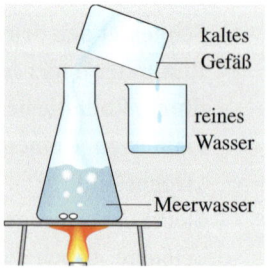

kaltes Gefäß

reines Wasser

Meerwasser

7

Absetzenlassen:
Unlösliche, feste Bestandteile bilden einen Bodensatz. Die Flüssigkeit wird abgegossen.

Filtrieren:
Filterpapier ist ein feines Sieb. Die größeren Teile des Gemischs passen nicht durch seine kleinen Poren. Übrig bleibt die Flüssigkeit.

Eindampfen:
In Wasser gelöstes Kochsalz lässt sich nicht durch Filtrieren abtrennen. Wenn jedoch das Wasser verdampft, bleibt der feste Stoff zurück.

Destillieren:
Wenn man Meerwasser erhitzt, verdampft nur das Wasser. Der Wasserdampf wird aufgefangen und abgekühlt – man erhält reines Wasser.

Alles klar?

1 Nenne die Aggregatzustände, in denen sich folgende Stoffe bei 20 °C (200 °C) befinden: Kerzenwachs, Wasser, Eisen, Kochsalz, Spiritus. (*Tipp:* Siehe die Tabelle im Anhang)
Trage sie in eine solche Tabelle ein:

Stoff	20 °C	200 °C
Wasser	…	…

2 Beschreibe jeweils ein Beispiel für folgende Trennmethoden: Absetzenlassen, Filtrieren, Eindampfen, Destillieren.

3 Beim Kartoffelkochen kann es passieren, dass plötzlich kein Wasser mehr im Topf ist und die Kartoffeln anbrennen.
Erkläre, wo das Wasser geblieben ist. Benutze dabei die Wörter *sieden* und *Aggregatzustand*.

4 In den beiden Bechern sind Regenwasser aus einer Pfütze sowie Quellwasser. ▷ 8

8 Regenwasser aus einer Pfütze und Quellwasser

a Warum ist das Quellwasser so sauber?
b Sind Pfützenwasser und Quellwasser Reinstoffe oder Gemische? Begründe deine Antwort.

5 Ein Glas enthält Salzwasser, ein zweites destilliertes Wasser.
Wie kannst du herausfinden, wo sich das Salzwasser befindet? (Schmecken verboten!)
Plane einen Versuch.

6 Mit dieser altertümlichen Destillieranlage kann man z. B. aus Wein reinen Alkohol herstellen.
▷ 9

9 Alte Destillieranlage

a Schreibe die folgenden Sätze in der richtigen Reihenfolge auf. Der erste und der letzte Satz stehen richtig.
– Das Feuer erhitzt den Wein in dem großen Glasbehälter.
– Im Glasrohr wird der gasförmige Alkohol wieder flüssig (er kondensiert), weil das Fass mit kaltem Wasser gefüllt ist.
– Der Wein – ein Gemisch aus Wasser, Alkohol, Farb und Geschmacksstoffen – beginnt zu sieden.
– Der Alkohol im Wein wird schon bei rund 80 °C gasförmig. Das Alkoholgas strömt in dem schrägen Glasrohr durch das Fass.
– Vorne aus dem Rohr fließt Alkohol in die kleine Flasche.
b Entwirf und zeichne selbst eine Destillieranlage, mit der du Tintenwasser entfärben kannst.

7 Der Saft einer Orange besteht zum größten Teil aus Wasser.
Plane und zeichne einen Versuch, mit dem du nachweisen kannst, dass „reiner" Orangensaft Wasser enthält.

1 So nicht!

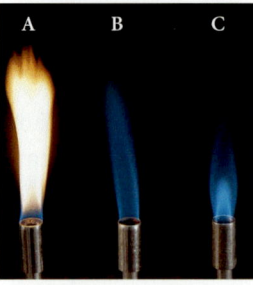

2 Brennerflammen

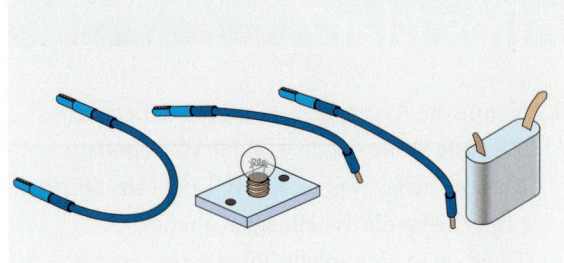

3 Untersuchen der Leitfähigkeit

Sicherheit und Geräte

1 Lara hat zwei wichtige Sicherheitsregeln nicht beachtet. ▷ 1 Welche sind das?

2 Die Brennerflammen unterscheiden sich. ▷ 2

a Welche Flamme ist die heißeste?

b Wie wird aus der gelb-roten eine blaue Flamme? Du könntest
– die Gasschraube weiter öffnen (A)
– die Gasschraube weiter schließen (B)
– die Luftschraube weiter öffnen (C)
– die Luftschraube weiter schließen (D)

Körper und Stoff

3 Körper und Stoffe sind durcheinandergeraten. Ordne die Begriffe richtig in einer Tabelle:

Körper	Stoff
?	?

a Kupfer, Hose, Kiste, Holz, Baumwolle, Fenster, Stuhl, Bleistift, Aluminium, Styropor, Fahrrad, Papier, Radiergummi, Luftballon, Öl, Geldstück, Gummi, Luft

b Blech, Glas, Kunststoffbecher, Draht, Goldring

4 Passende Stoffe für unterschiedliche Körper

a Was passt zusammen?
Karton, Flasche, Sessel, Tisch – Holz, Glas, Leder, Pappe

b Papier, Holz, Leder, Eisen (Stahl), Aluminium, Kunststoff, Leinen: Welche dieser Stoffe eignen sich für Fensterrahmen, Fahrradrahmen, Möbel, Trinkbecher, Einkaufstaschen, Gehäuse von Elektrogeräten?

c Fahrradrahmen werden aus einem Stoff mit den folgenden Eigenschaften gemacht: nicht rostend, nicht magnetisch, stabil, Strom leitend, leicht, schmilzt bei 660 °C.
Wie heißt der Stoff? Drei Eigenschaften sind für einen Fahrradrahmen besonders wichtig …

5 Kupfer, Baumwolle, Salzwasser, Eisen, Papier, Kohlenstoff (Bleistiftmine), Kunststoff, Aluminium

a Welche dieser Stoffe sind elektrische Leiter?

b In welcher Stoffgruppe gibt es nur Leiter?

c Zeichne mit den abgebildeten Geräten den Versuchsaufbau. ▷ 3

6 Um welche Stoffe handelt es sich?

A	B	C	D
– dunkelgrau – ziemlich schwer – sehr biegsam	– unsichtbar – für Fahrradreifen unverzichtbar – auf dem Mond nicht vorhanden	– flüssig – gelblich braun – schwimmt auf dem Wasser	– wird nicht von Magneten angezogen – silbrig – leitet den Strom – leichter als Eisen

Volumen, Masse, Dichte

7 In der Fachsprache benutzt man statt *Gewicht* den Begriff *Masse*. Die Maßeinheiten sind *Gramm* (g), *Kilogramm* (kg) und *Tonne* (t).
Übertrage in die Fachsprache:
„Das Paket ist 2 Pfund schwer."
„Die Tüte wiegt 1 Kilogramm."
„Der Wagen hat ein Gewicht von 20 Tonnen."

4

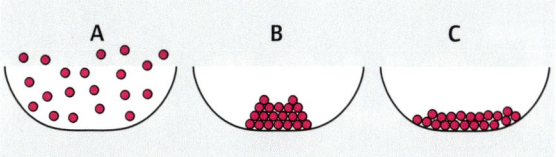

5 Zustände im Teilchenmodell

8 David legt Stahlwolle auf eine Balkenwaage. Die Masse der Stahlwolle beträgt 11 g.

a Sven knüllt die Stahlwolle zusammen und wiegt sie noch einmal. Beträgt ihre Masse jetzt 10 g, 11 g oder 12 g?
Begründe: Die Masse beträgt … g, weil
– das Volumen kleiner geworden ist (A)
– sich die Masse nicht geändert hat (B)
– die Stahlwolle stärker zusammengepresst ist (C)

b Gib die Masse der Stahlwolle in Kilogramm an.

9 Schau dir das Bild genau an. ▷ 4

a Ordne die folgenden Sätze den Körpern zu:
– Die Masse beträgt 4 kg (12 kg).
– Das Volumen beträgt 4 000 cm³ (200 dm³).
– Die Dichte beträgt 3 $\frac{g}{cm^3}$ (0,02 $\frac{g}{cm^3}$).

b Schreibe die folgenden Sätze ab und setze die Begriffe Masse, Volumen, Dichte richtig ein:
– Je größer … bei gleich …, desto größer die Dichte.
– Bei gleicher Masse gilt: Je kleiner …, desto größer … (2 mögliche Lösungen).

Wasser ist nicht immer flüssig

10 Eis – Wasser – Wasserdampf

a Wie heißen die drei Aggregatzustände: elastisch, fest, heiß, flüssig, unsichtbar, kalt, gasförmig, leicht?

b Bei welcher Temperatur wird Eis zu Wasser? Bei welcher wird Wasser zu Wasserdampf?

c Mit dem Teilchenmodell kann man die drei unterschiedlichen Zustände *fest – flüssig – gasförmig* erklären. Ordne die Bilder den drei Zuständen zu. ▷ 5

d Zu welchem Zustand passen die folgenden Beschreibungen:
– Kein Zusammenhalt zwischen den Teilchen (A)
– Starker Zusammenhalt und feste Plätze (B)
– Verteilen sich auf den Raum, der zur Verfügung steht (C)
– Geringer Zusammenhalt, keine festen Plätze (D)

Gemisch oder Reinstoff – Stofftrennung

11 Wenn … „Zucker" in Wasser aufgelöst wird, entsteht ein …

a Schreibe den Satz ab und setze die Begriffe *Gemisch* und *Reinstoff* richtig ein.

b Zeichne dazu ein Modell. *Tipp*: Die Zuckerteilchen sind größer als die Wasserteilchen.

c Was passiert, wenn du das Zuckerwasser erhitzt? Zeichne mithilfe des Modells.

12 Du sollst aus verschmutztem Salzwasser *destilliertes Wasser* und *Salz* herstellen.

a Zeichne 2 Versuche auf, die du dazu durchführen musst.

b Beschrifte die Zeichnungen mit folgenden Begriffen: Filter, Filtrat, Salzwasser, destilliertes Wasser, Wasserdampf, Salz.

13 Müll wird getrennt.

a Für welche zwei Werkstoffe gibt es besondere Behälter?

b Bringe den Stoffkreislauf von Flaschenglas in die richtige Reihenfolge: Sammelbehälter, Glasfabrik, Sortieren, mit Lastwagen transportieren, Schmelzen, neue Flaschen herstellen, Fremdkörper entfernen, Zerkleinern.

Die Lösungen findest du im Anhang.

Feuer und Verbrennung

Der Gebrauch des Feuers unterscheidet den Menschen von den Tieren. Das Feuer ist nicht nur zum Wärmen geeignet. Manchmal wirkt Feuer aber auch zerstörerisch.
Sprecht über die Bilder auf dieser Seite.
Was habt ihr zum Thema Feuer erlebt?
Fertige eine Mindmap „Erwünschte und unerwünschte Verbrennungen" an.
Erstellt eine Fragenwand zum Thema „Feuer und Verbrennungen".

1 Warum verbrennt der Docht nicht?

2 Wie löscht die Feuerwehr einen Brand?

3 Wie entzündet man
ein Lagerfeuer?

4 Wieso brennt die Kohle
mit Blasebalg besser an?

5 Wofür sind Verbrennungsvorgänge wichtig?

6 Wie macht man Feuer?
Wie funktioniert ein Streichholz?

7 Wie kann man ein Feuer
ersticken?

8 Was bleibt vom Brennstoff
übrig?

James Krüss · **Das Feuer**

Hörst du, wie die Flammen flüstern,
Knicken, knacken, krachen, knistern,
Wie das Feuer rauscht und saust,
Brodelt, brutzelt, brennt und braust?

Siehst du, wie die Flammen lecken,
Züngeln und die Zunge blecken,
Wie das Feuer tanzt und zuckt,
Trockne Hölzer schlingt und schluckt?

Riechst du, wie die Flammen rauchen,
Brenzlig, brutzlig, brandig schmauchen,
Wie das Feuer, rot und schwarz,
Duftet, schmeckt nach Pech und Harz?

Fühlst du, wie die Flammen schwärmen,
Glut aushauchen, wohlig wärmen,
Wie das Feuer, flackrig-wild,
Dich in warme Wellen hüllt?

Hörst du, wie es leiser knackt?
Siehst du, wie es matter flackt?
Riechst du, wie der Rauch verzieht?
Fühlst du, wie die Wärme flieht?

Kleiner wird der Feuersbraus:
Ein letztes Knistern,
Ein feines Flüstern,
Ein schwaches Züngeln,
Ein dünnes Ringeln –
Aus.

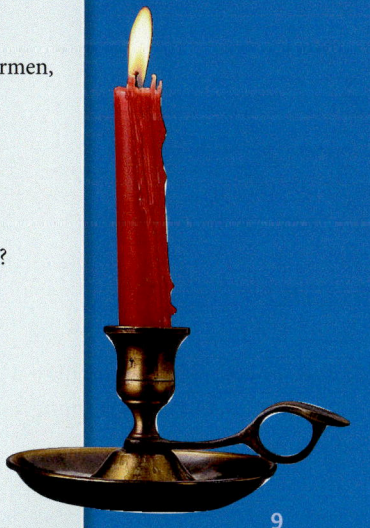

9

Die Verbrennung

Feuer und Flamme

Für ein Lager- oder Kaminfeuer braucht man außer Brennmaterial auch Erfahrung – denn so leicht ist es nicht, ein Feuer zu entfachen.

1 Lagerfeuer

2 Kaminfeuer

1

Feuer machen mit Zündhölzern

Seht euch das Streichholz (Zündholz) und die Schachtel genau an.
Notiert, was ihr erkennt.
Entzündet das Streichholz an der Reibefläche.
Beschreibt das Anzünden.

2

Massive Holzblöcke entzünden?

Ihr habt zerknülltes Papier, dünne Stücke trockenes Holz und dickere Holzscheite.
Versucht die dicken Holzscheite zu entzünden. Nur ein einziges Streichholz steht zur Verfügung!
Verwendet ein Stahlblech als Unterlage.
Sprecht im Team über eure Vorgehensweise.

3

Je feiner das Pulver, desto …?

Zwei dünne Blechplatten werden an Stativen waagerecht eingespannt (oder auf Dreifüße gelegt). Auf eine Blechplatte wird ein Häufchen feines Sägemehl geschüttet. Auf die andere Platte kommen gröbere Holzspäne. Erhitzt beide Platten gleichzeitig von unten mit je einer Brennerflamme und beobachtet. ▷ 3
Könnt ihr nun die Überschrift dieses Versuchs ergänzen?

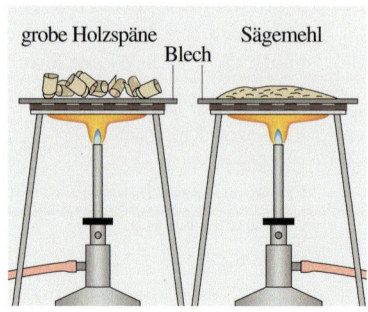

3

4

Kann eine Kerze ohne Docht brennen?

Plant im Team ein Experiment, das euch eine Antwort auf die Frage geben kann.
Zur Verfügung stehen euch ein Teelicht ohne Docht und Streichhölzer.
Wenn ihr weitere Materialien braucht, fragt eure Lehrkraft.
Schaut auf Seite 6 nach, was ihr beim Experimentieren beachten müsst.

5

Wie funktioniert ein Feuerzeug?

Ihr braucht ein Feuerzeug mit durchsichtigem Gastank.
Drückt den Verschlusshebel des Feuerzeugs herunter, sodass die Flüssigkeit im Tank verdampft und Gas austritt.
Erkundigt euch danach, welches Gas ausströmt und wodurch es entzündet wird.

6

Das Lagerfeuer

Überlegt euch, wie ihr am besten ein Lagerfeuer errichten könntet:

– Was braucht ihr dafür?
– Welche Schutzvorrichtungen sind sinnvoll?
– Was wäre eine geeignete Stelle dafür?
– Wie gelingt es, das Feuer mit möglichst wenigen Streichhölzern zu entzünden?
– Was muss man tun, damit das Lagerfeuer möglichst lange brennt?

7

Was brennt in einer Kerzenflamme?

Entzündet den Docht einer Kerze und wartet, bis das Kerzenwachs rund um den Docht geschmolzen ist.

Wenn ihr die Flamme nun ausblast, steigt vom Docht her ein weiß aussehender Dampf nach oben.

Was könnte das sein?

a Haltet ein brennendes Streichholz in den Dampf, einmal 2 cm und einmal 5 cm über dem Docht. ▷ 4–5

4   5

b Zündet die Kerze noch einmal an und stülpt ein Glasrohr darüber. Blast die Kerze anschließend aus.
Haltet die Streichholzflamme am oberen Glasrand in den Dampf. ▷ 6

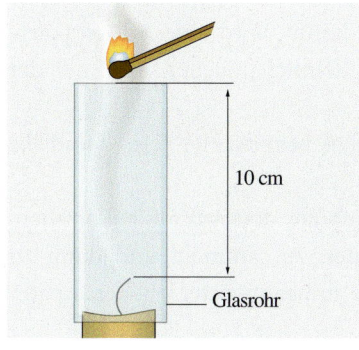

10 cm

Glasrohr

6

c Haltet mit einer Tiegelzange das Ende eines 10 cm langen Glasröhrchens in die Mitte einer Kerzenflamme.
Bringt nun ein brennendes Streichholz in die Nähe der Öffnung. ▷ 7

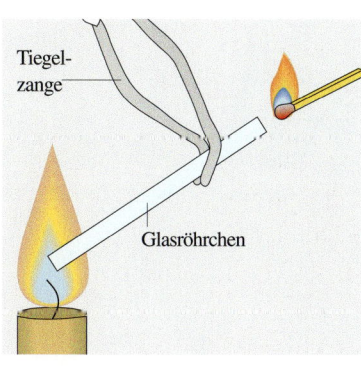

Tiegel-
zange

Glasröhrchen

7

d Schreibt zu jedem Versuchsteil auf, was ihr beobachtet habt. Wisst ihr jetzt, um welchen *Stoff* es sich bei dem weißen Dampf handelt? Welchen *Aggregatzustand* hat er?

8

Unter welchen Bedingungen entzündet sich ein Stoff?

a Erhitzt Kerzenwachs in einem Porzellantiegel, bis eine Flamme entsteht. ▷ 8

8

b Nehmt den Brenner weg und schließt den Tiegel mit dem Deckel. ▷ 9

9

Nach einigen Sekunden hebt ihr den Deckel mit der Tiegelzange ab. Beschreibt, was ihr seht.

c Das Öffnen und Schließen des Tiegels kann man mehrere Male wiederholen – mit dem gleichen Ergebnis.
Wie erklärt ihr euch eure Beobachtung?

9

Feuermachen wie früher

Versucht ein Feuer ohne Feuerzeug oder Streichhölzer zu entzünden.

Fragen erwünscht

Fragen ist wichtig. Wer fragt, hat mehr vom Lernen! Zu einem neuen Thema habt ihr sicherlich viele Fragen. Sammelt eure Fragen auf einer Fragenwand. Wer im Unterricht eine Frage hat, notiert sie und heftet sie an die Wand. ▷ 1

Auf der Suche nach den Antworten werdet ihr tiefer und tiefer in das Thema einsteigen. Ihr könnt immer wieder vergleichen, wie weit ihr bei der Bearbeitung eurer Fragen gekommen seid. Wenn ihr am Ende einer Stunde eine Frage beantworten könnt, wird eine Antwortkarte an die Fragenwand geheftet. Wahrscheinlich tauchen aber bei der Arbeit noch weitere Fragen auf.

Am Schluss werden die meisten Fragen beantwortet sein – und ihr seht, was ihr dazugelernt habt.

Wenn eine Frage offen ist, kann ein Schüler den Auftrag bekommen, bis zur nächsten Stunde Informationen zu sammeln und dann zu berichten. Oder ihr stellt Fragen, die unbeantwortet blieben, später noch einmal.

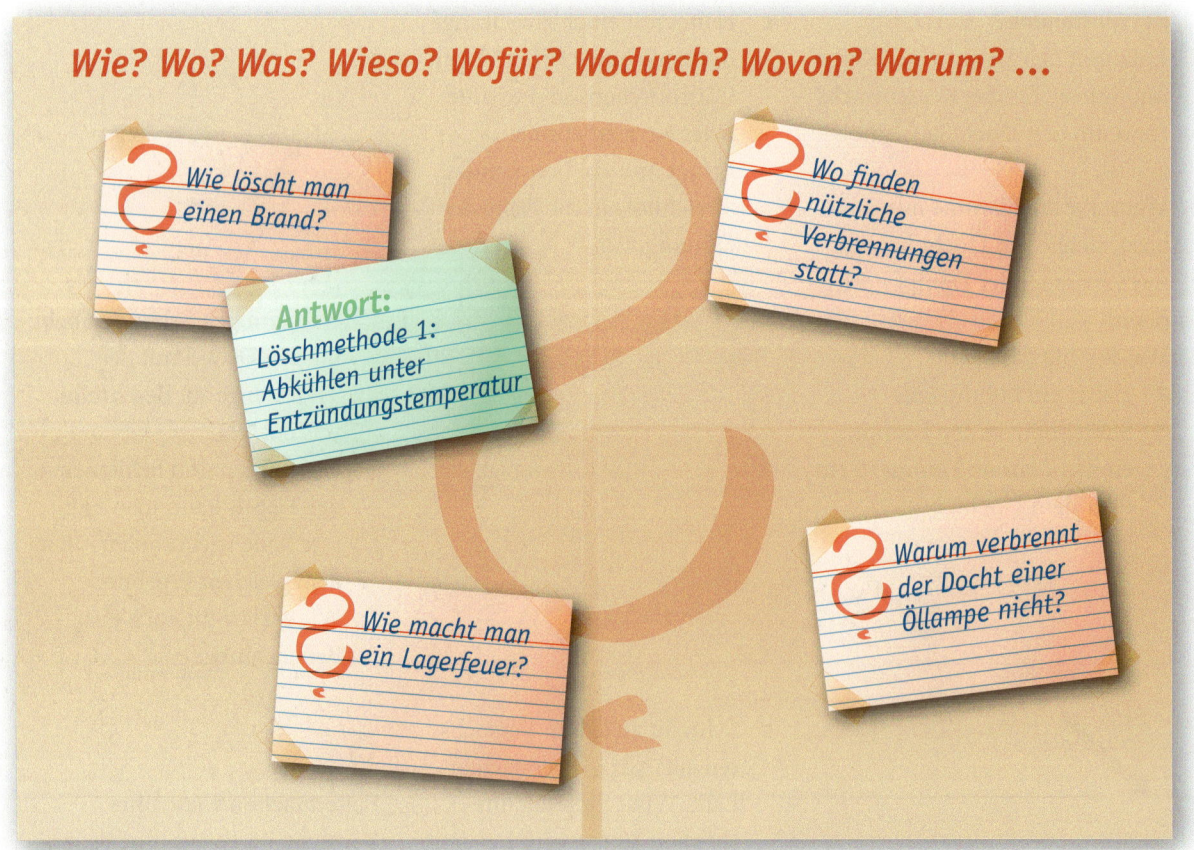

Wie? Wo? Was? Wieso? Wofür? Wodurch? Wovon? Warum? ...

Wie löscht man einen Brand?

Wo finden nützliche Verbrennungen statt?

Antwort:
Löschmethode 1:
Abkühlen unter Entzündungstemperatur

Wie macht man ein Lagerfeuer?

Warum verbrennt der Docht einer Öllampe nicht?

1 Fragenwand

Arbeitsaufträge

1 Angenommen, du sollst einen Bericht über das Thema Feuer für eure Schülerzeitschrift schreiben.
Überlege dir Fragen, auf die du in deinem Bericht eingehen willst. Viele Fragen kannst du mit einem Fragewort beginnen, das mit W anfängt.

2 Die folgtende Fragenwand ist durcheinandergeraten. ▷ 2
Ordne den Buchstaben auf den Fragekarten die Zahlen auf der passenden Antwortkarte zu. Am Ende gibt es neun Frage-Antwort-Paare.

A Woher kommen Naturfasern?

B Wie kann man Glas formen?

C Wieso ist Meerwasser salzig?

D Wie wird Kochsalz gewonnen?

I Wie kann man Eisen vom Hausmüll trennen?

E Welche Gefäße darf man in den Backofen stellen?

F Wie kann man mit Öl verschmutztes Wasser reinigen?

G Warum müssen Autos lackiert sein?

H Kann Gold verdampfen?

Antwort 1: Eisen und Stahl rosten, wenn sie mit Wasser in Berührung kommen.

Antwort 2: Öl schwimmt auf Wasser. Wenn man öliges Wasser stehen lässt, kann man das Öl abgießen.

Antwort 3: Wenn man Glas erhitzt, lässt es sich biegen und formen.

Antwort 4: Eisen (und Nickel) wird von Magneten angezogen.

Antwort 7: Aus dem Meer steigt immer nur reines Wasser als Wasserdampf auf. Salze, die mit den Flüssen ins Meer gelangen, bleiben im Wasser.

Antwort 6: Man leitet Meerwasser in Becken und lässt das Wasser verdunsten.

Antwort 8: Baumwolle liefert eine Pflanze. Wolle kommt von Schafen und anderen Tieren, Seide von Raupen.

Antwort 5: Bei 2807 °C siedet Gold und verdampft dann.

Antwort 9: Gefäße aus Metall, Keramik und Jenaer Glas sind hitzebeständig.

2 Frage- und Antwortkarten

Feuer und Luft

Der schwedische Apotheker *Carl Wilhelm Scheele* (1742–1786) wollte herausfinden, woraus Luft besteht. Er erkannte, dass es einen engen Zusammenhang zwischen Luft und Feuer gibt: „Wenn man das Feuer erforschen will, braucht man Kenntnisse über die Luft. Und wenn man die Luft untersuchen will, muss man das Feuer kennen."

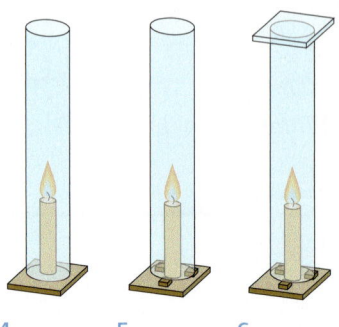

1

2

1

Brenndauer und Luftvorrat

a Beweist, dass eine Flamme *Luft* braucht, um zu brennen. Wie „rettet" ihr die Flamme, wenn sie am Verlöschen ist?

b Wie lange brennt eine Kerze in verschieden großen Gläsern? Am besten arbeitet ihr im Team: Legt eine Tabelle für eure Versuchsergebnisse an. ▷ 3 Zündet zwei oder drei Teelichter an und stülpt unterschiedlich große Bechergläser darüber. Stellt vorher Vermutungen an, welche Kerze am längsten brennt. Stoppt für jedes Teelicht die Brenndauer. Stimmen eure Vermutungen?

Becherglas	Brenndauer	
	vermutet	gemessen
250 ml	?	?

3

2

Luftzufuhr

Über eine brennende Kerze wird ein 20 cm langes Glasrohr gestülpt, und zwar in unterschiedlichen Anordnungen. Beobachtet jeweils zwei Minuten lang und beschreibt, was ihr beobachtet.

a Zuerst steht das Glasrohr direkt auf dem Tisch. ▷ 4

b Dann liegen drei Holzklötzchen unter dem Rohr. ▷ 5

c Das Rohr ist oben mit einer Glasplatte verschlossen. ▷ 6

4   5   6

3

Erstickende Luft

Eine Kerze wird mit etwas Wachs auf einer Glasplatte befestigt.

Über die Kerze wird ein Becherglas gestülpt. ▷ 7

Nachdem die Flamme erloschen ist, wird das Becherglas zusammen mit der Glasplatte umgedreht. Dann wird eine brennende Kerze in das Glas eingeführt.

Beobachtet und erklärt das Versuchsergebnis.

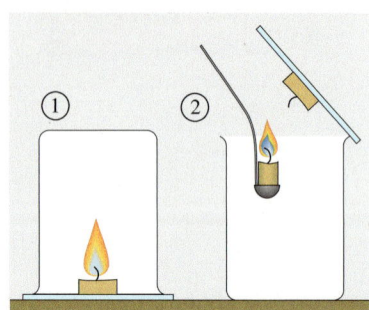

6

4

Brennbar oder nicht brennbar?
Lassen sich folgende Stoffe entzünden oder lassen sie sich nicht entzünden?
Stein, Papier, Öl, Wasser, Pappe, Blumenerde, Sand, Watte, Kupferblech, Benzin …
Was vermutet ihr?
Plant Versuche, mit denen eure Vermutungen überprüft werden könnten. Die Durchführung darf nur zusammen mit der Lehrkraft erfolgen!

5

**Rauf oder runter? –
Ein rätselhafter Versuch**
Füllt eine kleine Glaswanne zur Hälfte mit gefärbtem Wasser.
Entzündet das Teelicht und setzt es auf das Wasser. Stülpt nun ein Becherglas über das Teelicht. ▷ 8
Die Flamme darf dabei nicht verlöschen. Notiert eure Beobachtungen.
Versucht das Versuchsergebnis mit eurem bisherigen Wissen zu erklären.

8

6

Feuer in verschiedenen Gasen
a Füllt zunächst eine Glaswanne zur Hälfte mit Wasser. Legt einen Standzylinder so in die Wanne hinein, dass er sich ganz mit Wasser füllt.
b Füllt den Zylinder mit Sauerstoff, dem Gas aus der blauen Gasflasche. Euer Lehrer oder eure Lehrerin hilft euch dabei. ▷ 9 Wenn der Zylinder voll Gas ist, verschließt ihr

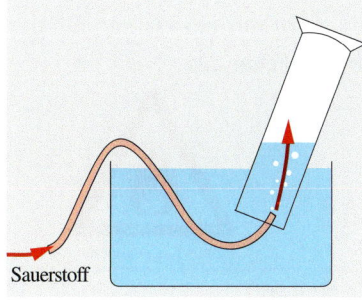

Sauerstoff

9

ihn mit einer kleinen Glasscheibe oder einem Deckel.
d Stellt den Zylinder aufrecht auf einen Tisch.
Daneben stellt ihr einen Zylinder, der Luft enthält.
e Entzündet zwei Kerzen, die an Metalldrähten befestigt sind. Haltet beide gleichzeitig in die beiden Zylinder. ▷ 10
Was beobachtet ihr?

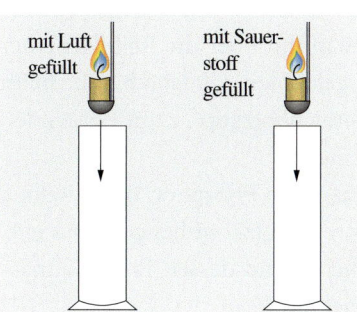

mit Luft gefüllt
mit Sauerstoff gefüllt

10

7

Eine Lampe – selbst gemacht
Baut eine Öllampe. ▷ 11
Dazu braucht ihr ein Glas mit Deckel, einen Docht, etwas Speiseöl, außerdem Hammer und Nagel.
Plant, wie ihr vorgehen wollt. Wann brennt die Lampe am besten?
Gibt es einen Unterschied, wenn ihr unterschiedliche Öle verwendet?

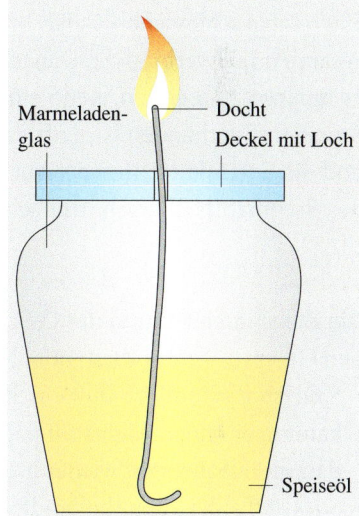

Marmeladenglas
Docht
Deckel mit Loch
Speiseöl

11

Voraussetzungen für die Verbrennung

Die Entzündungstemperatur und andere Voraussetzungen Damit ein Feuer brennen kann, reicht es nicht, dass ein *brennbarer Stoff* vorhanden ist.

Der Brennstoff entzündet sich nur, wenn eine bestimmte Temperatur erreicht ist. Diese *Entzündungstemperatur* ist von Stoff zu Stoff verschieden. Bei einem Streichholzkopf reichen bereits 60 °C, bei Holz braucht man 300 °C und bei Kohle sogar 600 °C. ▷ 1 Es spielt auch eine Rolle, wie fein der brennbare Stoff „zerteilt" ist *(Zerteilungsgrad)*: Holzspäne lassen sich leichter entzünden als große Holzscheite.

Die meisten Stoffe entwickeln Dämpfe, bevor sie sich entzünden. Die Flammen, die wir dann sehen können, sind brennende Gase. Holzkohlen auf dem Grill verbrennen aber ohne sichtbare Flamme.

Ohne *Zufuhr von Frischluft* gibt es kein Feuer. Lässt man ein Feuer in einem abgeschlossenen Gefäß brennen, wird nur ein kleiner Teil der gesamten Luft verbraucht. Danach geht das Feuer aus.

Es beginnt zu brennen, wenn ein Brennstoff vorhanden ist, Luft da ist und die Entzündungstemperatur des Brennstoffs überschritten wird. ▷ 2

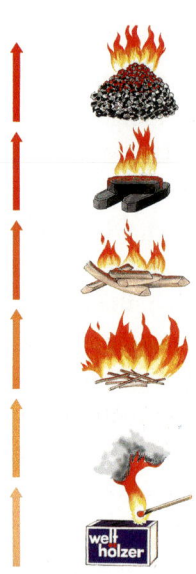

1 Stufenzündung

2 Entzündungstemperatur

Die Zusammensetzung der Luft *Luft* ist ein Gemisch aus verschiedenen Gasen. ▷ 3 Hauptbestandteile sind Sauerstoff und Stickstoff.

– *Sauerstoff* ist nötig, damit ein Stoff brennt. Mit der *Glimmspanprobe* kann man reinen Sauerstoff nachweisen: ▷ 4 Ein glimmender Span flammt in Sauerstoff wieder hell auf – in Luft glüht er nur.

– *Stickstoff* – der Hauptbestandteil der Luft – „erstickt" Flammen. Ohne Stickstoff in der Luft würden schon kleinste Funken zu verheerenden Bränden führen.

– Außerdem enthält die Luft geringe Mengen *Edelgase* (z. B. Helium) und Kohlenstoffdioxid (meist „Kohlendioxid" oder auch „CO_2" genannt).

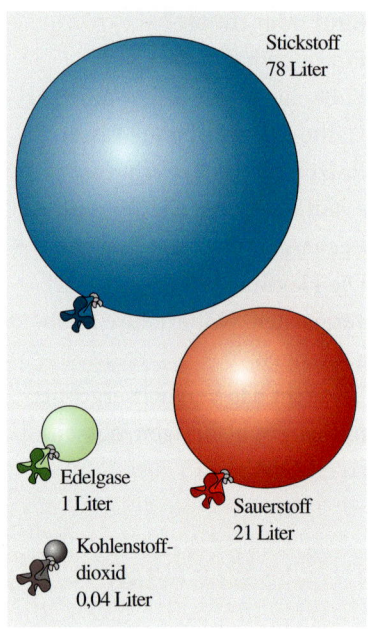

Stickstoff
78 Liter

Edelgase
1 Liter

Sauerstoff
21 Liter

Kohlenstoff-
dioxid
0,04 Liter

3 Das „steckt" in 100 Litern Luft.

Streichhölzer Für Streichhölzer verwendet man meist das Holz von Pappeln. Der Streichholzkopf besteht aus einer Mischung mehrerer Stoffe. Er entzündet sich nur, wenn man ihn über die Reibfläche der Schachtel streicht. Sie ist durch aufgeleimten Glasstaub rau, beim Darüberstreichen erwärmt sich der Streichholzkopf. Zum Entzünden würde die Temperatur aber nicht ausreichen.

Außerdem enthält die Reibfläche etwas roten Phosphor. Beim Reiben bleiben davon winzige Mengen am Streichholzkopf hängen. Das entstehende Gemisch ist leicht entzündlich – und dessen Entzündungstemperatur wird beim Reiben überschritten.

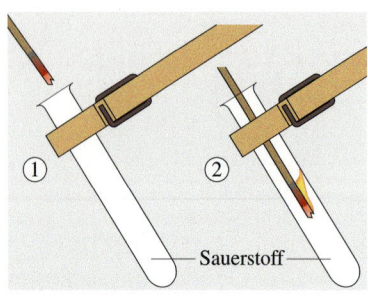

① ②

Sauerstoff

4 Sauerstoffnachweis

die Verbrennung
die Entzündungstemperatur
der Zerteilungsgrad
der Sauerstoff

Staubexplosionen und Grillbrände Zu Staubexplosionen kann es vor allem dann kommen, wenn sich feiner Staub (Mehl, feiner Ruß) mit Luft vermischt. ▷ 5 Jedes Staubteilchen ist dann von Luftteilchen umgeben. Je kleiner und feiner verteilt die Teilchen in der Luft sind, desto größer ist die Explosionsgefahr. Schon ein kleiner Funke (z. B. beim Ziehen eines Steckers aus der Steckdose) oder ein heißes Metallteil kann dazu führen, dass der Stoff ganz schnell verbrennt: Es kommt zu einer Explosion. Die Gefahr von Staubexplosionen besteht in allen Industriezweigen, in denen brennbare Stäube vorkommen: in der Nahrungsmittel-, der Holz- und der Metallindustrie.

Grillbrände entstehen immer wieder durch unsachgemäßen Umgang mit dem Grill und beim Anzünden der Grillkohle. Der Grill muss einen festen Stand haben und darf nicht in der Nähe von brennbaren Materialien stehen. Zum Anzünden sollten Grillanzünder aus festen Stoffen (z. B. Grillpaste oder Zündwürfel) verwendet werden. *Auf keinen Fall darf man brennbare Flüssigkeiten wie Spiritus und Benzin einsetzen!* Das könnte zu Stichflammen oder zu einer explosionsartigen Entzündung brennbarer Dämpfe führen. ▷ 6

5 Staubexplosion im Getreidesilo

6 Demonstration eines Grillbrands

Aufgaben

1 Nenne die Voraussetzungen für die Entstehung eines Feuers.

2 Keine Frage, was auf Bild ▷ 7 schneller brennen würde – aber weißt du auch, warum? …

7

3 Einen Berg Kohlen kann man mit einem Streichholz nicht so einfach entzünden. Erkläre, wie man vorgeht, und begründe das Vorgehen mit deinen Kenntnissen.

4 Ist Sauerstoff brennbar, also ein „Brennstoff"?

5 Worauf muss beim Grillen streng geachtet werden?

6 Sieh dir die rechts stehende Grafik an. ▷ 8

a Erläutere sie. (Siehe auch Bild ▷ 3 .)

b Was sagt sie über die Luft aus?

7 Beschreibe den Unterschied zwischen Brennen und Glühen (Beispiel: ein Stück Holzkohle). Benutze den Begriff „Entzündungstemperatur".

8 Beim Gasfeuerzeug genügt der Funke des Gasanzünders, um das Gas zu entzünden. Bei einer Kerze funktioniert es so nicht. Suche nach einer Erklärung dafür.

9 Möchtest du mehr über Streichhölzer wissen? Dann recherchiere im Internet, wie und wo sie hergestellt werden.

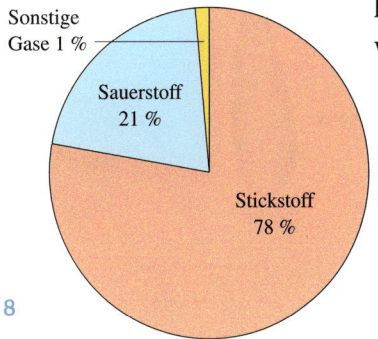

Sonstige Gase 1 %
Sauerstoff 21 %
Stickstoff 78 %

8

Was wird aus dem Brennstoff?

Beim Verbrennen von Holzkohle bleibt nicht viel übrig –
nur ein paar Gramm Asche. ▷ 1–2
Oder gibt es noch weitere „Überreste"?

1 Vorher …

2 … nachher

1

Verbrennung auf der Waage
In einem schwer schmelzbaren
Reagenzglas liegen 2–3 Streich-
hölzer.

a Verschließt das Glas mit
  einem Luftballon.
b Stellt mit einer empfindlichen
  Waage fest, wie viel diese
  Apparatur wiegt.
c Entzündet dann die Streichhölzer, indem ihr das Reagenzglas mit der Brennerflamme erhitzt. ▷ 3 (Das
  Reagenzglas dabei in ein Stativ einspannen!)
d Nach dem Abkühlen des
  Gases wiegt ihr die Apparatur
  erneut. Vergleicht!

2

**Enthalten Brennstoffe
Kohlenstoff?**

a Zündet eine Kerze an und
  wartet, bis die Flamme möglichst groß ist. Haltet dann
  eine Glasplatte oder einen
  Porzellanteller schräg in
  die Flamme. ▷ 4
  Welche Beobachtung macht
  ihr nach kurzer Zeit?
b Wiederholt den Versuch
  mit einem Feuerzeug und
  der leuchtenden Flamme
  des Gasbrenners.

3

Holzstückchen werden erhitzt
Beschreibt, was ihr an den Stel-
len 1, 2 und 3 beobachtet. ▷ 5
Haltet nach kurzer Zeit eine
Streichholzflamme an die
Öffnung des kleinen Glasröhr-
chens. Was wird aus dem Holz?

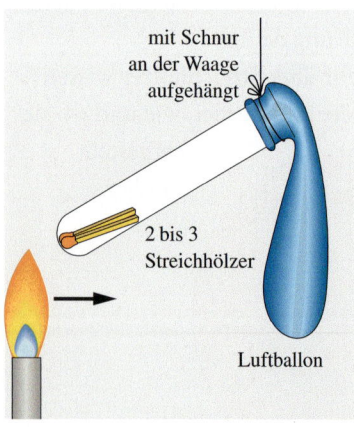

mit Schnur
an der Waage
aufgehängt

2 bis 3
Streichhölzer

Luftballon

3

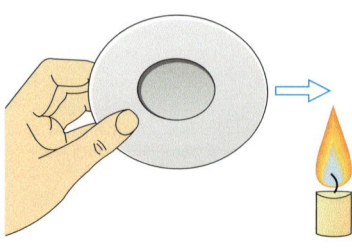

4

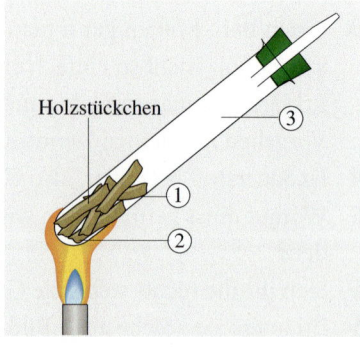

Holzstückchen

①
②
③

5

4

Kohlenstoffdioxidnachweis

Das Gas Kohlenstoffdioxid ist ein Bestandteil der Luft. Ihr kennt es auch von kohlensäurehaltigen Getränken.

Kohlenstoffdioxid wird mit Kalkwasser$^\diamond$ nachgewiesen.

Vorsicht: Kalkwasser reizt die Augen und die Haut. Es darf also nicht in die Augen oder auf die Haut gelangen. Schutzbrille tragen!

Füllt für die Versuchsteile a–d vier Waschflaschen oder Reagenzgläser mit etwas frischem Kalkwasser.

a Leitet mit einem Gummigebläse frische Luft durch die erste vorbereitete Flasche. Schließt eine leere Flasche an (Rückflusssicherung). ▷ 6

b Blast Ausatemluft durch die zweite Flasche. Beobachtet!

c Leitet Kohlenstoffdioxid aus der Gasflasche durch die dritte Flasche. Eure Lehrerin oder euer Lehrer hilft euch dabei.

d Lasst zur Kontrolle ein anderes Gas aus einer Gasflasche durch die 4. Flasche strömen.

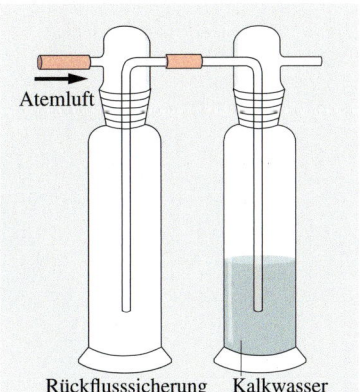

6

5

Nachweis von Kohlenstoffdioxid bei der Verbrennung

Ein Stückchen Holzkohle (z. B. Zeichenkohle) wird in einer Brennerflamme bis zum Glühen erhitzt und dann mit einer Pinzette in das Verbrennungsrohr eingeführt. ▷ 7

a Überlegt nun: Kann die rechts entweichende Luft noch dieselbe sein wie die links hineingepumpte?

b Prüft das entweichende Gas mit Kalkwasser$^\diamond$.

c Vergleicht die Ausgangsstoffe der Verbrennung mit den Endprodukten.

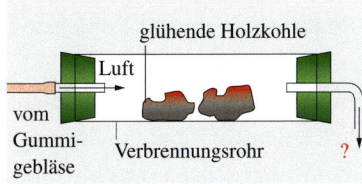

7

6

Enthalten Stoffe unserer Umgebung Kohlenstoff?[*]

a Wir füllen ein trockenes Reagenzglas 2 cm hoch mit Zucker und versuchen die entstehenden Dämpfe anzuzünden. ▷ 8 (1)

Wir spülen ein Becherglas mit Kalkwasser$^\diamond$ aus und halten es umgekehrt über die Dämpfe. ▷ 8 (2).

Beschreibt und erklärt eure Beobachtung.

b Genauso prüfen wir weitere Stoffe, z. B. Papier, Puderzucker, Kartoffel und Sand.

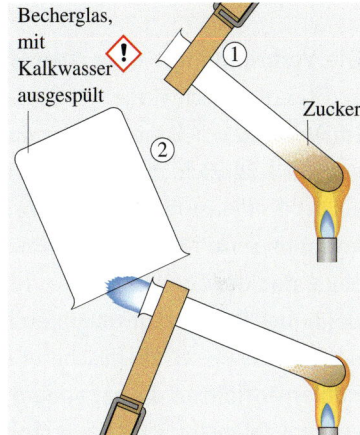

8

$\diamond$ Kalkwasser ⚠ Achtung

Verbrennungen liefern neue Stoffe und Energie

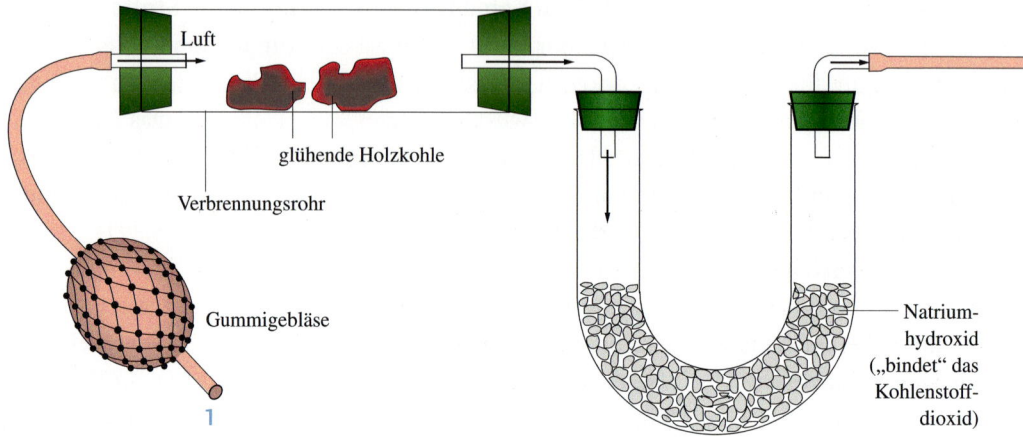

1

Kohlenstoffdioxid Viele Brennstoffe enthalten Kohlenstoff. Wenn Kohlenstoff verbrennt, entsteht ein Gas: Kohlenstoffdioxid. Leitet man dieses Gas durch Kalkwasser, so trübt sich das Kalkwasser. Mit Kalkwasser kann man daher Kohlenstoffdioxid nachweisen.

Die Verbrennung – eine chemische Reaktion Während Kohlenstoff verbrennt, verschwindet er. Zugleich entsteht Kohlenstoffdioxid. Im Versuch ▷ 1 lässt sich das gasförmige Kohlenstoffdioxid „einfangen". Es zeigt sich, dass das entstandene Kohlenstoffdioxid mehr wiegt als der Kohlenstoff vor der Verbrennung. Es muss also etwas hinzugekommen sein. Daraus folgert man: Der Kohlenstoff hat sich mit dem Sauerstoff der Luft verbunden. Man sagt:

Bei hoher Temperatur reagieren Kohlenstoff und Sauerstoff miteinander. Bei dieser chemischen Reaktion entsteht ein neuer Stoff: Kohlenstoffdioxid. Er hat andere Eigenschaften als die Ausgangsstoffe Kohlenstoff und Sauerstoff.

Vor- und Nachteile von Verbrennungen Alle Verbrennungen haben den Vorteil, dass sie *Energie* liefern. Diese Energie kann man zum Heizen, zur Fortbewegung, zur Beleuchtung nutzen oder in elektrische Energie umwandeln.

Verbrennungen haben auch Nachteile: Man vermutet, dass das entstehende Kohlenstoffdioxid weltweit das Klima verändern wird („Treibhauseffekt").

Manche Brennstoffe, z.B. Kohle, enthalten etwas Schwefel. Bei der Verbrennung entsteht Schwefeldioxid, ein giftiges Gas. Es ist vermutlich eine Ursache für Schäden an unseren Wäldern („Waldsterben"). Bei vielen Verbrennungen entsteht auch feiner Ruß, z.B. in den Dieselmotoren von Autos oder durch das Heizen mit Holz. Ruß ist schädlich für die Gesundheit: Wenn Menschen zu viel davon einatmen, kann dies zu Allergien oder gar Lungenkrebs führen.

Modellvorstellung zur Verbrennung Vor etwa 200 Jahren wurde das Kohlenstoffdioxid entdeckt. Die Forscher stellten fest, dass bei Verbrennungen ein neues Gas entsteht. Sie konnten aber nicht erklären, weshalb sich schwarze Kohle in ein farbloses Gas verwandelt.

Es half auch nichts, die Verbrennung mit dem Mikroskop zu untersuchen. Man sah auch dann nicht, was geschieht. Und auch heute, mit den modernsten Mikroskopen, kann man es nicht erkennen.

Mithilfe des *Teilchenmodells* kannst du verstehen, was bei der Verbrennung eigentlich geschieht: ▷ 2

Die kleinen Kohlenstoffteilchen sind in den Modellen schwarz gezeichnet, die Sauerstoffteilchen rot. Die Kohlenstoffteilchen können wie kleine Bausteine zusammenhalten. Viele Milliarden dieser Teilchen sieht man mit bloßem Auge als Kohlekrümel.

Auch je zwei Sauerstoffteilchen sind miteinander verbunden. Bei der Verbrennung fallen sie auseinander. Jeweils ein Kohlenstoffteilchen verbindet sich mit zwei Sauerstoffteilchen. Der Stoff, der dabei entsteht, heißt Kohlenstoffdioxid.

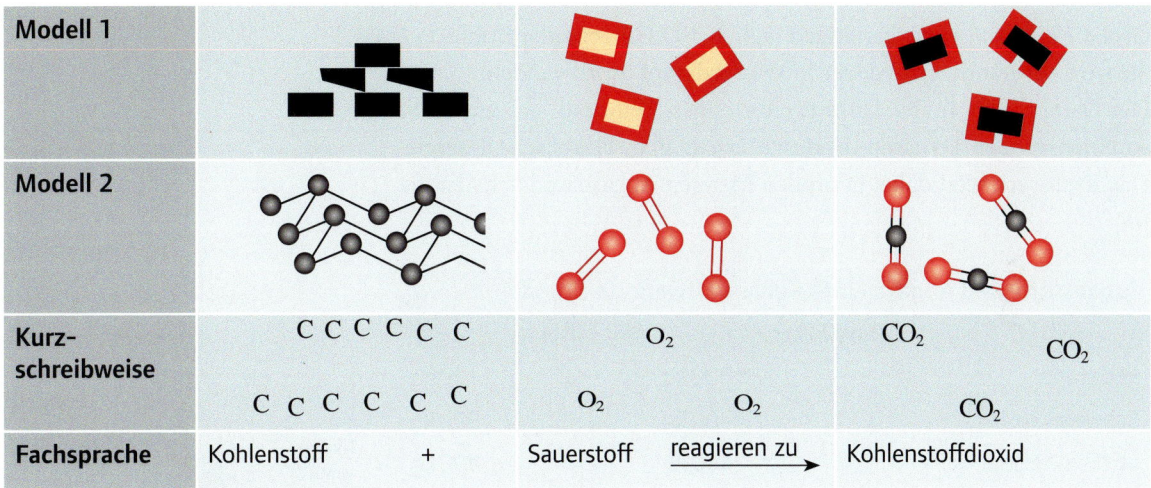

Modell 1			
Modell 2			
Kurz-schreibweise	C C C C C C C C C C C C	O_2 O_2 O_2	CO_2 CO_2 CO_2
Fachsprache	Kohlenstoff +	Sauerstoff reagieren zu →	Kohlenstoffdioxid

2 Modellvorstellungen zur Verbrennung

Aufgaben

1 Wenn reiner Kohlenstoff verbrennt, ist kein Verbrennungsprodukt zu sehen.
Woran liegt das?

a Wie könntest du trotzdem nachweisen, dass ein neuer Stoff entstanden ist?

b Wie heißt dieser Stoff?

2 In einem Versuch ▷ 3 werden Verbrennungsgase einer Kerze durch Kalkwasser geleitet. Welches Ergebnis erwartest du? Begründe deine Antwort.

3 Nenne Beispiele für technische Geräte, in denen Verbrennungen zur Erzeugung von Wärme oder zur Bewegung genutzt werden.

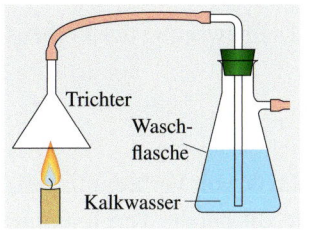

3

4 Beschreibe mit eigenen Worten, warum die Entstehung von Kohlenstoffdioxid eine chemische Reaktion ist.

Verbrennungsvorgänge sind wichtig

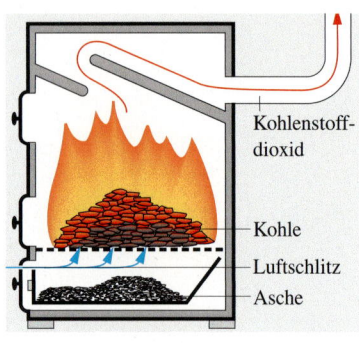

Kohlenstoff-
dioxid

Kohle

Luftschlitz

Asche

1

2

Elektrische Energie durch Verbrennung Seit Jahrtausenden verbrennt man Holz und Kohle, um die Energie zum Heizen und Kochen zu nutzen. ▷ 1

Große *Kohlekraftwerke* benötigen täglich 100 Güterwagen Kohle. ▷ 2 Sie wird verbrannt, um Wasser in Wasserdampf umzuwandeln.

Der Dampf treibt in der Turbine ein riesiges „Windrad" an und dreht so einen großen Dynamo. Dadurch erhält man elektrische Energie. Das Kraftwerk setzt dabei in großen Mengen Abgase und Schadstoffe frei. ▷ 3

Schadstoffe und Abgase eines Kohlekraftwerks je Stunde		
	ohne Filter	mit Filter
Feinstaub	14 000 kg	100 kg
Schwefeldioxid	400 kg	800 kg
Stickstoffoxide	2400 kg	400 kg
Kohlenstoffdioxid	550 t	

3

Verbrennungsmotoren Verbrennungsvorgänge treiben auch *Fahrzeuge* an. Der Brennstoff (Benzin oder Diesel) wird mit Luft vermischt. In der Brennkammer wird das Gemisch gezündet und verbrennt explosionsartig. Die Verbrennungsgase treiben den Kolben im Zylinder des Motors an. Die Bewegung des Kolbens wird zum Antrieb des Wagens genutzt. ▷ 4

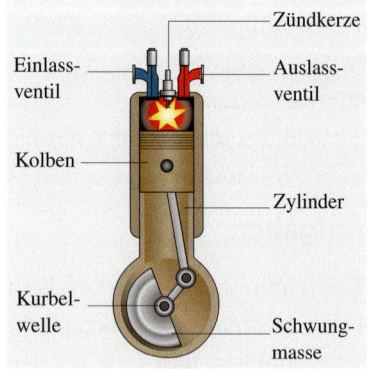

Zündkerze

Einlass-
ventil

Auslass-
ventil

Kolben

Zylinder

Kurbel-
welle

Schwung-
masse

4 Zylinder eines Verbrennungs-
motors

1 Nenne Vor- und Nachteile von Verbrennungen.
2 Nenne die Schadstoffe, die bei der Verbrennung in Kraftwerken vorkommen.

3 Welche Fragen fallen dir zu den Texten dieser Seite ein?

Verbrennungsvorgänge im menschlichen Körper Unsere Nahrungsmittel enthalten Nährstoffe, die wir zum Leben benötigen: z. B. Zucker, Stärke, Eiweißstoffe und Fett. Ein wichtiger Bestandteil dieser Nährstoffe ist Kohlenstoff.

Bei der Verdauung werden die Nährstoffe zerlegt, sodass der Kohlenstoff leichter „verfügbar" wird. Die entstehenden Stoffe können die Darmwand durchdringen und gelangen ins Blut. Mit dem Blut werden sie im ganzen Körper verteilt. Das Blut befördert gleichzeitig Sauerstoff, den wir beim Atmen aus der Luft entnehmen.

Im Körper laufen ähnliche Vorgänge ab wie bei einer Verbrennung: Kohlenstoff aus der Nahrung und Sauerstoff aus der Luft verbinden sich zu Kohlenstoffdioxid.

Dabei wird *Energie* freigesetzt. Sie ist nötig, um unseren Körper warm zu halten. Außerdem wird sie von Muskeln und Organen benötigt.
▷ 5–6 Das Kohlenstoffdioxid atmen wir wieder aus.

5 Erhöhter Energiebedarf bei körperlicher Betätigung

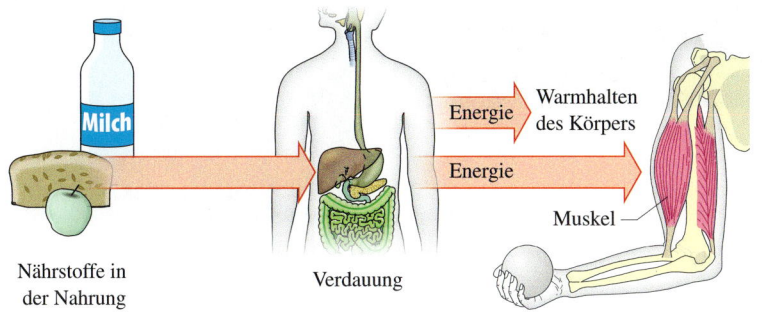

Nährstoffe in der Nahrung — Verdauung — Energie — Warmhalten des Körpers — Energie — Muskel

6 Energiezufuhr durch Verbrennung in unserem Körper

„Dicke Luft" Frische Luft enthält nur ganz wenig Kohlenstoffdioxid. In 1 m³ Luft sind davon nur 0,4 Liter enthalten. Wenn sich viele Menschen in einem geschlossenen Raum aufhalten, reichert sich das Kohlenstoffdioxid in der Luft schnell an. 5 Liter Kohlenstoffdioxid pro m³ genügen, um uns müde zu machen. Wir fangen an zu gähnen.

Wenn sich noch mehr Kohlenstoffdioxid in der Luft befindet, können Übelkeit, Kopfschmerzen, Herzklopfen und Schwindelgefühl auftreten. Deshalb ist es wichtig, auf frische Luft zu achten.

In geschlossenen Räumen sollte nicht mehr als 1 Liter Kohlenstoffdioxid pro m³ Luft enthalten sein. Klassenräume in der Schule müssen demnach regelmäßig gelüftet werden!

4 Stell dir vor, du fängst im Zimmer an zu gähnen und auch bei anderen Personen ist das der Fall. Was meinst du, was der Grund dafür sein könnte?

5 Ein Mensch atmet im Sitzen stündlich etwa 20 Liter Kohlenstoffdioxid aus. Rechne aus, wie viel Kohlenstoffdioxid in eurer Klasse während einer Unterrichtsstunde erzeugt wird.

Vom Löschen

Was tun, wenn's brennt?

1 Wohnungsbrand

2 Waldbrand

**Achtung:
Brandgefahr!**

Versuche nur unter
Aufsicht durchführen!

1

**Brandbekämpfung und
Brandschutz**
Fertigt eine Mindmap zu dem
Thema an.

2

Brandschutz in der Schule
Erkundigt euch nach dem
Fluchtplan deiner Schule. Was ist
bei Feueralarm zu tun?
Welche Sicherheitsvorkehrungen
sind für den Brandfall in eurem
Chemieraum getroffen?

3

Was tun, wenn's brennt?
Ihr kennt die Voraussetzungen
für die Verbrennung. Daher wird
es euch bestimmt nicht schwer-
fallen, geeignete Löschmethoden
zu finden.
Ihr sollt brennendes Küchen-
papier in einer Porzellanschale
löschen. Euch stehen dafür zur
Verfügung: Sand, Wasser in
einer Spritzflasche und ein festes
Tuch. ▷ 3

Überlegt euch sinnvolle Löschmethoden. Notiert die Vorschläge in einer Tabelle in eurem
Heft. ▷ 4
Probiert die Löschmethoden
dann aus.

Lösch-methode	Wie gehst du vor?	Welche Bedin-gung für die Verbrennung entfällt?
?	?	?

4

3 Löschmaterialien

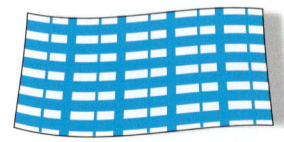

4

Eine Kerzenflamme löschen

Könnt ihr eine Kerzenflamme löschen, ohne sie auszublasen oder zu berühren?
Begründet eure Meinung und probiert es aus.

5

Mit einem Gas löschen?

a Entzündet ein Teelicht und stellt es in Becherglas 1. ▷ 5
Lasst in Becherglas 2 einen Teelöffel Backpulver mit verdünnter Essigsäure◇ reagieren.
Neigt dann Glas 2 über Glas 1, ohne dass etwas Flüssigkeit ausläuft.
Beschreibt, was geschieht.

b Welche Eigenschaften hat das Gas? Könnt ihr das Gas benennen?

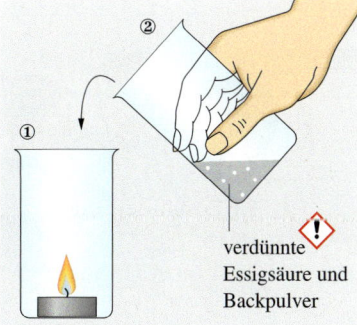

5 Löschen mit einem Gas

6

Bau eines Schaumlöschers

a Füllt ein Päckchen Backpulver in einen Erlenmeyerkolben (300 mL). Gebt mit einer Plastikspritze 3 mL Spülmittel hinzu.

b Gießt außerdem 20 mL verdünnte Essigsäure◇ in den Erlenmeyerkolben.

c Verschließt den Kolben mit einem durchbohrten Stopfen, in dem ein rechtwinklig gebogenes Glasrohr steckt. ▷ 6

d Stellt die brennende Kerze in eine große Petrischale. Haltet die Öffnung des Glasrohrs über die Kerzenflamme. Bewegt – falls erforderlich – das Gefäß leicht hin und her.

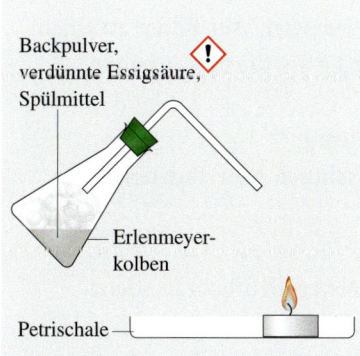

6 Modell eines Feuerlöschers

7

Die Feuerwehr – ein Projekt

Das Thema „Feuerwehr" lässt sich in verschiedene Teilthemen gliedern.
Hier einige Beispiele:
– Aufgaben der Feuerwehr
– Einsätze einer Feuerwache im letzten Halbjahr und ihre Gründe
– Jugendfeuerwehr – Ausbildung und Einsatzmöglichkeiten
– Standort und Ausrüstung der Feuerwehr in eurem Wohnort
– Brandexperten und ihre Arbeit
– Erste-Hilfe-Maßnahmen bei Brandverletzungen
– Richtiges Verhalten bei einem Brand

Sucht euch ein Thema aus und bearbeitet es im Team.
Präsentiert eure Ergebnisse, z. B. in Form einer Wandzeitung, in der Klasse oder auf dem Elternabend.

◇verdünnte Essigsäure  Achtung

Eine Wandzeitung gestalten

Eine Wandzeitung soll schön aussehen und den Betrachter anregen. ▷ 1
Ein solches Plakat kann ein Einzelner kaum erstellen.

1 Wandzeitung

Schritt 1 **Planung**
Schreibt auf, welches Thema ihr bearbeiten wollt. Legt einen Zeitplan für die Arbeiten fest. Verteilt die Arbeiten auf die Gruppenmitglieder.

Schritt 2 **Informationsbeschaffung**
Zunächst müsst ihr Informationen sammeln.
Manches findet ihr in diesem Buch. Anderes steht im Lexikon, in Büchern, in Informationsschriften, Zeitungen oder im Internet. ▷ 2–3 Vielleicht habt ihr auch die Möglichkeit, eine Feuerwache zu besuchen und Feuerwehrleute zu interviewen. Wer Bilder zu einem anderen Thema hat, bietet sie denjenigen an, die es bearbeiten.

Schritt 3 **Herstellung der Wandzeitung**
Besorgt euch Packpapier, ein Papiertischtuch oder Tapeten, Stifte, Scheren, Klebstoff und farbiges Band.
Gemeinsam entscheidet ihr:
– Welches Material soll auf dem Plakat veröffentlicht werden?
  In welcher Form soll das geschehen?
– Wie werden die Materialien übersichtlich angeordnet? Prüft nach,
  ob die Zeitung aus der Nähe und auch aus der Ferne wirkt.
– Denkt an die Beschriftung der Bilder: Achtet auf Größe und Lesbarkeit der Schrift. Unterscheidet verschiedene Schriftgrößen.

2

Schritt 4 Nach Fertigstellung erläutert jede Gruppe vor der Klasse den eigenen Teil der Arbeit.

3

Wie führt man ein Interview?

Wenn ihr ein Interview führen wollt, müsst ihr euch vorbereiten. Überlegt euch, welche Fragen ihr stellen wollt. Informiert euch deshalb vorher über das Thema des Interviews (Bücher, Internet). Während des Interviews werden die Antworten notiert oder aufgenommen. Einige Tipps für Interviews:

– Fragt nicht so, dass die Antwort nur Ja oder Nein lauten kann. Verwendet Fragewörter wie „warum", „was", „wie", „wozu".
– Formuliert eure Fragen klar und verständlich auf einem Zettel.
– Geht nicht allein zum Interview.
– Fertigt während des Interviews Notizen an. Mit einem Handy könnt ihr auch Ton- oder Videoaufzeichnungen machen. ▷ 4
– Vielleicht redet euer Gesprächspartner zu lange hintereinander. Dann unterbrecht ihn höflich mit einer Zwischenfrage.
– Fragt nach, wenn ihr eine Antwort nicht verstanden habt.
– Bedankt euch am Schluss des Interviews für das Gespräch.
– Fasst die schließlich dieErgebnisse eurer Befragung schriftlich im Heft oder an der Tafel zusammen. ▷ 5

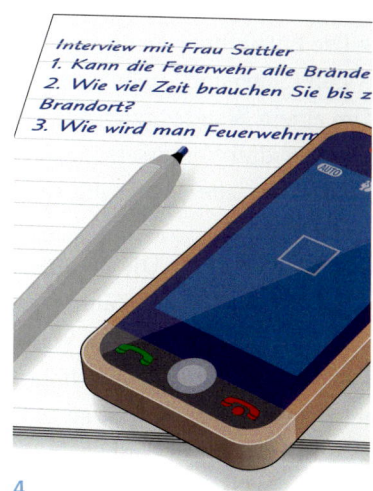

Interview mit Frau Sattler
1. Kann die Feuerwehr alle Brände
2. Wie viel Zeit brauchen Sie bis z Brandort?
3. Wie wird man Feuerwehrm

4

Arbeitsplan Gruppe: Paul, Julia, Marco

Thema:
Standorte und Ausrüstung der Feuerwehr in Braunschweig – Erstellen einer Wandzeitung

Aufgaben:
1. Recherchieren der Feuerwachen und möglichen Websites Paul
2. Allgemeine Informationen zur Ausrüstung von Feuerwehren Marco
3. Interview-Anfrage bei Feuerwache Julia
4. Fragen für Interview zusammenstellen alle

Zeitplan:
Mo., 3.5. Recherchieren und Terminanfrage
Mi., 5.5. Vorbereitung des Interviews
...
Mo., 10.5. Wandzeitung anfertigen

Informationsquellen:
Jugendbücherei, Internet, Interview

Material:
Digitalkamera, MP3-Player mit Mikrofon, Tapetenrolle, Stifte, Fäden, Stadtplan

5

Die Feuerwehr

Einsatz: Feueralarm
Wasseralarm
Ölalarm
Giftalarm

6

Brände löschen

Zum Brand kann es nur unter diesen Voraussetzungen kommen:
– Ein brennbarer Stoff ist vorhanden.
– Die Entzündungstemperatur ist überschritten.
– Luft (Sauerstoff) steht zur Verfügung.
Um einem Brand vorzubeugen oder ihn zu löschen, muss mindestens eine der drei Voraussetzungen beseitigt werden. Die Feuerwehr versucht meist, alle gleichzeitig zu beseitigen.

Löschmethode 1: Die brennenden Stoffe werden unter die Entzündungstemperatur abgekühlt.
Zur Abkühlung wird meist Wasser in die Flammen gespritzt. ▷ 1
Bei brennendem Fett und brennenden Flüssigkeiten ist aber Wasser ungeeignet. Auch Brände an elektrischen Anlagen darf man nicht mit Wasser löschen. Es könnte Stromschläge und Kurzschlüsse geben.

Löschmethode 2: Ohne Sauerstoff „erstickt" die Flamme.
Ein kleiner Brand kann mit Decken, Sand oder Erde erstickt werden. ▷ 2–3
Personen mit brennender Kleidung werden in eine Löschdecke gehüllt. ▷ 3
Oft werden Schaumlöscher eingesetzt. ▷ 2 Der Schaum deckt dann den Brandherd luftdicht ab.

1 Abkühlen mit Wasser

2 Ersticken mit Sand und Feuerpatsche

3 Ersticken der Flammen mit einer Löschdecke

4 Ersticken der Flammen mit Schaum

Aufgaben

1 Es gibt Vorschriften über das Verhalten bei Bränden in der Schule. Nenne die wichtigsten und begründe sie.

2 Du weißt, was zum Brennen nötig ist. Welche Voraussetzungen für das Brennen will man in den Bildern beseitigen? ▷ 1–5

Löschmethode 3: Dem Feuer wird die Nahrung entzogen. Man entfernt brennbares Material so weit wie möglich vom
Brandherd: Brennende Balken zieht man mit Haken aus dem Feuer heraus und bei einem Waldbrand schlägt man Schneisen. ▷ 5

5 Hier entsteht eine Schneise gegen einen Waldbrand.

6 Hier wird ein Fettbrand mit einem Glas Wasser „gelöscht" …

Was tun bei Fettbränden? Bratfett in der Pfanne kann sich bei zu hoher Temperatur entzünden. Einen solchen Brand darf man nie mit Wasser löschen. Die Folgen wären verheerend. ▷ 6
Die Flamme in der Pfanne erstickt man am einfachsten mit einem Deckel. ▷ 7

7 Löschen mit einem Deckel

Aufgaben

3 Inwiefern ist Wasser ein wichtiges Löschmittel? In welchen Fällen ist aber Wasser zum Löschen ungeeignet?

4 Auf Spraydosen steht: „Inhalt nicht in offene Flammen sprühen!" Gib an, warum dieser Hinweis wichtig ist.

5 „Manchmal werden Brände erst durch ein falsches Löschmittel zur Katastrophe."

Erläutere anhand dieser Aussage die Bedeutung von Brandexperten.

6 Einen Waldbrand zu löschen ist schwierig.

a Welche Methoden wendet man zu dessen Bekämpfung an? Recherchiere und berichte.

b Welche vorbeugenden Maßnahmen werden ergriffen? *Tipp:* Informiere dich direkt bei der Feuerwehr vor Ort.

Aus der Arbeit der Feuerwehr

Vorsicht: Gefahrguttransport! Ein Fahrzeug mit Chemikalien ist verunglückt. ▷ 1 Die Feuerwehr ist schnell zur Stelle und muss zunächst wichtige Fragen klären:

– Besteht Explosionsgefahr?
– Können giftige oder ätzende Flüssigkeiten auslaufen?
– Wie würden die Chemikalien im Brandfall auf Wasser reagieren?

An Tankwagen und Lastwagen, die Gefahrgut transportieren, sind orangefarbene Schilder angebrach. Die Ziffern auf dem Schild geben Auskunft über den transportierten Stoff und seine Gefährlichkeit.

Jede Chemikalie, die mit der Bahn oder auf der Straße transportiert werden kann, hat nämlich eine Nummer. All diese Nummern sind in dem *Gefahrgutschlüssel* zusammengestellt. Einen Auszug daraus siehst du unten. ▷ 2 Dort schauen die Feuerwehrleute nach und finden Hinweise, welche Maßnahmen zu treffen sind.

1 Unfall mit einem Gefahrguttransporter

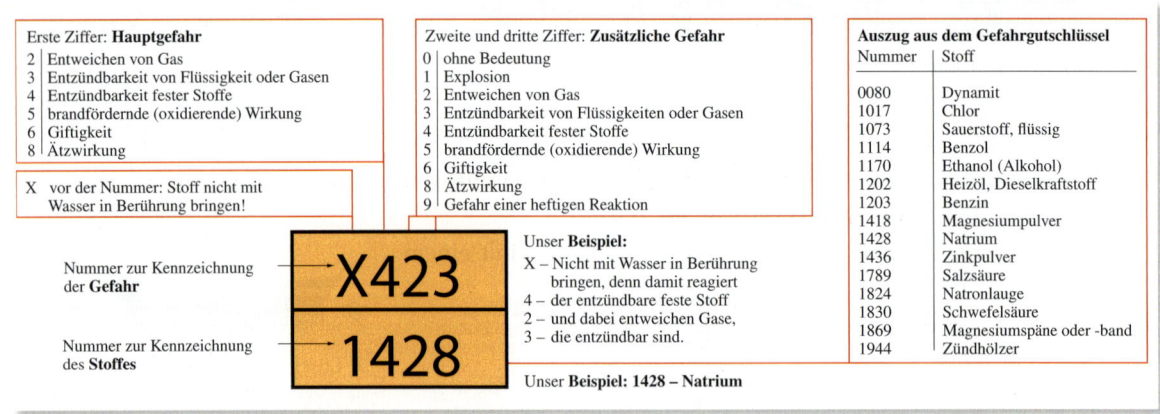

Erste Ziffer: **Hauptgefahr**	
2	Entweichen von Gas
3	Entzündbarkeit von Flüssigkeit oder Gasen
4	Entzündbarkeit fester Stoffe
5	brandfördernde (oxidierende) Wirkung
6	Giftigkeit
8	Ätzwirkung

X	vor der Nummer: Stoff nicht mit Wasser in Berührung bringen!

Nummer zur Kennzeichnung der **Gefahr** → **X423**

Nummer zur Kennzeichnung des **Stoffes** → **1428**

Zweite und dritte Ziffer: **Zusätzliche Gefahr**	
0	ohne Bedeutung
1	Explosion
2	Entweichen von Gas
3	Entzündbarkeit von Flüssigkeiten oder Gasen
4	Entzündbarkeit fester Stoffe
5	brandfördernde (oxidierende) Wirkung
6	Giftigkeit
8	Ätzwirkung
9	Gefahr einer heftigen Reaktion

Unser **Beispiel:**
X – Nicht mit Wasser in Berührung bringen, denn damit reagiert
4 – der entzündbare feste Stoff
2 – und dabei entweichen Gase,
3 – die entzündbar sind.

Unser **Beispiel: 1428 – Natrium**

Auszug aus dem Gefahrgutschlüssel	
Nummer	Stoff
0080	Dynamit
1017	Chlor
1073	Sauerstoff, flüssig
1114	Benzol
1170	Ethanol (Alkohol)
1202	Heizöl, Dieselkraftstoff
1203	Benzin
1418	Magnesiumpulver
1428	Natrium
1436	Zinkpulver
1789	Salzsäure
1824	Natronlauge
1830	Schwefelsäure
1869	Magnesiumspäne oder -band
1944	Zündhölzer

2 Auszug aus dem Gefahrgutschlüssel

1 Erläutere, warum die im Text genannten drei Fragen für die Feuerwehr so wichtig sind.

2 Probiere einmal, den Gefahrgutschlüssel für einen Benzintankwagen zusammenzustellen. Überprüfe ihn dann im Internet.

3 In eurem Chemieraum befindet sich ein Feuerlöscher.

a Welches Löschmittel enthält er?

b Welche Brandklassen sind auf dem Feuerlöscher angegeben und was bedeuten sie?

c Welche Brände können mit dem Feuerlöscher im Chemieraum gelöscht werden?

d Überall im Schulgebäude befinden sich Feuerlöscher. Enthalten sie alle das gleiche Löschmittel?

Brennbare Stoffe	Brand-klasse	Löschmittel	Hinweise
Feste Stoffe (außer Metalle), z. B.: Möbel, Gardinen, Teppiche, Holz (keine elektrischen Leitungen in der Nähe)	A	Wasser, Feuerlöscher (ABC), Löschdecke, Sand, Erde, Löschschaum	Wasser kühlt die brennenden Stoffe und „verdünnt" den Sauerstoff der Luft. Beim Verdampfen entstehen aus 1 Liter Wasser ca. 1700 Liter Wasserdampf, der sich mit der Luft vermischt.
Flüssige und flüssig werdende Stoffe, z. B.: Benzin, Öle, Fette, Lacke, Spiritus, Teer, Alkohol, Kunststoffe	B	Decke, Feuerlöscher (ABC), Löschschaum, Sand, Kohlenstoffdioxid	Flüssigkeiten nie mit Wasser löschen! Sie schwimmen auf dem Wasser und brennen weiter.
Gase, z. B.: Erdgas, Methan, Propan, Wasserstoff	C	Feuerlöscher (ABC), Sand	Gase nie mit Wasser, Schaum oder Kohlenstoffdioxid löschen. Die Gase durchdringen diese Löschmittel und bekommen Kontakt zur Luft.
Metalle, z. B.: Aluminium, Magnesium, Natrium	D	Feuerlöscher (D)	Kein Wasser verwenden!
Speiseöle und -fette in Küchengeräten	F	Feuerlöscher (F)	Kein Wasser verwenden! Brennendes Fett wird durch verdampfendes Wasser in einem Feuerball auseinandergerissen.
Elektrische Leitungen und Anlagen		Kohlenstoffdioxid, Löschdecken, Feuerlöscher (ABC)	Kein Wasser verwenden! Wasser leitet. Feuerlöscher nur bei Anlagen bis 1000 V einsetzen (Mindestabstand: 1 m).

3 Brandklassenschema

Welcher Brand wird womit gelöscht? Manchmal werden Brände erst durch ein falsches Löschmittel zur Katastrophe. Um das zu verhindern, hat man Brände in *Brandklassen* eingeteilt. ▷ **3**

Auf Feuerlöschern stehen die Brandklassen, bei denen die Löscher eingesetzt werden können. ▷ **4**

4 ABC-Feuerlöscher

5 Löschgruppenfahrzeug mit eingebauter Feuerlöschpumpe (1600 Liter/min) und Löschwasserbehälter (1200 Liter)

Voraussetzungen für die Verbrennung

Drei Voraussetzungen sind für ein Feuer nötig: ▷ 1
– ein brennbarer Stoff,
– Sauerstoff und
– eine ausreichend hohe Temperatur.

1

Was brennt in einer Flamme?

Wenn ein brennbarer Stoff erhitzt wird, bildet er Dämpfe. Er beginnt zu brennen, wenn die Entzündungstemperatur des Stoffs erreicht und Sauerstoff vorhanden ist. ▷ 2

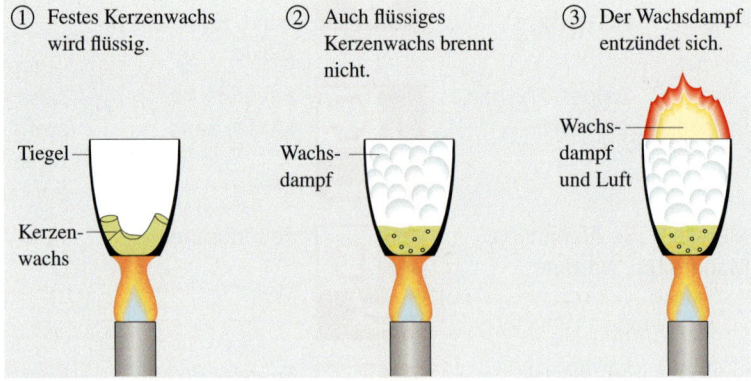

① Festes Kerzenwachs wird flüssig.
② Auch flüssiges Kerzenwachs brennt nicht.
③ Der Wachsdampf entzündet sich.

Tiegel
Kerzenwachs
Wachsdampf
Wachsdampf und Luft

2

Woraus besteht die Luft?

Die Luft ist ein farbloses und geschmackloses Gasgemisch. Sie besteht vor allem aus den Gasen Stickstoff und Sauerstoff. ▷ 3

Edelgase 1 Liter
Kohlenstoffdioxid 0,04 Liter
Sauerstoff 21 Liter
Stickstoff 78 Liter

3 100 Liter Luft enthalten:

Vom Löschen eines Brandes

Wenn ein Brand gelöscht werden soll, muss mindestens eine der drei Brandvoraussetzungen beseitigt werden:
– die brennenden Stoffe unter die Entzüngstemperatur abkühlen ▷ 4
– die Flammen durch Sauerstoffentzug „ersticken"
– brennbare Stoffe so weit wie möglich entfernen

4

Alles klar?

1 Sauerstoff und Holz sind vorhanden. Warum entsteht noch lange kein Brand?

2 Was brennt in einer Kerzenflamme: Sauerstoff, der Docht, oder Wachsdampf?

3 Berichte, was du über das Gas *Kohlenstoffdioxid*, das nur mit 0,04 Litern in einem Liter Luft enthalten ist, gelernt hast.

4 Was kannst du über die Farben der einzelnen Gase in der Luft aussagen?

5 Ein Lagerfeuer brennt.

a Woran kannst du erkennen, dass es sich beim Abbrennen des Lagerfeuers um eine chemische Reaktion handelt?

b Nenne die Ausgangsstoffe dieser Reaktion.

c Neben Asche und Ruß entstehen auch Gase. Eines davon trübt Kalkwasser. Welches?

d Wie kannst du das Lagerfeuer löschen? Nenne mindestens zwei Möglichkeiten.

6 Es kann passieren, dass sich Fett oder Öl in der Pfanne beim Braten oder Frittieren entzündet.

a Wie ist das möglich, da doch keine Flamme in der Nähe ist?

b Wenn jemand versucht, solch einen Brand mithilfe von Wasser zu löschen, kommt es zu einer explosionsartigen Stichflamme. Das Wasser verdampft schlagartig und reißt kleine Fetttröpfchen mit sich.
Erkläre, warum das der Grund für eine Stichflamme ist.

7 Bei Familie Chaos geht's ziemlich gefährlich zu.
▷ 5

a Suche die Gefahrenquellen.

b Worin besteht die Gefahr?

c Wie sollte man sie beseitigen?

d Was macht das Zündeln des kleinen Jungen (Nr. 8 unten im Bild) so gefährlich?

1

2

1 Nenne die drei Voraussetzungen für die Verbrennung.

2 Ein Trinkglas wird über eine Kerze gestülpt. ▷ 1
a Was geschieht?
b Gib an, wie die Luft zu Beginn und am Ende des Versuchs zusammengesetzt ist.

3 Ein Becherglas wird mit einer klaren Flüssigkeit befeuchtet und dann über eine brennende Kerze gehalten. Daraufhin wird der Flüssigkeitstropfen trübe. Um welche Flüssigkeit muss es sich bei dem Tropfen handeln?
Tipp: Diese Flüssigkeit spielt auf den Aktionsseiten 164 f. eine Rolle.

4 Eine Löschdecke ▷ 2 kann helfen, wenn die Kleidung einer Person Feuer gefangen hat. Beschreibe, wie die Decke wirkt.

5 Ein Benzinfeuerzeug hat einen Feuerstein. Damit lässt sich ein Funke erzeugen, der das Benzin entzündet.
Warum kann man einen Holzstapel nicht durch solch einen Funken entzünden?

6 Beim Umgang mit brennbaren Flüssigkeiten ist besondere Vorsicht geboten. ▷ 3 Weshalb?

7 Wenn du Daumen und Zeigefinger anfeuchtest, kannst du eine Kerzenflamme löschen, ohne dich zu verbrennen. Warum klappt das?

3

8 Die Luft ist ein gasförmiges Stoffgemisch.
a Gib an, welches Gas den größten Anteil im Gemisch hat.
– Kohlenstoffdioxid (A)
– Stickstoff (B)
– Sauerstoff (C)
– Edelgase (D)
b Ordne den Bestandteilen der Luft die folgenden Prozentzahlen zu:
21 %; 78 %; 0,96 %; 0,04 %
c Zeichne ein Kreisdiagramm zur Zusammensetzung der Luft. Fasse dabei die beiden Gase mit den kleinsten Anteilen zu einem Kreissegment zusammen.

9 Von *C. W. Scheele* gibt es einen Satz, mit dem er auf den Zusammenhang zwischen der Luft und dem Feuer hinweist:
„Wenn man das Feuer erforschen will, braucht man Kenntnisse der Luft."
Erläutere diesen Zusammenhang

4

5

10 Sieh dir noch einmal die Situation der Familie Chaos an (Bild 5 auf S.167).
Wie müsste man löschen, wenn es an den einzelnen Gefahrenquellen tatsächlich zu einem Brand kommt?

11 „Falsch oder richtig?"
Korrigiere die Zuordnung.

6

Die Lösungen findest du im Anhang.

Brennbarer Stoff	Brandklasse
Fett	B
Aluminium	D
Benzin	A
Holz	B
Erdgas	C

Zwischen den Voraussetzungen für die Verbrennung und den Löschmethoden gibt es
12 einen Zusammenhang.
Erläutere den Zusammenhang anhand der folgenden Tabelle.

Voraussetzung	Löschmethode	Beispiel: Waldbrand
…	…	…
…	…	…
…	…	…

13 Ein Auto brennt. Welches Löschmittel darf die Feuerwehr auf keinen Fall verwenden? Wähle aus und begründe:
– Wasser, weil …
– Kohlenstoffdioxid, weil …
– Löschschaum, weil …
– Feuerlöscher ABC, weil …

14 Begründe folgende Maßnahmen zum Brandschutz oder Löschen von Bränden. Ergänze dazu die folgenden Sätze.

a Türen und Fenster von brennenden Räumen schließen, weil …

b In Garagen, in Autowerkstätten und an Tankstellen sind das Rauchen und der Gebrauch von offenem Feuer streng verboten, weil … ▷ 4

c Niemals brennbare Flüssigkeiten als Feueranzünder benutzen, weil … ▷ 5

d Im Chemieraum außer einem Feuerlöscher auch einen Kasten mit Sand und eine Löschdecke bereithalten, weil …

e Keine heiße Asche in Mülltonnen aus Kunststoff einwerfen, weil … ▷ 6

Teste dich! – Musterlösungen

Geräte im Haushalt (S. 44)

1a Wärme, Bewegung, Schall
b Ein Motor wandelt elektrische Energie in Bewegung um.
c

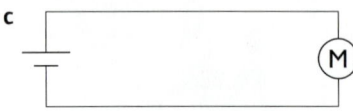

2a Sicherheitsschaltung oder Reihenschaltung
b Taster, Schalter, Kabel, Motor
b Mit dem Leitungstester von Seite 17 kann man Blumenerde überprüfen.
c

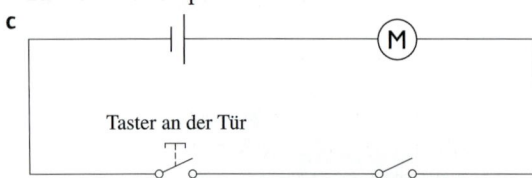

Taster an der Tür

d Brotschneidemaschine, Waschmaschine, Mikrowelle, Wäschetrockner
3a Ich baue einen Stromkreis mit einer Lampe und der Batterie auf. Dazu schließe ich mit den Kupferkabeln je einen Batteriepol mit einem Lampenkontakt zusammen. Ich kann auch die Lampenkontakte direkt an die Batteriepole halten.
b

c Falls keine Lampe leuchtet, könnte auch die Batterie verbraucht sein.
4a Leiter: Eisen, Kupfer, Aluminium
Nichtleiter: Holz, Kunststoff, Gummi, Wolle
b

c Leiter: Salzwasser, Apfelsaft, Essig
Nichtleiter: Öl, destilliertes Wasser
5a Batterie, LED, Kabel, 2 Eisennägel
b

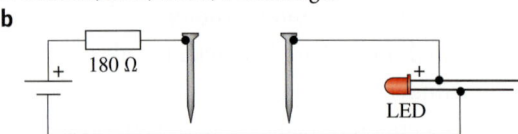

180 Ω

LED

c Nur wenn die Erde feucht ist, leitet sie den elektrischen Strom. Dann ist der Stromkreis geschlossen.

6a Magnete ziehen Stoffe aus Eisen und Nickel an (außerdem Stoffe aus Cobalt).
b Ja, Magnete ziehen einander an, wenn ungleiche Pole (Nord- und Südpol) zusammenkommen.
c Magnete haben an ihren Polen die größte Anziehungskraft.
7a Man kann nur Körper aus Eisen (und Nickel) magnetisieren.
b Beide bestehen aus magnetischen Stoffen.
c Mit einem Dauermagneten kann man z. B. einen Eisennagel zum Magneten machen. Dazu muss der Nagel immer in gleicher Richtung mit einem Magnetpol bestrichen werden.
8 Mit einem Hammer auf den Magneten schlagen oder ihn erhitzen.
9a Der Magnet wird frei schwebend an einem Faden aufgehängt.

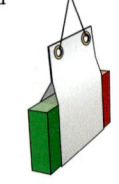

b Der Magnet richtet sich so in Nord-Süd-Richtung aus, dass der rot gekennzeichnete Magnetpol nach Norden zeigt. Wenn ich weiß, wo Norden ist, kann ich alle anderen Himmelsrichtungen folgendermaßen bestimmen (Windrose: Nord – Ost – Süd – West, im Uhrzeigersinn aufgezählt).
Eselsbrücke dazu: Nie ohne Seife waschen.
c Die Chinesen
10 Lösung b
11a Man muss die Spule an eine Batterie anschließen.
b Mit einem Kompass kann ich den Nord- und Südpol finden.
c Beide Magnete haben zwei Pole und ein Magnetfeld. Beide ziehen Stoffe aus Eisen und Nickel an …
d Einen Elektromagneten kann man abschalten.
Man kann auch Nord- und Südpol vertauschen, wenn man die Anschlusspole der Batterie vertauscht.

Licht und Sehen (S. 108)

1a Die Lichtquelle ist die Sonne, die fast senkrecht von oben den Astronauten und die Erde beleuchtet. (Das Foto wurde von einer Raumstation aus aufgenommen.)
b Natürliche Lichtquellen: Sterne, Sonne, Feuer, Vulkan, Blitz, Glühwürmchen, Tiefseefische …
Künstliche Lichtquellen: Glühlampe, Leuchtstofflampe, Laser, Leuchtdiode, TV-Bildschirm, Monitor
c Lösung 3
2a Lösungen 1, 4 und 5
b Auch wenn Lena selbst alles sehen kann: Wichtiger für ihre Sicherheit ist, dass sie von anderen gesehen wird. Deshalb ist es verboten, ohne Licht zu fahren.

3 a Lösung 1

b

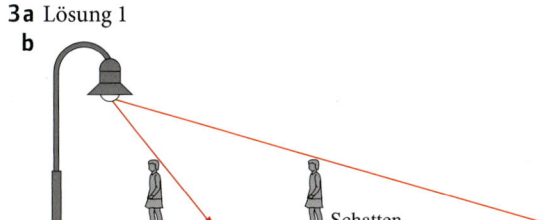

Schatten

4 a Lösungen 3 und 4

b Das Reflexionsgesetz lautet:
Einfallswinkel = Reflexionswinkel.

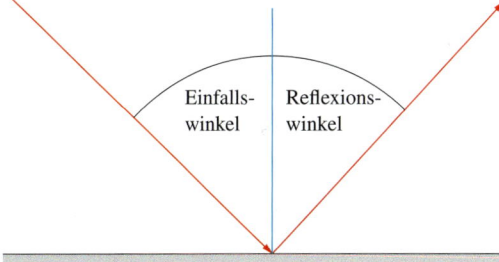

Einfalls-
winkel

Reflexions-
winkel

c Ein Reflektor wirft das Licht vor allem in die Richtung zurück, aus der er angestrahlt wird.

5 a Eine Lochkamera besteht aus einem innen schwarzen Kasten, der an einer Seite ein winziges Loch hat. Gegenüber befindet sich eine Mattscheibe oder ein Schirm.

b

Gegenstand   Blende   Schirm

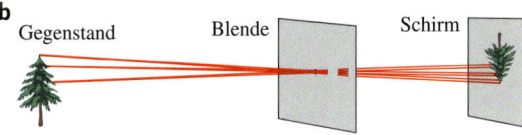

c Entweder geht man mit der Kamera näher an den Gegenstand heran oder man vergrößert den Abstand zwischen Loch und Schirm.

d Lösung 1

6 a Vorteil: Die Linsenkamera macht auch bei großer Blende ein scharfes Bild. Nachteil: Nur in einem bestimmten Abstand hinter der Linse entsteht das scharfe Bild.

b Lösung 3. Der Tropfen ist eine kugelige Linse. Das Linsenbild (Haus) steht immer auf dem Kopf.

c Netzhaut (5), Hornhaut (1), Ringmuskel (4), Linse (3), Pupille (2).

d Der Ringmuskel verändert die Brennweite der Augenlinse. Er zieht die Linse dicker, wenn ein naher Gegenstand betrachtet wird.

7 Lösung 1

8 a Lösung 2

b

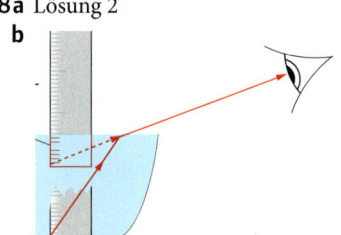

9 a Rot – Orange – Gelb – Grün – Blau – Violett

b Infrarotes Licht nennt man auch „Wärmestrahlung". Das IR-Licht dringt tief in die Haut ein (z. B. zum Behandeln von Entzündungen). Alle warmen Körper senden IR-Strahlung aus (Ohrfieberthermometer können sie messen und Wärmebildkameras können sie „sehen").
Anwendungen: Wärmeisolierung von Gebäuden prüfen, Vermisste suchen; die meisten Fernbedienungen von Audio- und Videoanlagen funktionieren ebenfalls mit IR-Strahlung.
Ultraviolettes Licht bräunt die Haut, verursacht Sonnenbrand und Hautkrebs. Es kann Bakterien töten und lässt manche Stoffe heller leuchten. Das UV-Licht spaltet chemische Verbindungen. Es macht Kunststoffe schneller hart, aber auch brüchig und spröde.

c Der Monitor zeigt weißes Licht aus den Grundfarben Rot + Grün + Blau.

d Lösung 3

Stoffe im Alltag (S. 154)

1 Keine Schutzbrille, Haare nicht zusammengebunden

2 a Flamme C

b Lösung C

3 a Körper: Hose, Kiste, Fenster, Stuhl, Bleistift, Fahrrad, Radiergummi, Luftballon. Stoff: Kupfer, Holz, Baumwolle, Aluminium, Styropor, Papier, Öl, Gummi, Luft

b Körper: Blech, Kunststoffbecher, Draht, Goldring, Glas Stoff: Glas

4 a Karton – Pappe; Flasche – Glas; Sessel – Leder (Holz); Tisch – Holz (Glas)

b Papier – Einkaufstaschen; Holz – Fensterrahmen, Möbel; Leder – Möbel, Einkaufstaschen; Eisen – Fahrradrahmen; Aluminium – Fensterrahmen, Fahrradrahmen, Möbel, Trinkbecher; Kunststoff – Fensterrahmen, Möbel, Trinkbecher, Einkaufstaschen; Leinen – Einkaufstaschen, Möbel

c Aluminium; nicht rostend, stabil, leicht

5 a Kupfer, Salzwasser, Eisen, Kohlenstoff, Aluminium

b Metalle

c

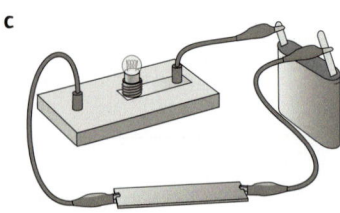

6 A – Blei; B – Luft; C – Öl; D – Aluminium

7 Das Paket hat eine Masse von 1 kg.
Die Tüte hat eine Masse von 1 kg.
Der Wagen hat eine Masse von 20 t.

8a 11 g und Lösung 2 (B)

b 0,011 kg

9a A – 4 kg; B – 12 kg
B – 4000 cm³; A – 200 dm³ 0,
B – $\frac{3\,g}{cm^3}$; A – $\frac{0,2\,g}{cm^3}$

b Je größer die Masse bei gleichem Volumen, desto größer die Dichte. Bei gleicher Masse: Je kleiner das Volumen; (die Dichte), desto größer (die Dichte; das Volumen).

10a fest, flüssig, gasförmig

b 0 °C; 100 °C

c A – gasförmig; B – fest; C – flüssig

d A – gasförmig; B – fest; C – gasförmig; D – flüssig

11a Wenn der Reinstoff Zucker in Wasser aufgelöst wird, entsteht ein Gemisch.

b

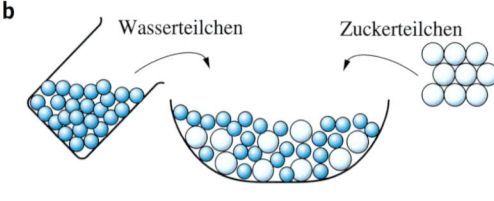

Wasserteilchen　　　　　Zuckerteilchen

c

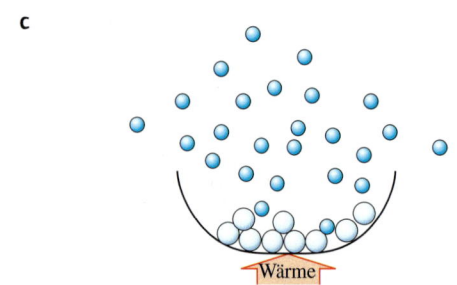

Wärme

12

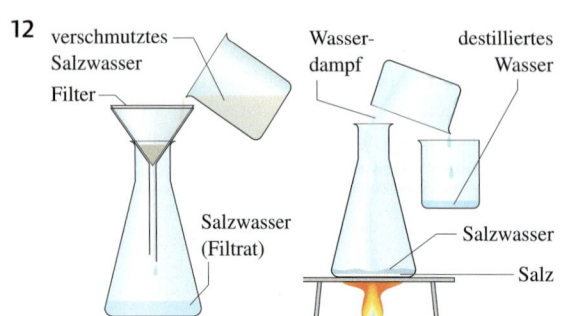

verschmutztes Salzwasser
Filter
Salzwasser (Filtrat)
Wasserdampf
destilliertes Wasser
Salzwasser
Salz

13a Glas, Papier

b Sortieren – Sammelbehälter – mit Lastwagen transportieren – Glasfabrik – Fremdkörper entfernen – Zerkleinern – Schmelzen – neue Flaschen herstellen.

Feuer und Verbrennung (S. 182)

1 Voraussetzungen für die Verbrennung: brennbarer Stoff, Sauerstoff, ausreichend hohe Temperatur

2a Nach einiger Zeit geht die Flamme aus.

b Zu Beginn enthält 1 Liter Luft 0,2 Liter Sauerstoff und praktisch kein Kohlenstoffdioxid. Am Ende des Versuchs ist kein Sauerstoff mehr vorhanden, dafür ist Kohlenstoffdioxid entstanden.

3 Es handelt sich um Kalkwasser, das durch Kohlenstoffdioxid der brennenden Kerze trübe wird.

4 Durch die Löschdecke wird dem Feuer der nötige Sauerstoff aus der Luft entzogen. Die Flamme wird erstickt.

5 Beim Feuerzeug mischt sich das gasförmige Benzin mit Luft und ist daher leicht entzündlich. Holz müsste eine Entzündungstemperatur von über 300 °C erreichen. Das ist mit einem Funken nicht möglich.

6 Brennbare Flüsigkeiten verdunsten schon bei niedrigen Temperaturen. Die Entzündungstemperatur ist niedrig.

7 Die Luftzufuhr zur Flamme wird unterbrochen. Die Feuchtigkeit schützt die Haut ausreichend gegen eine Verbrennung.

8a Lösung B

b Kohlenstoffdioxid: 0,04 %; Stickstoff: 78 %; Sauerstoff: 21 %; Edelgase: 0,96 %

c

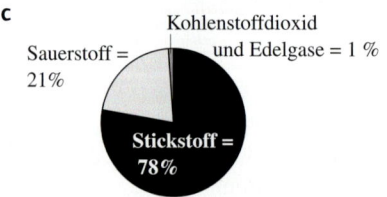

Kohlenstoffdioxid und Edelgase = 1 %
Sauerstoff = 21 %
Stickstoff = 78 %

9 Das Feuer kann entzündet werden und brennt, wenn Sauerstoff vorhanden ist. Fehlt dieser Teil der Luft, so erlischt das Feuer.

10 Man könnte wie folgt löschen:
1 + 2: mit Wasser oder Sand
3: Wenn Kleider oder Haare brennen, die Person in eine Löschdecke oder andere Wolldecke einhüllen.
4 + 5: mit Wasser oder einer Decke
6: Strom abschalten, danach die brennende Gardine mit Wasser löschen.
7: Strom abschalten, danach den brennenden Stoff mit Wasser löschen.
8: mit Sand oder einer dichten, nicht brennbaren Decke

11 Benzin (B), Holz (A); alle anderen sind richtig.

12 Voraussetzung 1: brennbarer Stoff; Löschmethode: Entfernen des brennbaren Materials; Beispiel: Brennmaterial wegschaffen, Schneise schlagen, kontrolliertes Gegenfeuer anlegen.
Voraussetzung 2: Sauerstoff der Luft,; Löschmethode: Luftzutritt verhindern; Beispiel: Sand, Wasser einsetzen.
Voraussetzung 3: Entzündungstemperatur: Löschmethode: Brandherd kühlen; Beispiel: Wasser.

13 Wasser, weil elektrische Leitungen vorhanden sind und Wasser den elektrischen Strom leitet. Außerdem entstehen Benzin- und Öldämpfe. Gase und Flüssigkeiten dürfen ebenfalls nicht mit Wasser gelöscht werden. Genauso verhält es sich bei Metallbränden.

14 a Der Nachschub an Sauerstoff für das Feuer wird unterbunden.
b Benzin und andere leicht entzündliche Flüssigkeiten könnten sonst in Brand geraten.
c Die Flüssigkeit verbrennt schlagartig. Personen erleiden dabei schwere Verbrennungen.
d Sand und Löschdecke dienen zum Ersticken von Flammen.
e Die Entzündungstemperatur des Kunststoffs wird überschritten, wenn die Asche noch glühenden Brennstoff enthält.

Kennzeichnung von Gefahrstoffen

Gefahrenpiktogramm	Mit dem Gefahrenpiktogramm gekennzeichnete Stoffe und Gemische	Signalwort
	– können sich selbst zersetzen – können explodieren	Gefahr *oder* Achtung
	– sind entzündbar – können sich selbst erhitzen – entwickeln bei Berührung mit Wasser entzündbare Gase	Gefahr *oder* Achtung
	– haben eine brandfördernde Wirkung	Gefahr *oder* Achtung
	– stehen unter Druck (gilt für Gase)	Achtung
	– verursachen schwere Verätzungen der Haut – verursachen schwere Augenschäden – greifen Metalle an	Gefahr *oder* Achtung
	– sind giftig, bereits in geringen Mengen lebensgefährlich	Gefahr
	– sind gesundheitsschädlich – verursachen Haut- und/oder Augenreizungen – verursachen allergische Hautreaktionen – verursachen Reizungen der Atemwege – verursachen Schläfrigkeit und Benommenheit	Achtung
	– können bei Verschlucken und Eindringen in die Atemwege tödlich sein – können Organe schädigen – können Krebs erzeugen – können die Fruchtbarkeit beeinträchtigen – können das Kind im Mutterleib schädigen – können das Erbgut schädigen – können beim Einatmen Allergien, asthmaartige Symptome oder Atembeschwerden verursachen	Gefahr *oder* Achtung
	– sind giftig für Wasserorganismen	Achtung

Eigenschaften von Stoffen

Eigenschaften einiger Metalle

Name	Aussehen	Härte	Elektrischer Leiter	1 Kubik-zentimeter wiegt	Schmelz-temperatur	Siede-temperatur
Aluminium	weiß glänzend	weich	ja	2,70 g	660 °C	2467 °C
Blei	bläulich weiß glänzend	sehr weich	ja	11,34 g	327 °C	1751 °C
Eisen	grauweiß glänzend	hart	ja	7,87 g	1535 °C	2750 °C
Gold	hellgelb glänzend	weich	ja	19,32 g	1063 °C	2807 °C
Kupfer	braunrot glänzend	weich, aber härter als Gold	ja	8,92 g	1083 °C	2567 °C
Magnesium	weiß glänzend	mittelhart	ja	1,74 g	649 °C	1107 °C
Quecksilber	weiß glänzend	flüssig	ja	13,55 g	−39 °C	357 °C
Zink	grauweiß glänzend	hart und spröde	ja	7,14 g	420 °C	907 °C
Zinn	weiß glänzend	sehr weich, aber härter als Blei	ja	7,29 g	232 °C	2260 °C

Eigenschaften einiger Nichtmetalle

Name	Aussehen	Geruch	Löslich in Wasser	Löslich in Alkohol (96 %)	Elek-trischer Leiter	1 Kubik-zentimeter wiegt	Schmelz-temperatur	Siede-temperatur
Kohlenstoff (Diamant)	farblos, durchsichtige Kristalle	geruchlos	nein	nein	nein	3,52 g	3550 °C	4827 °C
Kohlenstoff (Graphit)	grauschwarz; glänzende Schuppen	geruchlos	nein	nein	ja	2,24 g	ca. 4000 °C	4827 °C
Schwefel	gelb, glänzende Kristalle	geruchlos	nein	etwas	nein	1,96 g	119 °C	445 °C
Iod	blauschwarze Kristalle	stechend	etwas	gut	nein	4,93 g	114 °C	184 °C
Phosphor (rot)	weinrotes Pulver	geruchlos	nein	nein	nein	2,20 g	590 °C	—

Gebräuchliche Legierungen

Name	Bestandteile	Verwendung
Edelstahl	71 % Eisen, 20 % Chrom, Rest Nickel u. a.	harter Spezialstahl
Weißgold	ca. 70 % Gold, bis 20 % Silber, Rest Nickel	Schmuck, Münzen
Bronze	86 – 94 % Kupfer, Rest Zinn	Glocken, Münzen, Maschinenlager
Messing	63 – 72 % Kupfer, Rest Zink	Schrauben, Beschläge, Griffe, Maschinenteile
Konstantan	60 % Kupfer, 40 % Nickel	elektrische Widerstände
Münzmetall	ca. 55 % Kupfer, Rest Zinn	Münzen
Lötzinn	ca. 60 % Zinn, ca. 37 % Blei, Rest Antimon	Löten

Eigenschaften einiger anderer Stoffe

Name	Aussehen	Zustand bei 20 °C	Geruch	Löslich in Wasser	Löslich in Alkohol (96 %)	Elektrischer Leiter	Schmelz-temperatur	Siede-temperatur
Kerzenwachs (Stearin)	weiß, oft gefärbt; matt	fest	geruchlos	nein	nein	nein	ca. 50 °C	ca. 230 °C
Zucker	weiße Kristalle	fest	geruchlos	ja	sehr wenig	nein	ca. 180 °C	
Alkohol	farblos, klar	flüssig	herb, scharf	ja	—	nein	–115 °C	78 °C
Benzin	farblos, klar	flüssig	mild	nein	ja (nur in reinem Alkohol)	nein		60 – 95 °C
Glycerin	farblos, klar	dickflüssig	geruchlos	ja	ja	nein	18 °C	290 °C
Kochsalz	weiße Kristalle	fest	geruchlos	ja	etwas	nein	801 °C	1413 °C
Porzellan	meist weiß,	fest	geruchlos	nein	nein	nein	1670 °C	
dest. Wasser	farblos, klar	flüssig	geruchlos		ja	nein	0 °C	100 °C

Sach- und Namenverzeichnis

Quellenverzeichnis

alimdi.net/Koenig: 78.9 | Arco Digital Images/NPL: 53.8 | argus/Raupach: 143.4 | Astrofoto: 47.7; 60.1; 61.7 |
aus Kampmann, Lothar: *Ravensberger Kinderwerkstatt,* Otto Maier Verlag Ravensburg: 129.4 | Blickwinkel/Hecker/Sauer:
53.5; 78.2+6 | Böhm, W., München: 109.7 | Bridgeman Art Library: 120.1 | Diamant: 127.5 | digitalstock.de/R. Besserdich:
53.7 | Dr. C. C. Carbon, Wien: 80.4 | Duales System Deutschland GmbH: 111.9 | eye of science: 104.2 | F1 Online/Frank:
62.1 | Fnoxx/Hettrich: 98.3 | Fotolia.com: Franz Pfluegl 103.10 (Fernseher); Fußnote 81.12; Mikhail Mishchenko: 5.3 (Eis);
Otto Durst: 125.4 (Hahn); Sebastian Kopp 103.10 (Spiel) | Gattermann, Berlin: 16.1+20.3 | Getty Images: Finney 110.3;
Johner 125.6; Michael Rosenfeld 134.3; Science Faction 110.1 | Gloria: 5.4 (Feuerlöscher) | Helga Lade Fotoagentur: 91.4;
Olende Schall 134.1 | Hella KGaA Hueck & Co., Lippstadt: 52.1 | iStockphoto.com: Evgeny Tomeev 3.2 (Lampe); Falk
Kienas 140.3; Floortje 133.8 (Spritze); futureimage 125.4 (Schachbrett); Gewolde 78.5; Glen Rodgers 4.2 (Lupe); Jess Wiberg
130.1; Kreicher 130.4; kzenon 109.9; Manfred Steinbach 52.3; Natallia Yaumenenka 130.2 | Keystone/Ecken: 111.7 |
Lemke, S., Grevenbroich-Kapellen: 132.7 | Lichtenberger, J., Fahren: 99.5 | mauritius images: 47.4+96.1 | Melitta: 133.8
(Dose+Folie) | NASA: 58.1+108.1 | Nilsson, Stockholm: 84.7 | Okapia: 53.6; Leach, M./OSF 78.3; NAS/Faulkner 78.7; Nill
48.2; Sierra/OSF 53.9 (b) | Philips, Hamburg: 16.4 | Photoobjects: 133.8 (Maus) | PHYWE Systeme GmbH & Co. KG,
Göttingen: 89.8 | picture-alliance: Design Pics 79.11; NHPA Photoshot/UPPA David Middleton 79.10 | dpa 46.2, 89.9, 100.1;
epa/Meyer 142.3; Okapia 111.4 | PIXELIO/Marion Granel: 109.11 | plainpicture/Blasius, Mark: 84.9 | project photo: 140.1+2
| Reinhard, Heiligkreuzsteinach: 78.4 | Schott, Mainz: 95.6 | schueco international kg: 133.8 (Fenster) | SPL/Focus/Nunuk:
141.4 | Staatliches Museum Ägyptischer Kunst, München: 131.9 | Trekstor: 16.3 | vario images/Baumgarten: 125.2+3 |
VISUM/Manfred Scharnberg: 125.4 | Waterframe.de/Dirscherl: 48.1+78.8 | WILDLIFE: 46.3 | HPH: 78.1 |
www.tiptop.de: 111.8 |

Titelfoto: gettyimages/Peter Cade

Alle anderen Fotos: Cornelsen, Berlin (Auftragsfotos: BildArt/Volker Döring, Hohen Neuendorf; Boris Mahler, Berlin)

Text S. 149 aus London, Jack: *Goldsucher:* Naumann und Göbel, 1989
Gedicht S. 157 aus Krüss, James: *Der wohltemperierte Leierkasten:* cbj, 1989

Experimentiergeräte (Zeichenhilfe)

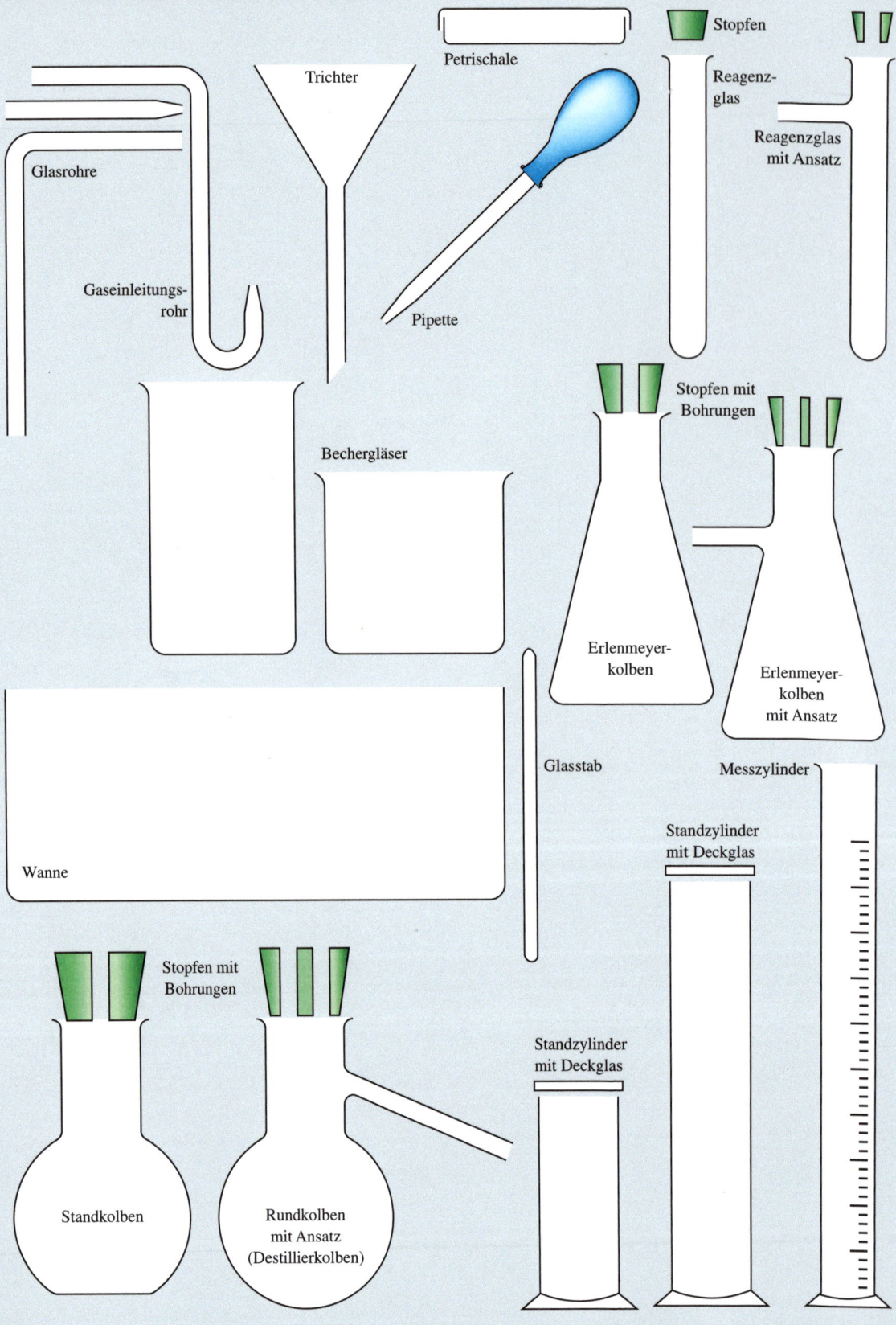

Trichter

Petrischale

Stopfen

Reagenzglas

Reagenzglas mit Ansatz

Glasrohre

Gaseinleitungsrohr

Pipette

Bechergläser

Stopfen mit Bohrungen

Erlenmeyerkolben

Erlenmeyerkolben mit Ansatz

Glasstab

Messzylinder

Standzylinder mit Deckglas

Wanne

Stopfen mit Bohrungen

Stopfen mit Bohrungen

Standzylinder mit Deckglas

Standkolben

Rundkolben mit Ansatz (Destillierkolben)